293

TRAITÉ

DE

VERSIFICATION

FRANÇAISE

PAR

GUSTAVE WEIGAND,

DOCTEUR EN PHILOSOPHIE, OBERLEHRER AU COLLÉGE MODERNE DE BROMBERG, MEMBRE
CORRESPONDANT DE LA SOCIÉTÉ DES LANGUES MODERNES DE BERLIN.

BROMBERG.

LOUIS LEVIT

LIBRAIRE DE LA COUR ROYALE DE PRUSSE.

1863.

E. Jung - Trenttel,	Williams & Norgate,	Richard Lesser.
19, Rue de Lille.	14. Henrietta - Street, Covent-Garden.	Rue du Lac.
Paris.	Londres.	Vevey.
Sigismond Gerstmann,	Th. Laengner,	Bietepage & Kalngin,
34, Rue Neuve, Bruxelles.	59. 60. Galleria de Christofaris.	Gostinoi Dwor No. 6.
18. Rue de Flandre, Ostende.	Milan	St. Petersbourg.

Errata.

Pag. 11. Lig. 10. au lieu de: [§. 44. et Chap. XII] lisez: [§. 86. et Chap. XXII].

,,	36.	,,	26.	,,	terroue	,,	terrouer.
,,	50.	,,	27.	,,	à laquelle	,,	auquel.
,,	76.	,,	2.	,,	embrassa	,,	embrassas.
,,	80	,,	8.	,,	Moutre	,,	Montre.
,,	80.	,,	27.	,,	picoré	,,	picorée.
,,	110.	,,	23.	,,	Mol.	,,	Mol., Mis., IV., 3.
,,	151.	,,	22.	,,	les pieds	,,	tes pieds.
,,	153.	,,	10.	,,	| f^3 f^2 m	,,	| f^2 f^2 m.
,,	175.	,,	1.	,,	3.	,,	5.
,,	187.	,,	22.	,,	| m 2 m f^2	,,	| m f^2 m f^2.
,,	188.	,,	30.	,,	| m^2 f^2 f^2 m	,,	| m^2 f^2 f^2 m^2.
,,	196.	,,	29.	,,	mots	,,	monts.
,,	237.	,,	28.	,,	Le	,,	Les.
,,	245.	,,	21.	,,	La Font.	,,	La Font., Cont., IV., 7.

PRÉFACE.

Voici ce qui m'a engagé à composer ce livre.

En étudiant le Traité de Versification française par Quicherat (Paris, 1850) — le meilleur livre et en même temps le plus détaillé que je connaisse sur cette matière — j'ai cru m'apercevoir de quelques défectuosités. 1° Je trouve qu'il manque un peu d'ordre dans les détails. 2° Le chapitre du rhythme n'est traité que légèrement, et les règles sur la place de l'accent tonique ne sont pas suffisantes. J'ai tâché de les compléter en appelant à mon aide le petit livre de P. Ackermann (Traité de l'Accent appliqué à la théorie de la versification, Paris 1843), et j'ai fait du rhythme le principe du livre: ce qui a dû modifier la division de l'ouvrage et l'arrangement des parties. 3° Quicherat s'est peu occupé de l'école romantique du XIXe siècle dans son livre. J'ai assigné à ces poètes la place qu'ils peuvent réclamer. 4° Quicherat cite: Corn., Mol., etc. Chaque fois que cela m'a été possible, j'ai ajouté le nombre des actes et des scènes. De cette manière on peut examiner sans peine, si l'allégation est juste. Il arrive souvent qu'on veut lire ce qui suit ou ce qui précède. Il faut y renoncer quand le passage n'est marqué que du nom de l'auteur.

En comparant mon livre à celui de Quicherat on verra facilement combien de fois j'ai complété les règles de ce dernier. Je laisse au lecteur à juger si j'ai eu raison de quitter çà et là la main de mon guide, et de suivre une autre route pour arriver au but.

Puisque j'ai osé traiter mon sujet en français, j'ai jugé à propos d'emprunter à Quicherat des définitions, des règles, des notices historiques qui m'ont paru justes et exactes.

Bromberg, le 8 Octobre 1861.

Weigand.

Chap. I.

INTRODUCTION.

§. 1. Poésie.

Ce qui approche de son idéal, ce qui, par sa forme, représente une idée et ainsi, en quelque sorte, l'idée absolue, est beau. La beauté existe: 1) dans la nature, 2) dans l'imagination de l'homme, 3) dans les productions des artistes. Une partie des artistes travaillent en un matériel sensible à l'œil: les architectes, les sculpteurs, les peintres. Un autre art travaille pour l'oreille: c'est la musique. La poésie est l'art le plus parfait. Le poète s'adresse immédiatement à l'imagination de l'auditeur; il commande toutes les formes que l'architecte, le sculpteur, le peintre se partagent: voilà le caractère plastique de la poésie. En donnant une forme rhythmique à son langage, il se sert aussi des moyens à l'aide desquels la musique saisit l'homme: voilà le caractère musical de la poésie. Tout mouvement continu, soit celui des pieds en marchant, soit celui de la voix en parlant ou en chantant, tend à la périodicité. Les éléments du mouvement oral sont les instants, les coups détachés de la voix. Si, dans des intervalles égaux, un coup est toujours donné plus fort qu'un autre, dans la succession continue des instants (syllabes) on établit des moments, des groupes (pieds). Les coups forts sont les syllabes longues dans les langues anciennes, les syllabes accentuées dans les langues modernes.

§. 2. Rhythme des vers français.

En posant pour principe que les vers français, de même que ceux des autres peuples, ont un rhythme, c-à-d. qu'ils sont composés d'une suite réglée d'instants marqués par la voix, nous nous inscrivons en faux contre la plupart des théoriciens qui prétendent que les vers français ne se distinguent de la prose que par un nombre limité et régulier de syllabes, par l'évitation de l'hiatus et de l'enjambement, par l'observation de la césure et de la rime. Mais il y a une infinité de vers français qui, tout en satisfaisant à ces exigences-là, ne sont rien moins que beaux. Les critiques en ont relevé la discordance, sans rendre raison de ce qui leur manque. Il y a d'autres vers qui charment l'oreille; la critique en a exalté la beauté. Il faut donc que le plaisir qu'on prend à les lire, soit produit par autre chose que par l'observation des règles citées précédemment. Disons la chose succinctement: là le déplaisir est causé par l'accumulation des temps forts ou des temps faibles; ici, le charme provient de la relation proportionnelle, de la succession harmonieuse des syllabes accentuées et des syllabes inaccentuées. Toutefois, le rhythme n'étant pas aussi fortement marqué que dans les langues anciennes ou dans la langue allemande où il se rend sensible par une suite déterminée d'élévations et d'abaissements de la voix, le dix-huitième siècle s'écoula avant qu'on découvrît le principe du rhythme des vers français.

Après que le père Mourgues[1]) eut déjà entrevu le rôle important que l'accent joue dans la versification française, l'Italien Scoppa[2]) démontra que la langue française n'est pas dépourvue de rhythme poétique; qu'il est impossible d'admettre aucune harmonie sans rhythme, ni aucun rhythme sans accent;

---

1) Traité de la poésie française, 1685.
2) Traité de la Poésie italienne rapportée à la poésie française, etc., par Antonio Scoppa. (Paris, 1803). Beautés poétiques de toutes les langues, par le même. (Paris, 1815.)

que la sixième et la douzième syllabe de l'alexandrin sont nécessairement des syllabes accentuées.

Sans connaître le livre de Scoppa, Quicherat, qui, par la remarque cent fois faite qu'un couplet d'un certain mètre convenait très bien à un air, et qu'un autre couplet, ayant précisément le même nombre de syllabes, ne s'y adaptait plus, avait reconnu que la mobilité de certains accents exigés dans les vers français déplaçait les temps forts, écrivit, en 1826, son Traité de Versification latine, dans lequel il soutient que le vers alexandrin doit avoir un nombre fixe d'accents, que tous les poètes pratiquent cette règle à leur insu, que toutes les fois que la critique relève quelque dureté dans la cadence, le poète a violé cette règle. Dans son Traité de Versification française (Paris, 1850), il applique cette théorie à tous les vers, et nous dit combien d'accents chaque espèce de vers doit avoir; mais il a oublié de fixer la théorie de l'accent.

Telle est là tâche dont s'est chargé Paul Ackermann[1]). Ce savant remonte à l'origine de l'accent français: il distingue l'accent tonique et l'accent d'appui: il donne des règles générales sur les mots qu'il faut accentuer: il découvre non seulement des accents, mais encore des pieds dans les vers français.

H. Barbieux[2]), après avoir résumé les idées confuses des grammairiens les plus accrédités sur la prosodie et l'accent, dit »qu'à en croire tous ces jugements bien dignes de foi, force est de conclure que la langue française, envisagée du point de vue de la prosodie, n'est encore aujourd'hui qu'un idiôme dénué de tout principe musical, et que les vers français ne se composent que de mots cousus les uns aux autres sans ordre métrique ni égard à aucun rhythme organisé découlant d'un principe fondamental«. L'auteur essaye d'expliquer ce phénomène. Dans les plus anciens monuments de la langue du Nord,

---

1) Traité de l'Accent appliqué à la théorie de la versification. (Paris et Berlin, 1843.)

2) Du Principe rhythmique de la Langue française. Programme du collége de Hadamar, 1853.

les terminaisons latines ne sont guère reconnaissables et remplacées, pour la plupart, par l'e muet. Les auxiliaires, les prépositions de et à, l'article y paraissent déjà. Cet amas de mots tronqués dut rendre impraticable tout arrangement harmonique des mots. De même que la quantité dans les dialectes du midi, l'accent qui prédomine dans les langues germaniques, se perdit ou s'affaiblit dans le Français du Nord, les Français se bornèrent à la culture du principe logique qui représentait bien mieux que tout autre le caractère national dont il était le reflet. Pendant les cinq siècles qui précèdent le règne de Louis XI, la langue n'avait encore rien de fixe. Sous François I paraissent les premières grammaires françaises. Les Grammairiens en adoptant les trois accents des Grecs prirent le signe pour l'effet. Après avoir dit quelques mots sur Scoppa et Quicherat, l'auteur passe au Traité de M. Ackermann dont il transcrit les passages les plus remarquables en résumant tellement: »De nos jours, faire revenir la nation au système quantitaire, serait peine inutile: il est trop tard; pour celui de l'accent, il est encore trop tôt; mais quand les grammairiens s'émanciperont, quand, au lieu de vouloir marcher sur les traces d'Horace, ils saisiront le fil conducteur du génie national, le système tracé par M. Ackermann, peut-être modifié par ses successeurs, sera, de notre avis, le seul qu'on puisse espérer faire adopter par un peuple qui a la conscience de sa nationalité.«

§. 3. Division.

Comme, selon nous, les vers français ne sont point dépourvus de rhythme, la division de notre traité ne pourra pas être la division ordinaire des traités de versification. Ce qui tient là le premier rang, comme la rime, la césure, devra descendre au second. Nous allons donc traiter dans le premier Livre du principe du langage poétique. Du rhythme des vers français. A. Des Syllabes. Chap. II. De la Mesure des Syllabes. (Appendice. Chap. III. De la mesure ancienne des mots.). Chap. IV. De leur Valeur rhythmique. B. Chap. V. Des Pieds. C. Des Vers. Chap. VI. Partie générale. a) Chap. VII. De la Rime. (Un appendice va traiter des anciennes Rimes, c'est-à-dire genres de vers Chap. VIII.) b) Des différentes espèces de vers. 1) Des Alexandrins. Chap. IX. Accents fixes: Accent de la Césure. Chap. X. Accent de la rime. Enjambement. Chap. XI. Accents mobiles. Pieds. Chap. XII. Emploi. 2) Chap. XIII. Des Vers de onze syllabes. 3) Chap. XIV. Des Vers de dix syllabes. Accents fixes. Césure. Enjambement. Accents mobiles. Emploi. 4) Chap. XV. Des Vers de neuf syllabes. — 9) Chap. XX. Des Vers de quatre syllabes. 10) Chap. XXI. Des Vers de trois syllabes, de deux syllabes, d'une syllabe. (Un appendice va traiter des Vers mesurés, c'est-à-dire, adaptés au système quantitaire des Grecs et des Romains ou au système de l'accent des Allemands et des Anglais. Chap. XXII.) D. Des Stances. Chap. XXIII. Partie générale. Chap. XXIV. Des Tercets. Chap. XXV. Des Quatrains. Chap. XXVI. Des Quintils. Chap. XXVII. Des Sixains. Chap. XXVIII. Des Septains. Chap. XXIX. Des Huitains. Chap. XXX. Des Neuvains. Chap. XXXI. Des Dizains. Chap. XXXII. Des Onzains. Chap. XXXIII. Des Douzains. Chap. XXXIV. Du Mélange des stances. Chap. XXXV. De l'Emploi des différentes stances.

Le second Livre va traiter de l'Harmonie. La loi de la beauté demande que tout ce qui offense l'oreille soit banni du vers. Donc, après le rhythme, dont l'observation constitue, pour ainsi dire, la partie positive du vers, il sera nécessaire de traiter les cacophonies, dont l'évitation en constitue la partie négative. Les Français taxent de cacophonie surtout l'Hiatus Chap. XXXVI. Le XXXVIIᵉ chap. va discuter l'Élision, remède contre l'hiatus, le XXXVIIIᵉ chap. E muet précédé d'une voyelle, le XXXIXᵉ chap. sera destiné aux autres cacophonies.

La gêne qu'il faut que les poètes se donnent pour observer toutes ces règles, leur a fait demander et obtenir certaines libertés, anomalies du langage ordinaire qu'on appelle Licences poétiques. (Le troisième Livre). Chap. XL. Des Licences en général. Chap. XLI. Des Licences d'orthographe. Chap. XLII. Des Licences de phraséologie. Chap. XLIII. Des Licences de grammaire. Chap. XLIV. Des Licences de construction. (Appendice: Chap. XLV. Des Licences du style marotique et du style poissard.)

§. 4. Différence des vers grecs et latins, allemands, français.

Le vers des anciens Grecs et Romains montre une suite déterminée de syllabes longues et de syllabes brèves. L'accent grammatical n'y est point respecté, pour la plupart l'accent métrique et l'accent grammatical ne coïncident pas. Dans les vers allemands, les syllabes longues et les syllabes brèves sont remplacées par les syllabes accentuées et les syllabes inaccentuées: il faut que l'accent du vers coïncide avec l'accent tonique. En français, la quantité des syllabes est bien faible et indifférente pour la formation du vers (excepté la rime). [§. 168.] Même l'accent tonique y est beaucoup moins sensible qu'en allemand ou en anglais [§§. 30. et 31]. Les mots polysyllabes et surtout la foule de monosyllabes inaccentués s'opposent à l'emploi d'un rhythme régulier [§. 172]. Les vers n'exigent donc pas un ordre fixe, mais seulement une relation proportionnelle et une succession harmonieuse de syllabes accentuées et de syllabes inaccentuées. La somme des arses et des thèses est déterminée. Le nombre des arses, et par conséquent, le nombre des thèses est à peu près déterminé, c-à-d. ordinairement il ne dépasse tel ou tel nombre ni ne reste en arrière de ce nombre. La place des arses et, par conséquent, celle des thèses est variable avec cette restriction que la dernière syllabe du vers et la syllabe avant la césure sont nécessairement des syllabes accentuées, et qu'on tâche en général de mettre une ou deux ou trois syllabes inaccentuées entre deux syllabes accentuées[1]). La

---

1) Les Knittelverse (Schiller, Sermon du Capucin dans le Camp de

versification des Français (et celle des anciens ont quelque chose de commun: c'est l'élision pour éviter l'hiatus dont l'oreille allemande ne se soucie guère. La rime, au contraire, presque un défaut dans la métrique des Grecs et des Romains, est une partie indispensable des vers allemands et français. Les Allemands, il est vrai, peuvent s'en passer quelquefois: cela se voit principalement dans l'imitation des mètres anciens et dans le vers ïambique de la tragédie. Mais, à l'exception de quelques tentatives malheureuses de poètes du XVIe siècle, les Français riment toujours [§. 44. et Chap. XII]. La césure est commune aux poésies anciennes et à la poésie allemande: ce qu'on appelle césure en français, ce n'est pas une τομή, caesura, proprement dite, mais une διαίρεσις.

§. 5. Aperçu de l'histoire.

Quoique dans chaque chapitre, nous allions exposer non seulement le système d'aujourd'hui, mais toutes les formes antérieures dont la connaissance est nécessaire pour expliquer le système moderne: il ne sera pas inutile de jeter préalablement un coup d'œil rapide sur les différentes phases de la versification française. La quantité des syllabes se perdit vite dans les langues romanes. Au lieu de peser les syllabes on ne fit plus que les compter, et la quantité perdue fut remplacée par la rime, dont nous trouvons déjà quelques exemples chez les Grecs et les Romains, l'emploi prémédité dans la poésie arabe et dans la poésie latine du quatrième siècle (hymne rimée de St. Ambroise), et qui a toujours régné dans les vers français. Mais, en y rencontrant, dès le commencement, le principe de compter les syllabes, la rime, la formation des stances, nous n'y rencontrons pas tout d'abord l'évitation de l'hiatus, l'observation de la règle sur la succession des rimes. Comme la

---

Walstein) et l'ancien Nibelungenvers en allemand offrent une certaine analogie avec les vers français: nombre fixe d'élévations, nombre incertain d'abaissements de la voix.

langue n'avait encore rien de fixe, les anciens poètes disposaient assez arbitrairement des mots, et se permettaient de leur donner les formes les plus bizarres pour les faire rimer ensemble. Tel est le caractère de la versification dans les restes de la langue romane, formée du latin, du franc, du gaulois et qu'on parlait dans le premier millénaire de l'ère chrétienne; tel en est le caractère dans les premiers siècles de la litérature française. Tout le monde sait qu'en France deux dialectes tout-à-fait différents se sont formés: le roman provençal ou langue d'oc, le roman wallon ou langue d'oïl. Cette langue, souche du français moderne, l'emporta peu-à-peu sur la langue du midi. Ce ne fut qu'au seizième siècle, époque où la langue est fixée, que la versification ancienne se changea en versification moderne. Tandis que l'école de Marot s'attache encore aux traditions anciennes; que la muse de Ronsard, travaillant sur le modèle de l'antiquité grecque et romaine, insensible à l'enjambement, s'efforce de donner de l'énergie et de l'élévation au langage poétique; que quelques poètes, établissant un système de quantité assez arbitraire, font de soi-disant hexamètres et pentamètres: Malherbe paraît, le père du système moderne. La mesure des syllabes, qui, avec le temps, a subi de grands changements, est fixée, l'hiatus et l'enjambement sont bannis; la rime, traitée avec une trop grande sévérité qui n'atteint pas son but, ne doit pas seulement satisfaire l'oreille, mais encore l'œil; il se forme une espèce de langage poétique, usant de quelques licences qui sont interdites au prosateur. Ce système fut suivi par les grands poètes du siècle de Louis XIV., mais on élargit un peu les règles méticuleuses sur la rime établies par le fondateur. Le dix-huitième siècle marcha sur les traces du dix-septième, en traitant la rime même un peu nonchalamment. Le dix-neuvième siècle engendra une nouvelle école poétique, l'école romantique. Elle affecte de se rapprocher de la nature, que les règles de Boileau, strictement observées par les poètes classiques, avaient expulsée de la poésie. Les poètes romantiques ne font pas conscience d'employer des expressions

censées triviales et vulgaires; ils traitent la césure plus légèrement; mais il faut avouer que la rime est plus soignée chez
eux qu'elle ne l'avait été au siècle de Voltaire.

LIVRE PREMIER.
DU RHYTHME DES VERS FRANÇAIS.

A. DES SYLLABES.

Chap. II. De la Mesure des Syllabes.

§. 6. Synérèse. Diérèse. Éléments de la Syllabe.
E muet.

Tout son, représenté par un ou plusieurs signes, et qui
sort des organes vocaux par une seule émission de voix, se
nomme syllabe. La syllabe peut être représentée par une voyelle (ha-*i*), par plusieurs voyelles (*au, eau*), par des consonnes et des voyelles (*le, il*). L'*e* muet, que la rapidité de la
prononciation ne fait pas ressortir dans le langage familier, est
compté dans la mesure du vers. Cette règle n'a que quatre
exceptions: 1) *E* muet au corps d'un mot précédé d'une voyelle
(prierai). 2) *E* muet dans *aient, soient*, dans les troisièmes
personnes du pluriel des imparfaits et des conditionnels (ai-
maie*nt*, aimeraie*nt*). 3) *E* muet final, suivi d'un mot commençant par une voyelle ou par une *h* muette[1]. 4) *E* muet à
la fin du vers.

Il va sans dire que les voyelles simples (*a, u*) et les voyelles composées qui ne forment qu'un son (*au, ou*), ne font

---

1) Ces *e* muets pouvaient anciennement être comptés. V. les chapp.
XXXVII. et XXXVIII.

qu'une seule syllabe. Mais il y a plusieurs groupes de voyelles qui ne rendent pas un son simple, et qui sont tantôt réunis en une seule syllabe, tantôt divisés en deux syllabes. La réunion s'appelle synérèse ou diphthongue. La diphthongue est une syllabe qui fait entendre deux sons distincts prononcés par une seule émission de voix. Dans *Dieux* j'entends l'*i* et l'*eu*, et ces deux sons se trouvent réunis en une seule syllabe[1]). La division s'appelle diérèse ou diastole. *Pieux* (dévot) est dissyllabe. Le verbe *fier* est dissyllabe, l'adjectif *fier* est monosyllabe.

§. 7. *aa, aen, aï, ao, aou.*

Nous allons passer en revue les principaux accouplements de voyelles, et nous en indiquerons la quantité syllabique dans les poètes.

aa. Monosyllabe dans *Aaron.*
Si du grand prêtre *Aaron* Joad est successeur. R a c., Ath., I. 1.
Dissyllabe dans *Isaac*[2]).
Voyons. — Premièrement, *Isaac* de la Serre. R e g n., le Joueur III. 4.
aen. Monosyllabe dans *Caen*[3]).
C'est ainsi devers *Caen* que tout Normand raisonne. B o i l., Ép. II.

---

1) D e C a s t r e s, Phonologie, p. 6., dit que la diphthongue, à l'exception du son *oi,* n'existe pas en France, parce que les deux voyelles qui la forment appartiennent chacune à une syllabe différente, *fru-it, nu-it, lu-ire.* Je ne conçois pas pourquoi, si *moi* est une syllabe, *fruit, nuit* ne doivent pas être monosyllabes. Dans les poètes, ces mots le sont toujours.

2) *Aa* est dissyllabe chez les anciens poètes. Ex.:
Uns hom qui est de grant *aage.* Chastoiement. (I d e l e r, Einleitungsband, Gesch. d. altfr. Nat.-Lit. [E.]; Sprachpr. [II.] p. 60.)
Au XVIe siècle, *Isaac* était monosyllabe, et s'écrivait *Isac.*
Voilà mon fils *Isac* qui se pourmeine. D e B è z e, Abraham sacrifiant. (H e r r i g et B u r g u y, la France litt., p. 145.)
V o l t a i r e, Puc., ch. VIIIe écrit *Isâc:*
Enfant barbu d'*Isâc* et de Juda.

3) *Caen* ne formait pas une diphthongue au commencement:
Manneval, Torot et *Caën.* B a r b a z a n et M é o n, Fabliaux et contes, II., p. 304.

aï. Presque toujours dissyllabe.

> Je suis *haï*[1]), dit-il; et de qui? de chacun. La Font., Fabl.
> X., 6.

Monosyllabe dans *aïe.*

> Dans cette joie ... *Aie! Aie!* doucement, je vous prie. Mol.,
> l'Étourdi, V., 16.

> (Voir pour *aïe* (*ay*) les Licences d'orthographe.)

ao. Ordinairement dissyllabe. Ex.: *extraordinaire, Pharaon*[2]).

> Je hais le *Pharaon* que l'éclat environne. Chat., Moïse, III., 2.

Monosyllabe dans *faon, Laon, paon,* l'*o* n'étant pas prononcé, dans *Saône, taon,* l'*a* n'étant pas prononcé[3]).

> Un *faon* de biche passe, et le voilà soudain. La Font., Fabl.,
> VIII., 27.

> Le *paon* se plaignait à Junon. Ibid., II., 17.

> *Saone* qui dort, le Rosne impétueux. Cl. Marot, Ép., p. 132.
> (La Haye, 1700.)

aou. Monosyllabe dans *août, saoul*[4]).

> Avant l'*août*, foi d'animal,
> Intérêt et principal. La Font., Fabl., I., 1.

---

1) Le futur de *haïr* avait autrefois la contraction, comme le singulier du présent de l'indicatif.

> Il convient que je te *hairai*. La Farce de Pathelin.

2) Scarron prononçait probablement *extrordinaire*:

> Il se mit à gémir et braire,
> Dans le dernier *extraordinaire*.

Meschinot fait *Pharaon* de deux syllabes:

> Pour évader l'ire du roi *Pharaon*.

3) Les vieux poètes scandaient *fa-on, La-on, pa-on, Sa-ône, ta-on*.

> Qu'a femeilleus char de *paon*. Barbaz., T. II., p. 72.

Au XVI⁰ siècle ces mots perdent une syllabe:

> Tiré par *paons* bien peints et colorés. Mar.

4) Anciennement *A-oust, sa-oul*.

> Et en l'*Aoust* fit si chaut tens
> Que les gens mouroient aus chans. Barbaz., Tom. II., p. 232.

> Qui à *saoul* et à géun. Rom. de la Rose. (Ideler, E., II.,
> p. 250.)

Au XV⁰ siècle *saoul* perd une syllabe:

> Or pleurez, riez votre *saoul*. Mar.

Béranger, suivant la prononciation vicieuse de ce mot en France, s'est permis la diérèse:

> Que c'est le quinze d'*août*.
> Le quinze d'*août!* s'écrie. Halte-là.

§. 8. *ea, ean, éa, éan, eau, éau, éï, eo, éo, eoi, éoi, éy.*

eä, ean. Monosyllabes, l'*e* n'étant que signe orthographique, comme dans *vengea*, ou absolument nul, comme dans *Jean* [1]).

éa, éan. Dissyllabes [2]).

eau. Monosyllabe.

> Le *Créateur* en a béni l'*engeance*. La Font., Fabl., I., 19.
> On voit flatter les blés sur un *océan* d'eau. Flor., Fabl., III., 2.

éau. Dissyllabe [3]).

> L'Attila, le *fléau* des rats,
> Rendait ces derniers misérables. La Font., Fabl., III., 18.

éï. Dissyllabe.

> Mais la vraie Alecto peinte dans l'*Énéïde*. Boil., Sat., X.

eo, eoi. Monosyllabes, comme *ea, ean.*

> *Songeons* plutôt, *songeons* à gagner sa tendresse. Rac., Mithr., IV., 5.

éo, éoi. Dissyllabes.

> Oui, seigneur, *écoutez* les pleurs de *Cléofile.* Rac., Al., V. 3.

éy. Dissyllabe.

> Vers Sumatra, Bengale ou *Céylan.* Volt., Puc., XX.

§. 9. *ia, ïa.*

ia. Communément dissyllabe [4]).

> Ils pleurent en secret leurs rois sans *diadèmes.* Rac., Alex., II. 2.
> Les fleurs, les *diamants*, les parfums, la verdure. Flor., Fabl. I., 8.
> Le seul *médiateur* entre eux et le coupable. Ibid. V., 11.

Monosyllabe dans *bailliage, dia, diable, diablerie, diablesse,*

---

1) Les anciens poètes pouvaient faire la diérèse de *Jean*:
   Et saint *Jehan* et saint Thomas. Miracle (Herrig p. 40.)
2) Martin Lefranc a eu tort d'employer la synérèse dans *néanmoins*:
   Néanmoins péché vous a tant exposé.
Dea (plus anciennement *diva*, aujourd'hui *dà*) est monosyllabe:
   Et quoi *dea*, il ne faisoit rien. La Farce de Pathelin. (Herrig, la France litt., p. 77.)
3) Au XVIe et au XVIIe siècle *fléau* fut souvent contracté:
   Tous les *fléaux* des humains, la peste et la famine. Chapelain.
4) C'est contre l'usage que Voltaire et Béranger n'ont donné qu'une syllabe à la bivocale *ia* dans *Matthias* et *acacia*.
   Je vous dirais que Monsieur Saint *Matthias*. Volt., La Puc., XIII
   Fleurs d'*acacias* qu'éparpillent les vents. Bér., Ém. Debraux.

diacre, familiariser, fiacre, liard, mia-ou, miniature (ni = gn), Niagara, piastre[1]).

> La cause est au *bailliage* ainsi revendiquée. Regn., le Lég., III. 8.
>
> A *dia*, l'autre à hurhaut; l'un demande du mou. Mol., le Dép., IV., 2.
>
> Mais quand elle serait mille fois plus *diablesse*. Regn., les Mén., IV., 3.
>
> Vient un *diacre* allumer nos cierges. Bér., le Pél.
>
> Sa *familiarité* jusques là s'abandonne. Mol., l'Étourdi, IV., 2.
>
> Nombre d'honnêtes gens, *fiacres*, porteurs de chaise. Regn., le Joueur, I., 10.
>
> De peur de perdre un *liard*, souffrir qu'on vous égorge. Boil., Sat., VIII.
>
> *Mia-mia-ou!* que veut Minette?
>
> *Mia-mia-ou!* c'est un matou. Bér., la Chatte.
>
> Mais j'aperçois ma femme. — O ciel! c'est *miniature!* Mol., Sgan., sc. 6.
>
> Fait des *Niagaras* aux fourmis. V. Hugo, la Pluie d'été.

---

1) Primitivement la bivocale *ia* était toujours dissyllabe: on raccourcit plus tard par la pronouciation les mots les plus usités, tels que *diable, fiacre,* etc.

a) *diable, dyable, déable.*

> Qui le *diable* a en la teste. Conte. (Idel., E., II., p. 116.)
> Jà *Déables* ne me tendra. Fabliau. (Ibid., p. 98.)

La synérèse se trouve déjà dans la Farce de Pathelin:

> Et nuysent tant que ce sont *dyables*. (Ibid., p. 176.)

Au XVe siècle, la quantité de ce mot devient douteuse: depuis le XVIIe la contraction est légitime.

b) *diacre.*

> Trésorier et *arcediacre*. Gaut de C., Léoc., v. 726. (Barbaz., T. I.)

On s'étonnera qu'un poëte du XVe siècle ait fait la synérèse.

> Qu'il est *archediacre* ou chanoine. Coquillart.

Hamann, Leitfaden zur franz. Ausspr., II., p. 23. prétend que *diacre* ne forme pas une diphthongue en poésie.

c) *familiarité:*

> A qui plus grant *familiarité.* Rabelais.

d) *fiacre:*

> Avoir fet bien par Saint-*Fiacre*. Gaut. de C., Léoc.. v. 725. (Barbaz., T., I.)

e) *liard:*

> N'ait à piller la valeur d'un *liard*. J. Marot.

f) *piastre*. Hamann dit qu'il n'y a pas diphthongue dans ce mot, non plus que dans *piaffer.*

'Tes rayons, ils en font des *piastres!* Tes splendeurs. Id., Ruy
Blas, III., 2.

La bivocale *ia* est encore monosyllabe dans quelques
noms propres italiens, où l'*i* ne sert qu'à indiquer la
prononciation douce de *g* ou de *c*[1]).

Je t'ai laissé parler! — Dieu sait, *Giannilaro.* Hugo, les Burgr.,
II., 6.

Commun dans *diabolique,* (*galimatias* selon Hamann)
piaffer.

Invocation *diabolique.* Mart. Lefr.
Ne fait qu'œuvre *diabolique.* J. Marot.
Se rengorger, *piaffer,* caracoler. J. B. Rousseau.
Piaffer son cheval sur le corps de Fernand. Delav., la Fille
du Cid, III., 2.

ïa. Toujours monosyllabe.

Il voit fuir à grands pas ses *Naïades* craintives. Boil., Ép., IV.
Les murs de *Pompeïa* déjà sont engloutis. Chênedollé, Érupt.
du Vés. (Ebener, Alb. poét.)

§. 10. *iai, ian, ien, iau, ïau.*

iai. Dissyllabe.

Quelques oiseaux *niais* admirent le hibou. Richer[2]).
Pour lui sœur Thècle *oublioit* les moineaux. Gresset, Ververt, I. (II. Ideler.)

Monosyllabe dans *bréviaire*[3]).

Le moine disait son *bréviaire.* La Font., Fabl. VII., 9.
Au rayon du couchant, il lisait son *bréviaire.* Lamart., Jocel., prol.

---

1) Le vieux *traria* (contraire) est dissyllabe.
Mès pechié fist molt le *traria.* Barbaz., T. II., p. 340.
2) C'est donc à tort que La Fontaine n'a donné que trois syllabes
au verbe *déniaiser.*
Dont Alibech, non encor *déniaisée.* Cont., IV., 10.
Th. Corneille fait *niais* monosyllabe, *niaiser* dissyllabe: mais c'est
en reproduisant la prononciation familière.
A *niaiser* parmi nous, je pens' que vlà de zommes.
Queuque *gniais!* Enfin don, j'nou pas putòt mis, vlà. Festin, II., 1.
3) Les vieux poètes lui assignent la quantité régulière.
La mort en son viez *bréviaire.* Barbaz., T. II., p. 438.
Sont les Messels, *Breviaire,* et Psautier. C. Marot, Temple de
Cup.
Cette prononciation semble plus douce à Quicherat.

Douteux, mais plus souvent dissyllabe, dans *biais,*
biaiser. La contraction est plus conforme à la prononciation actuelle.

> Et vous deviez chercher quelque *biais* plus doux. Mol., le
> Tart., V.. 1.
> J'ai donc cherché longtemps un *biais* de vous donner. Id., les
> Femmes sav., III., 6.

Commun, mais plus souvent dissyllabe dans *plénipoten-*
tiaire (Hamann).

ian et *ien*, prononcé de même, sont dissyllabes[1]).

> Ne pourra *fiancer* ni marier sa fille. Pons., Agn. de Mér., I., 4.
> Mon esprit peu *liant*, mon humeur trop sincère. Regn., Dé-
> mocr., I., 6.
> Ah! si vous l'aviez vu, brûlant *d'impatience.* Rac., Alex., II., 1.

Monosyllabe dans *diantre, escient* (dissyllabe selon Hamann), *Florian, viande*[2]).

> *Diantre!* l'amour vous tient au cœur de bon matin. Rac., les
> Plaid., I., 5.
> Qu'aucun à bon *escient* n'en prendroit la deffence. Régn.,
> Sat., XII.
> Mais de *Florian*, sous leurs ombrages. Dufrénoy, le Tombeau
> de Flor. (De Castres, Phonol., p. 182.)
> Il se réjouissait à l'odeur de la *viande.* La Font., Fabl., I., 18.

---

1) Ces exemples de synérèse sont donc incorrects:
> L'autre, que son *fiancé* ne s'en embarrassa. La Font., Cont.,
> II., 14.
> L'une ajustant le voile au front de la *fiancée.* Lamart., Jocel.,
> p. 46. (Paris, 1851.)
> De ces fleurs de papier qu'aux *fiançailles* l'on donne. Ibid.,
> p. 340.
> Après ce *riant* brillant qu'on a nommé grandeur. Ducis.
> (Idel., IV., p. 31.)
> Puis à *l'audience*, et hors d'haleine. Bérang., le Juge de Char.

2) Primitivement dans les mots *diantre* et *viande* que la prononciation
rapide a raccourcis, *ian* faisait deux syllabes, comme dans les autres.
L'art poétique provençal assigne cette quantité à *diantre.*
> Toy qui jadis des grands Roys les *viandes.* Ronsard, Od., p. 92.
> (Œuvres choisies par Paul J. Jacob, Paris, 1840.)
Depuis Corneille, la contraction est de rigueur.

iau. Dissyllabe.[1]).

L'un *miaule* en grondant comme un tigre en furie. B o i l.,
Sat., VI.

Gibets *impériaux* bâtis pour les vautours. Vict. H u g o, les
Burgr., I., 6.

ïau. Monosyllabe.

Taïaut! Taïaut! partent en troupes. F o u r n e l, Ludw. le saut.
(B r a u n h a r d, Chrestom., p. 770.)

§. 11. *ié, iè, iei.*

ié, iè. Monosyllabes, quand ces bivocales résultent d'une mé-
tathèse (*premier* == primarius) ou d'une épenthèse
(*miel* = *mel*) et qu'elles ne sont pas précédées de deux
consonnes dont la seconde soit une liquide[2]).

a) Substantifs.

Dieppe aux yeux du héros offre son heureux port. V o l t., Henr.,
I., 159.

Seigneur, ne croyez point qu'une *fierté* barbare. R a c., Al., II., 2.

Si ce héros couvert de tant d'autres *lauriers.* Ibid.

Il dit que la femelle est ainsi que le *lierre.* M o l., Sgan., 2[3]).

---

1) Quand l'*i*, remplacé plus tard par l'*e* muet (*biau, chastiau, nouviau*),
n'appartient pas à la racine latine (*bellus, castellum, novellus*), *iau* est
monosyllabe chez les vieux poètes.

Comme als fins *biau* jor, belle nuict. B a r b e d e V e r r u e.
(I d e l e r, E., II., p. 20.)

Cum est or cist *oisiaus* gentix. M a r. d e F r., Fabl. (Ibid., p. 33.)

2) Cet *i*, lettre parasite, (*coelum, ciel*) ne paraît pas d'abord dans tous
les mots qui l'ont pris plus tard. Les anciens disaient *bacheler, matère*
pour *bachelier, matière.*

Or s'en iront cil vaillant *Bacheler.* T h i b a u t. (I d e l. E., II., p. 23.)

Une *matere* ci dirai. C o r t e b a r b e. (Ibid., p. 66.)

Il y en a d'autres qui l'ont pris, mais perdu dans la suite.

Pour li, ne me fust *legier.* T h i b a u t. (Ibid., p. 22.)

Cangier son talent. (Ibid.)

Notez aussi: *espiègle* (Eulenspiegel).

Deux enfants d'un fermier, gentils, *espiègles,* beaux. F l o r.,
Fabl., III., 12.

3) Dans *lierre* (*hedera, l'hierre*) l'*i* ne doit pas compter: aussi ce mot
est-il dissyllabe dans les anciens textes.

Les branches d'*hiere* ou d'if qui monstrent où l'on boit. B a s-
s e l i n. (I d e l., E., II., p. 145.)

Un *lièvre* de bon caractère. Flor., Fabl., III., 7.

Un *miel* délicieux dont tu peux à la ville. Ibid., II., 2[1]).

Quoi! Voltaire, Racine, et Corneille et *Molière*. La Ville, les Semain. (Paris, ou le Livre des Cent-et-un.)

Faut-il mettre à *pieds* le reste de la terre? Rac., Alex., II., 1.

Une armée en *Piémont*, quoique pays ami. V. Hugo, Ruy Blas, III., 2.

Et dans les murs d'Omphis m'arrêta *prisonnière*. Rac., Al., II., 1.

Devant la *Vierge* sainte, objet de tes hommages. Delav., Louis XI., III., 7[2]).

Les racines de ces mots sont: *Deppa, feritas, laurarius* (Hauschild, Dict. étym.: = *lauriarius*. Voir Diez, Gramm. des lang. rom., II., p, 286), *hedera, lepus, mel, pes, Pedemontium, prehensionarius, virgo.*

b) Adjectifs.

JE n'est qu'un *singulier*, AVONS est un *pluriel*. Mol., les Fem. sav., II., 6.

Ils sont toujours logés à la *troisième* chambre. La Font., Fabl., VIII., 19[3]).

Racines: *singularis, pluralis, tres-esimus.*

Il n'y a que les poètes du XVIe siècle qui aient fait sonner séparément les deux voyelles.

De verd *lierre* une couronne aura. C. Marot, Ép., p. 168.

Ce *lierre* qui coule et se glisse à l'entour. Ronsard, p. 60.

Je plante mon *lierre* au pied de tes lauriers. Régn., Sat., I.

1) *Miel* a toujours été d'une syllabe. Il ne faut donc point imiter ces diérèses:

Le beau *miel*, les glandes et les gōmmes. Alain Chartier. (Id., E., II., p. 156.)

Que la mouche du Grec leurs lèvres *emmielle*. Régn., Sat. IX.

Pour mieux brouter la fueille *emmiellée*. Rons., Am. de Cass., p. 8.

2) La bivocale *ie* doit également se contracter dans *nièce* (*neptis*) et *piéton* (*ped-o*). On s'étonnera donc de lire ces vers:

Venez saisir la dolente *niepce*. C. Marot, Complaintes, p. 443.

Aux chevaliers desir de loz acquerre,

Aux *piëtons*, proufit joint à l'honneur. Id., Épigr. p. 387.

Selon Quicherat, il serait possible que la conjonction *et* eût été omise au commencement du dernier vers.

3) Voici une diérèse étrange:

Il entend tout-à-coup vers la *douzième* heure. Chateaubr. (Id., IV., p. 236.)

c) Verbes[1]).

> Ah! si vous l'*aviez* vu, brûlant d'impatience. R a c., Alex., II., 1.
> Et, sous ce grand dessein *dussiez*-vous succomber. Ibid., I , 2.
> Où *pourriez*-vous ailleurs éviter la tempête? Ibid., III., 1.

Racines: *habebatis, debuissetis, pooir-habebatis.*

ié, iè. Monosyllabes dans quelques mots que la prononciation a abrégés, bien que l'*i* soit radical: *bière* (*bior*, boisson), *diète* (δίαιτα), *Liége* (Leodium), *miette* (*mica*), *ministériel* (*ministerialis*), *serviette* (*servire*)[2]).

> Mais que dit de cela la *diète?* — Elle se tait. V. H u g o, les
> Burgr., I., 5.
> L'auteur de l'Almanach de *Liége.* G r e s s e t la C h a r t r e u s e.
> (H e r r i g, p. 490.)
> La cigogne au long bec n'en put attraper *miette.* La F o n t.,
> Fabl., I., 18.
> Pierre à pierre *émietté* vos donjons dans le Rhin! V. H u g o, les
> Burgr., II., 6.
> Elle eût du buvetier emporté les *serviettes.* R a c., les Plaid., I., 4.

ié, iè. Ces bivocales sont dissyllabes:

1° Quand elles se trouvent avec une valeur propre dans la racine. Cela arrive:

a) Dans les substantifs terminés en *iété* (*ietas*).

> De la *société* tu vois ici l'emblème. F l o r, Fabl., II., 8.

---

1) Chez les vieux poètes, la désinence *iez* compte souvent comme deux syllabes:

> Sachiez que trop mal *feriez*
> S'en cest pechié *m'enbatiez.* Fabliau. (I d., E., II., p. 97.)
> Vous *feriez* bien de l'attendre. La Farce de Pathelin. (I d., E.,
> II., p. 178.)

Il faut alors redoubler l'*i*. Le redoublement est fréquent dans les anciens textes:

> Se vos tuer m'en *deviiez.* Barbaz., T. III., p. 35.
> Se vous *saviiez* orendroit
> Qui ci gist, vous *auriiez* droit. Ibid., p. 256.

2) *Miette* et *serviette* suivaient primitivement la règle générale:

> Et les croutes et la *miète.* G a u t. de C., de S. Léoc., v. 913.
> (B a r b a z., T. 1.)
> Ou plus y ha de beau langage,
> Que de *serviettes* d'ouvrage. C. M a r o t, Ép., p. 184.

b) Dans les adjectifs en *iel* et *iet* (*ialis*, *ietus*)[1].

> Et cet *industriel* qui chez vous s'est rendu. Arag., les Aristocr.,
> IV., 10.
>
> Ne la retrouve plus: *inquiet*, il l'appelle. Flor., Fabl., IV., 13.

c) Dans les verbes en *ier*. Ex.: *allier* (adligare), *étudier* (studiare); *fier* (fidere), *initier* (initiare), *mendier* (mendicare), *oublier* (oblitare); aussi dans *prier* (precari), *riez* (ridere)[2].

> Mais de vos *alliés* ne vous séparez pas. Rac., Alex., I., 3.
> *Oubliez* que le ciel, favorable à vos vœux. Ibid.
> Quelquefois me l'ont dit: j'en conviens. — Vous *riez*. Delav.,
> Louis XI., III., 7.

d) Dans les mots: *Damiette* (Damiatina), *Daniel*, *diésis* (δίεσις), *hardiesse* (hardi-itia), *hiérarchique*, *hiéroglyphe*, *Iéna*, *liesse* (laetitia), *vielle* (vitula, viola)[3].

> Et la prise de *Damiete*. Barbaz., T. II., p. 226.
> *Daniel*, plein du Dieu que son regard atteste. Soumet, l'Archev.
> de Paris (Paris ou le livre des 101).
> Écartons-nous un peu; je crains les *diésis*. Regn., les Fol., II., 7.
> Fortune aveugle suit aveugle *hardiesse*. La Font., Fabl., X., 14.
> Ayant réglé leur rang *hiérarchique*. Rousseau.

---

1) Ce vers est fautif:
> De s'excuser d'un tort ... *véniel* en vérité. Aug., Philib., II., 7.

2) Corneille a péché contre l'usage:
> D'un mal *privilégié* dont je tairai le nom. Suite du Ment., I., 1.

3) Ces contractions sont dures:
> Quand *Daniel*, confident des sombres destinées. Deschamps,
> la Résurr. (De Castr., Phonol., p. 208.)
> Tant de *hardiesse* aura récompense sanglante. Dum., Christine,
> II., 1.
> Lui dit: Ce sont ici *hiéroglyphes* tout purs. La Font., Fabl.,
> IX., 8.

Dans le Roman de Gerard de Nevers la synérèse de *vielle* se trouve près de la diérèse régulière:
> Et pend à son col une *vielle* Idel., Einleitungsb., Gesch. (I.),
> p. 67.
> Et de *vieler* le semont. Ibid.. p. 68.

à moins que la conjonction *et* du premier vers ne soit interpolée. Béranger n'a pas hésité à se servir de la diphthongue:
> Sur sa *vielle* il redit sans cesse. L'Aveugle de Bagnolet.
> Et chantait, au son d'une *vielle*: Le petit Homme rouge.

Mieux vaut encor porter l'*hiéroglyphe*. Id.

Des rayons d'Austerlitz, de Wagram, d'*Iéna*. Cas. Delav., le
Départ. (Braunh., p. 727.)

Aux noces d'un tyran tout un peuple en *liesse*. Ibid., VI., 12 [1]).

Non plus qu'une *viéle* ou qu'une cornemuse. Régn., Sat., IV.

2° Précédées de deux consonnes dont la seconde est
une liquide:

a) Dans les substantifs et les adjectifs [2]) [3]):

Sous leurs *boucliers* d'or les campagnes mugissent. Volt., Alz.,
III., 6.

Il était une vieille ayant deux *chambrières*. La Font., Fabl. V., 64).

Griefs et faits nouveaux, baux et procès-verbaux. Rac., Plaid., I., 7.

---

1) L'adjectif *liez* (laetus) est monosyllabe.

Gai et joyeuz et *liez* et bauz. Rom. du Ren. (Idel., E., II.,
p. 231.)

2) Jusqu'au XVIIe siècle, la désinence *ier*, même précédée de deux
consonnes dans la même syllabe, fut monosyllabe:

Ki armé fu sor un *destrier*. Rom. du Rou. (Id., E., II., p. 52.)

Labeurs et *griefz* cheminemens. Villon. (Ibid. p. 156.)

Sacrilége *meurdrier*, si on pend un voleur. Rons., Élég. p. 207.

C'est Corneille qui a fixé la quantité véritable: car la contraction d'une
voyelle précédée de deux consonnes avec une autre voyelle est bien dure:

Il est juste, grand roi, qu'un *meurtrier* périsse. Le Cid., II., 8.

Avant lui, quelques autres avaient déjà fait *ouvrier* trissyllabe:

Il n'est, par le vrai Dieu, pour *ouvrier* ni fête. Régnier.

Après lui, quelques poètes ont encore pratiqué la synérèse:

Ce *sanglier* qui portoit sa fureur jusqu'à vous. Molière, la
Princ. d'Él., I., 3.

Cependant un *sanglier*, monstre énorme et superbe. La Font.,
Fabl., VIII., 27. Ibid., II., 19. VIII., 24.|

Dès Boileau et Racine, la diérèse est admise sans contestation. V.
Hugo, Cromwell, V., 1 a fait *madrier* dissyllabe.

3) La bivocale *ié* est monosyllabe dans *châtaignier*, la double consonne
n'existant que pour l'orthographe.

Ses *châtaigniers* aux larges ombres. Ste-Beuve, à mon ami
Paul Lacroix. (Büchner, Chrestom., p. 478.)

4) Le mot *chambrière* est de quatre syllabes aussi chez les vieux
poètes. Mais on écrivait alors *chamberière*, conformément à l'étymologie
(*cameraria*)

La *chamberière* de l'ostel. Du Segret., v. 603. (Barbaz., T. I.)

C. Marot l'a contracté avec les autres:

Soit en habit de *chambrière* ou maistresse. Épigr., p. 345.

D'un morceau de terrain chaque *ouvrier* se charge. F l o r., Fabl., III., 2

Si quelqu'une de vous touche à la *quatrième*. La F o n t., Fabl., I., 6[1]).

Autour du *sanglier*, les merles, les fauvettes. F l o r., Fabl., III., 3.

b) Dans les verbes[2]):

Vous *devriez* leur mettre un bon exemple aux yeux. M o l., le Tart. I., 1.

Me *promettriez*-vous que, pour servir vos droits. L e B r u n, Mar. St., III., 4.

Hé quoi! vous *voudriez*, Valère, injustement. M o l., le Dép. am., II., 2.

3° Dans *hier* (heri)[3]) et *sieste* (sexta) quoique l'*i* ne soit pas une lettre du radical:

---

1) Anciennement *quatrième* était trissyllabe:

Toy la *quatriesme*. Or ilz donnent leurs droits. C. M a r o t, Chant nuptial, p. 241.

2) Ces désinences verbales formaient des diphthongues, comme les substantifs, jusqu'à C o r n e i l l e: elles sont encore monosyllabes dans les premières pièces de M o l i è r e:

Elle n'est pas fort bonne, et vous *devriez* tâcher. M o l., l'Étourdi, I., 2.

Vous me *voudriez* encor payer pour précepteur. Ibid., I., 9.

Vous buviez sur son reste, et *montriez* d'affecter. Ibid., IV., 5.

Dans B a r b a z., T. III., p. 21 on lit:

Que trente sols me *rendriez*.

Je crois que le texte y est corrompu. L'auteur a probablement écrit *renderiez*, forme très-usitée alors.

Vous *renderai*-jou jusc'a dis. L'O r d é n e, v. 330. (B a r b., T. I.)

3) Jusqu'à B o i l e a u, *hier* forma une diphthongue, selon les exigences de l'étymologie.

Fors itel com je mengai *hier*. Fabliau. (I d., E., II., p. 101.)

Hier, dans sa belle humeur elle entretint Valère. C o r n., Hor., I., 1.

Le marchand repartit: *Hier* au soir, sur la brune. La F o n t., Fabl. IX., 1.

V o l t a i r e a signalé en plusieurs endroits la dureté de ce monosyllabe. Il semble que R o n s a r d ait été conduit par le même sentiment en scandant:

Encore *hier*, sa puissance j'atteste.

Les poètes de l'école moderne n'ont pas craint d'imiter l'exemple des vieux poètes:

Hier même, quand les luths, les chants et les propos. P o n s., Lucr., III., 2.

V. H u g o, Cromwell, I., 3.; II., 3.

Hier, dit-on, de vous on parla chez le Roi. Boil., Ép., VI.

Cet homme heureux *hier,* aujourd'hui délirant. Dumas, Christine II., 1.

Sont venus seulement pour faire la *sieste.* La Ville, les Semain. (Paris ou CI.)

Il est très-important d'achever ma *sieste.* Aug., Philib. II., 2.

Commun (selon Hamann monosyllabe) dans *avant-hier.*

Madame eut *avant-hier* la fièvre jusqu'au soir. Mol., le Tart., I., 5.

Avant-hier advint que de fortune.

Je rencontrai ce Guignard sur la brune. Voltaire.

iei. Monosyllabe:

Notre *vieillard* flétri, chagrin, et mal plaisant: La Font., l'Eun.
II., 3.

§. 12. *ien, ïen.*

ien. Prononcé comme dans *bien.* Monosyllabe:

1° Quand l'*i* n'est qu'une lettre parasite: *bien* (bene),
chien (canis), *rien* (rem), *Siennois* (Senensis), *tient* (tenet),
vient (venit).

A fait si *bien* germer la zizanie,

Que *chiens* et chats vivent moins désunis.

L'un tire au ciel; l'autre *tient* à la terre.

Mais tout le mal encor ne *vient* pas d'eux.

Ce petit conte; et, de ce joli *rien.* Piron, les deux Tonn. (II.
Idel., p. 439 — 444.)

Je hais du fol *Siennois* le sens mal arrêté. Du Bellay.

2° Dans quelques mots dont l'*i* est lettre du radical,
mais qui ont été raccourcis par la prononciation: *Amiens*
(Ambiani), *ancien* (antianus), *chrétien* (christianus), *Etienne*
(Stephanus), *gardien* (gardianus), *mien* (meum), *plébéien*
(plebejanus) [1]).

---

1) Chez les anciens qui suivaient en tout cas les règles générales, l'*ien*
de ces mots était dissyllabe.

a) *Amiens.*

De si qu'à *Amiens* le menèrent fuiant. Rom. du Rou.

La synérèse est aussi très-ancienne.

Après s'en revint par *Amiens.* Du Segret., v. 28. (Barb., T. I.)

D'*Amiens:* nul tel baron ne sai. Barbaz., T. II., p. 328.

Orliens pour *Orléans* était dissyllabe.

Il m'avait fait venir d'*Amiens* pour être suisse. Rac., Plaid., I., 1.

A récompenser Jean, son *ancien* domestique. Arnault, l'Avare
(De Castr., Phonol., p. 168.)

Ne vont pas mieux, je pense, au *chrétien* qu'au malade. Delav.,
· Louis XI., II., 7.

Et vous, saint *Estienne* des grés. Barbaz., T. II., p. 287.

Or, le pape nouveau, *gardien* du mariage. Pons., Agn., I., 4.

Mais prince ou *plébéien*, que je règne ou conspire. Delav.,
Mar. Fal., III., 3.

Girard d'*Orliens* et li preus Engelier. Ogier de Danem.
(Herrig, p. 31.)

Née et norrie fu d'*Orliens*. Barbaz., T. III., p. 161.

b) *Ancien* a été trissyllabe encore au XVIIᵉ siècle.

Chançon mult bone et *ancienne*. Fabl. (Idel., E., II., p. 77.)

Race *ancienne* des Dieux (vers de 7 syllabes). Rons., Od., p. 116.

J'ai su tout ce détail d'un *ancien* valet. Corn., Ment., III., 4.

Mère prieure, *ancienne*, ou discrète. La Font., Cont.. IV., 2.

Sibilet fait une loi de cette diérèse; De Lacroix la recommande.
Au XVIᵉ et au XVIIᵉ siècle, la tendance d'abréger ce mot est
évidente.

Juges, *anciens*, qui les bons parochiens. Rabelais, T. I., p. 179.

Qui composait si bien l'*ancienne* oisiveté. Molière.

Voltaire fait cette remarque judicieuse: »*Ancien* de trois syllabes
rend le vers languissant; *ancien* de deux syllabes devient dur. On
est réduit à éviter ce mot quand on veut faire des vers où rien ne
rebute l'oreille.«

c) *Chrétien*.

Le *chretien* que estre à hennor. Fabl. (Idel., E., II., p. 75.)

Chrestien se font, mès il mentent. S. Léoc., v. 364. (Barbaz.,
T. I.)

Rutebeuf présente déjà la synérèse, à ce qu'il paraît:

Compeiguie de boens *chrestiens*. Li Testament de l'Ane. (Herrig, p. 37.)

Le nom propre *Chrestien de Troyes* est trissyllabe:

L'en ne doit *Chrestien* de Troies. Fabl. (Idel., E., I., p. 112.)

Chrétienté fait la diérèse selon Hamann.

d) *Gardien*:

Suis-je donc *gardien*, pour employer ce style. Mol., le Dép.
am., V., 3.

Le sang de cette gent, voilà ses *gardiens*. La Font., Fabl., X, 6.

De Lacroix dit: »L'oreille trouve plus doux de faire *gardien* de
deux syllabes que de trois.«

Un poète moderne, V. de Laprade, a dit:

Un esprit, *gardien* de toute pureté. L'Alpe vierge (Ebener,
Alb. poét.).

Dissyllabe quand l'*i* est radical.

1° Dans *lien* (ligamen) et *Vienne* (Vienna)[1].

Mais je pense, seigneur, qu'en rompant mes *liens*. Rac., Alex., II., 1.

Viënne qui au ciel se brave de l'honneur. Rons. p. 160.

2° Dans les substantifs et les adjectifs dérivés de mots latins finissant en *ianus*[2].

---

1) Les vers suivants sont donc incorrects:

J'étais seul dans ma haute tour,
Rongeant mes *liens* dans la tour sombre. Fournel, Ludw. le Saut. (Braunhard, p. 773.)
Puis j'entrai dans *Vienne* un matin. Bér., la Vivand.

2) Les exemples de synérèse ne sont pas rares:

a) Noms propres.

Où l'oraison de monsieur saint *Julien*. La Font., Cont., II., 5.
Que j'aperçois ici, Sévère, *Sébastien*. Gary, Eudore. (De Castr., Phonol., p. 222.)
Valenciennes et puis Tournac. Barbaz., T. II., p. 305.

b) Noms de peuples.

Est pour les *Athéniens* le compliment suprême? Augier, la Ciguë, II., 1.
Phénix *macédonien* renaissant de sa cendre. Dum., Calig., I., 4.
Bons *Mauriciens*, ils sont Français encore. Bér., Coupl.
Voyez ce mari *parisien*. Id., les Marionn.
Un enfant *péruvien* sur ses genoux assis. Flor., Fabl., II., I.
Si l'on est *Prussien* en Prusse (vers de 7 syll.) Bér., le bon Fr.

c) Noms d'état, de profession.

Les *comédiens* français à vous se recommandent. La Ville, les Semain. (Paris).
Les *comédiens* du roi donnaient le mois dernier. Dum., Christine, I., 1.
Ce que vous ont coûté médecin, *chirurgien*. Andrieux, les Étourdis, 1., 2. (Herrig, p. 580.)
Du brutal *faubourien*. Grâces à cet échange. Arag., les Aristocr., V., 6.
Juges anciens, qui les bons *parochiens*. Rabel., T. I., p. 179.
Le *paroissien* en plomb entraîne son pasteur. La Font., Fabl., VII., 11.
Officiaulx, scribes et *pharisiens*. Rabel., T. I., p. 179.
Non, pour un *pharmacien*, ça prête à l'équivoque. Musset, Louis., II., 1.
Va, je t'achèterai le *Praticien* françois. Rac., Plaid., II., 3.
Aux *theologiens* le remectz

a) Noms propres.

Ingrat *Justinien,* despote sanguinaire. Jouy, Bélis. (Büchner, Chrestom., p. 192.)

Marcien, je rends grace au zèle qui t'enflamme. Ibid. (p. 194.)

Quintilien en fait le précepte ... — La peste. Mol., le Dép. am., II., 7.

Et dans *Valencienne* est entré comme un foudre. Boil., Ép., VI.

b) Noms de peuples.

Ma foi! disait le chat, c'est aux *Égyptiens* Flor, Fabl., III., 17.

Autant que lui sauront *l'italien.* M. de Chénier, le Maître ital. (Idel., IV., p. 177.)

Tel est, ô *Prussiens,* votre auguste modèle. Fréd. le Gr., Ode aux Pruss. (Braunh., p. 744.)

Les chants *tyroliens,* la paix de la campagne. Pons., Agn., III., 3,

c) Noms d'état, de profession.

Soyez *comédiens,* messieurs; vos spectateurs. La Ville, les Semain. (Paris.)

Rhéteurs, *Grammairiens,* Astronomes, Docteurs. Boil., Sat., VIII.

Éclairage, souper, buffet, *musiciens.* Arag., les Aristocr., III., 2.

Il installe au palais un vieux *patricien.* Ibid., V., 5.

d) Dans: *aérien, méridienne, quotidien.*

D'*aériens* abris sous des hangars indous. Barthél. et Mér., le Jard. d. pl. (Paris.)

Ces pics *aériens* m'ont rapproché de vous. Lamart., Jocel., p. 77.

Qui faisait sa *méridienne.* Flor., Fabl., V., 9.

Donnez-nous aujourd'hui le pain *quotidien.* Barthél. et Mér., le Jard. d. pl. (Paris).

ïen. Monosyllabe.

Mais je suis *païen,* moi. — Qu'importe, si ton ame. Dum., Calig., IV., 2.

§. 13. *ieu, ïeu.*

ieu. 1° Dans les mots d'origine latine, quand l'*i* appartient à la formation française. Ex.: *cieux* (cœlum), *essieu* (ax-

---

Car c'est office de prescheur. Villon., le gr. Testam. (Idel., E. II., p. 162.)

d) *quotidien.*

Mais après un bon mois de neveu *quotidien.* Aug. Philib., I., 4.

ellus, aisseul, aissieu), *lieu* (locus), *milieu, mieux* (melius), *pieu* (palus), *vieux* (vetulus).

> Et toi, sœur du soleil, astre qui dans les *cieux*. Volt., Ép. à la Marqu. du Chat. (II. Idel., no. 3.)
> Rayons étincelants de son céleste *essieu*. Lamart., Jocel., p. 64.
> Au *milieu* d'un ciel pur d'étoiles parsemé. Flor., Fabl., V., 1.
> Te taire est le moyen qu'on les écoute *mieux* Ibid.
> Nous avons Ulm, Augsbourg, choses de mauvais *pieux!* Hugo, les Burgr., II., 1.
> S'il ranime un fantôme, et si de ce *vieux* corps. Delav., Louis XI., I., 5.

2° Dans: *Dieu* (deus), *épieu* (spioz, spiculum), *plusieurs* (pluriores), *sieur* (senior), *monsieur*.

> *Dieu* parle, et le chaos se dissipe à sa voix. Volt., (II. Idel., no. 3).
> Un chien de cour l'arrête; *épieux* et fourches-fières. La Font., Fabl, IV., 16.
> Par *plusieurs* voix interrogé sans cesse. Gresset, Ver-vert (II. Idel., p. 422).
> *Messieurs* les Moi, je prétends n'être qu'un. Piron, I. d. Tonneaux (II. Idel., p. 439).

Dissyllabe dans les mots dont l'*i* a une valeur distincte dans la racine latine: ce sont principalement les mots terminés en *ieur* (ior) et en *ieux* (iosus)[1]) et *rieur* (risor).

> Voyaient l'*intérieur* indigent et funèbre. Hugo, les Burgr., III., 1.
> Et si quelque *envieux*, quelque esprit de travers. Flor., Fabl., V., 1.
> Bonhomme au demeurant, et vieillard fort *pieux*. Ibid., III., 15.
> Oui, monsieur le *rieur*, malgré vos beaux esprits. Mol., le Mis., I., 2.

ieul Monosyllabe.

> Auguste, ton *aïeul*, ce grand maître en justice. Dum., Calig., IV., 3.

---

1) Béranger, Les infin. pet., a contracté le mot *bilieux*, pour former un vers de huit syllabes:
> De petits Jésuites *bilieux*.
La contraction de quelques noms propres semble être légitime:
> Le titre d'usurier et de fesse-*Mathieu*. Regn., le Légat., III., 2,
> Mon cher oncle le duc .... Ah! ah! voici *Larrieul*. Arag., les Aristocr., IV., 1.

§. 14. *io, ïo, ions, iou, ïu.*

io. Communément dissyllabe. L'*i* est presque toujours une lettre du radical[1]).

> Comme fit *Diomède* au quartier de Rhésus. Flor., Fabl., II., 17.
> Bon *espion*, Dieu sait. Son offre ayant déplu. La Font., Fabl.,
>   XII., 11.
> Regardez bien cette *fiole*-ci. Andrieux, l'Alchym.
> Qu'ils charment de Senlis le poète *idiot*. Boil., Ép., VII.
> Et parfois Fagotin et les *marionnettes*. Mol., le Tart., II., 3.
> O *Médiocrité*, reviens vite! A ces mots
> La *Médiocrité* revient. On lui fait place. La Font., Fabl.,
>   VII., 6[2]).

---

1) La prose aime à faire *io* diphthongue, la poésie en fait deux syllabes. Les exemples suivants de synérèse, qui pourraient aisément être augmentés, sont des licences qu'on peut pardonner aux poètes, si l'on veut.

> D'abord leurs *escoffions* ont volé par la place. Mol., l'Ét., V., 14.
> Prends la *fiole*, ou .... Je crains, en ce désordre extrême.
>   Regn., les Fol. am., III., 10.
> Je t'aime, ô mon Otbert! — Cette *fiole* est la vie. Hugo, les
>   Burgr., II., 2.
> Le bonhomme, chargé de *fluxions* et d'années. Regn., le Légat.,
>   I., 1.
> Allumons tous nos *lampions* (vers de 7 syll.). Bér., les Mirm.
> Les *marionnettes*, croyez-moi,
> Sont les jeux de tout âge. Id., les Marionn.
> Et j'entendis les voix d'un *million* de génies. Lamart., Jocel.,
>   p. 364.
> Armons soudain deux *millions* de soldats. Bér., le 5. Mai,
> De lui monstrer, en son *petiot* langage. Clotilde (Idel., E., II.,
>   p. 136.)
> Bon cœur, bon corps, bonne *physionomie*. C. Marot, Ballad.,
>   p. 221.
> Vous, la *pioche* à la main, prenez les travailleurs. Lamart.,
>   Touss., III., 1.
> Et nous damons le *pion* à l'Ambigu-Comique. La Ville, les
>   Semain. (Paris.)
> Que le *pionnier* en chef sur ces deux points s'aligne. Lamart.,
>   Touss., III., 1.

Pion est monosyllabe selon Hamann.

2) Madame Tastu s'est trompée en faisant remarquer que *médiocrité* dans le premier vers, n'a que quatre syllabes. Le poète lui donne, dans chaque vers, cinq syllabes, comme il est juste.

L'occasion te rit: Porus dans le tombeau. Rac., Alex., IV., **3.**

Vos *triomphes* passés vous tourneraient la tête. Delav., l'Éc. d. Vieill., I., 4.

Que vous connaissez mal les *violents* désirs. Rac., Alex., III., 6.

Monosyllabe dans *babiole* (baubelles), l'*i* n'étant pas lettre radicale, et dans quelques noms propres italiens dans lesquels l'*i* n'est que lettre oculaire.

Israël *Bertuccio.* — Ce nom m'est inconnu. Delav., Mar., Fal. I., 8.

Du *Giotto.* — Dès ce soir vous aurez audience. Ibid., II., 5.

io. Monosyllabe.

La *baïonnette* au bout du fusil. Ferme; bon. Regn., les Fol. am., III , 10.

ions. Désinence verbale. Monosyllabe:

1° Quand l'*i* appartient à la formation française et qu'il n'est pas précédé de deux consonnes dont la seconde soit une liquide.

a) Imparfait de l'indicatif[1]).

Nous nous *cherchions* l'un l'autre. Une fierté si belle. Rac., Alex., III., 6.

Racine: -abamus, -ebamus.

b) Présent du subjonctif.

Mon père, il ne faut pas s'attendre
Que nous *puissions* rencontrer mieux. Flor., Fabl., II., 10.

Racine: -emus.

c) Imparfait du subjonctif.

Nous *fussions* sans témoin. — Pourquoi? — C'est nécessaire. Désaug., l'Hôtel garni, sc. 11.

Racine: -ssemus.

d) Conditionnel[2]).

D'où vient? — Nous et nos fils nous *aurions* du bon temps. Delav., Louis IX., III., 3.

Racine: -habebamus.

---

1) C'est donc à tort que Voltaire a séparé les deux voyelles:
Nous te *demandions* à nos cruels destins. Alz., II., 4.

2) *Serions* est trissyllabe dans le poème Du Segret., v. 322. (Barbaz., T. I.)

Endui *serions* ja honé.
Peut-être faut-il écrire *seriions,* de même qu'on lit souvent *seriiez.*

Dissyllabe 1° quand l'*i* est radical, savoir dans *rions* (ridemus) et dans le présent des verbes en *ier*.

Ça, *rions* donc bien fort, nous en avons sujet. Mol., l'Ét., II., 14.

Ne nous *associons* qu'avecque nos égaux. La Font., Fabl., V., 2.

2° Précédée de deux consonnes dont la seconde est *l* ou *r*[1]).

J'aime qu'avec douceur nous nous *montrions* sages. Mol., le Tart., IV., 3.

Nous nous *ressemblions*, mais si parfaitement. Regn., les Mén., I., 2.

iou. Dissyllabe (monosyllabe selon Hamann)[2]).

ïu. Monosyllabe.

De Rome, pour un temps, *Caïus* fut les délices. Rac., Britann., I., 1.

§. 15.   *oa, oé, oè, oi oï, oin.*

oa. Dissyllabe.

Ses rivaux obscurcis autour de lui *croassent*. Boil., Ép., VII.

Monosyllabe dans *foarre* suivant Hamann, II., p. 24.

Voir Lesaint, Tr. de pron. fr., p. 45.

oé, oè. Ordinairement dissyllabes.

Que voilaient l'*aloès* et l'herbe à l'éventail. Lamart., Touss., IV.. 3.

C'est l'arche de *Noé* pour les divers plumages. Arag., les Aristocr., IV., 1.

Nuit de *Noël*, nuit de paix et de joie. Imb. Galloix, la Nuit de N. (Detroit, Lect. franç., T. III., p. 323.).

Un *poème* insipide et sottement flatteur. Boil., Sat., IX.

---

1) Primitivement la désinence *ions* même précédée de deux consonnes dans la même syllabe formait une diphthongue. Cette quantité se trouve encore dans les premières pièces de Molière.

Sauter à notre cou plus que nous ne *voudrions*. Le Dépit am., IV., 2.

2) La synérèse se fait dans *cape de bious:*

L'interrupteur: Me prend-on pour un lâche?

Cape de bious, à la fin je me fâche. Lallemand, le Duel en persp. (De Castr., Phonol., p. 169.)

On parle *poésie*, on chante une romance. Désaug., l'Hôtel garni, sc. 10.

Que l'amour de blâmer fit *poètes* par art. Boil., Sat., IX.[1]).

Et quel mal avez-vous? — Un mal peu *poétique*. Aug., la Ciguë, II., 5.

Monosyllabique dans *foène* (fœnum) suivant Hamann, p. 24., dans *moëlle*, (medulla), *moëllon, moëlleux*[2]), *poêle* (patella)[3]); la bivocale *oe* n'étant pas radicale.

La *moëlle* de ses os et le sang de sa veine? Lamart., Touss., III., 9.

Je tâte votre habit: l'étoffe en est *moëlleuse*. Mol., le Tart., III., 3.

Formoit un *poêle* ardent au milieu de l'été. Boil., Sat., III.

On le mit dans la *poêle* à frire. La Font., Fabl., IX., 10.[4])

---

1) Au XVIe et au XVIIe siècle, quelques poètes (Ronsard, d'Aubigné, Baïf, Régnier, les deux Corneille, La Fontaine) traitèrent de diphthongue *oe* dans *poëme, poésie, poëte*.

De tes enfans bastards, ces tiercelets de *Poëtes*. Régn., Sat. II.

Pour abuser les *poëtes* je suis née. Rons., Am. de Cass., p. 5.

Même précaution nuisit au *poëte* Éschylo. La Font., Fabl., VIII., 16.

A la foiblesse du sculpteur
Le *poëte* autrefois n'en dut guère. Ibid., IX., 6.

Les traits dans sa fable semés
Ne sont en l'ouvrage du *poëte*. Ibid., XII., 9.
La quantité naturelle se voit chez les mêmes poëtes.

Et pource si quelqu'un désire estre *Poëte*. Rons., le Boc. r., p. 168.

Le *poëte* d'abord parla de son héros. La Font., Fabl., I., 14.
De Lacroix cite ces mots comme douteux. L'autorité de Boileau en a fixé la diérèse.

Noël est monosyllabe dans:
Dieu qui voult à *noël* estre né. La Farce de Pathelin. (Idel. E. II., p. 186.)

2) *Moëlle* suivait anciennement l'exemple des autres mots.

Ne se fust prise en ma tendre *mouelle*. Rons., Am. de Mar., p. 34.
Sibilet blâme ceux qui divisent les deux voyelles.

3) L'ancienne forme de *poële* est *paiele*, trissyllabe.

Cele et la *paiele* lavée. Du Segret., v. 617. (Barbaz., T. I.)

4) *Boîte, coiffe, toile* s'écrivaient autrefois *boëte, coëffe, toële*, mais ne commençaient pas moins par une diphthongue.

oi. Monosyllabe.

> Où sur le mont Sina la *loi* nous fut donnée. Rac., Athal., I., 1.

oï. Dissyllabe.

> Mène Achille tremblant au bord du *Simoïs.* Boil., Art poét., II.

oin. Monosyllabe.

> A-t-il *besoin* de boire; au pied de la montagne. Flor., Fabl.,
> III., 7.
> Si bien qu'on en dora le *groin* de la Gorgone. Ronsard[1]).

§. 16. *oua, ouai, ouan, ouen.*

oua. Communément dissyllabe.

> Tant s'en faut: de sa forme il se *loua* très-fort. La Font.,
> Fabl., I., 7.
> Qu'il courût vite à son *ouaille* chère. Volt., la Puc., II.
> Cologne est pour *Souabe.* — Erfurth est pour Brunswick. Hug.,
> les Burgr., I., 2.

Monosyllabe dans *bivouac* et *pouah.*

> Le *bivouac* sommeillant dans les feux étoilés. Hugo, Napol. II.
> (Braunh., p. 681.)
> *Pouah!* c'est un diésis que j'avois à la gorge. Regn., les Fol.
> am., II., 7.

ouai. Presque toujours dissyllabe.

> Et puis sous le cou se *nouait.*
> Un instant en faisait l'affaire. Flor., Fabl., I., 18.

Monosyllabe dans l'interjection *ouais*[2]).

> *Ouais!* ceci doit donc être un important secret! Mol., le Dép.,
> II., 1.

Commun dans - *ouail, ouaiche, douaire* selon Hamann.

ouan, ouen. Dissyllabes.

> Car ma *Boëte* n'est pas si pleine. C. Marot, Ép., p. 364.
> Je veux une *coeffure,* en dépit de la mode. Mol., l'Éc. d.
> m., I., 1.

Primitivement ces mots étaient trissyllabes.

> Nos pas pour emplir ses *boëtes.* Villon.
> Que entre la *toëlle,* qui n'est pas de bourras. Jubinal.

1) *Groin,* monosyllabe dur, selon Quicherat, aurait dû être soumis
à la même réforme qui a fait *grief* de deux syllabes.

2) *Ouais* suivait anciennement la règle générale.

> *Ouay!* n'est-il pas venu querre. La Farce de Pathelin. (Her-
> rig, p. 74.)

3*

Ou bien, la *secouant,* refusait son suffrage. F l o r., Fabl. III., 3.
Un roi qui de Rouen chassera Jean-sans-Terre. P o n s., Agn.,
V., 1.

§. 17. *oué, ouè.*

oué, ouè. Ordinairement dissyllabes[1]).

Tigres dans les forêts, *alouettes* aux champs. La F o n t., Fabl.
IV., 22.
Ce *brouet* fut par lui servi sur une assiette. I b i d., I., 18.
Et la *girouette* et les vents. F l o r., Fabl., I., 10.
Au besoin de *louer* et d'aimer son vainqueur. F l o r., Fabl., II., 13.
Faisant *pirouetter,* à son huys amusée. R o n s., Am. de M., p. 38.
Chargé d'ans et pleurant son antique *prouesse.* La F o n t., Fabl.,
III., 14.

Monosyllabe dans *fouet, fouetter*[2]), (et, selon Hamann,
dans *ouest*).

Et menacé du *fouet* quiconque aurait querelle. La F o n t.,
Fabl., XII., 8.
Un conducteur *fouettait* les esclaves tremblants. L a m a r t.,
Touss., III., 4.

---

1) Quelques dictionnaires disent que *pirouette* peut avoir trois ou
quatre syllabes; La H a r p e n'en veut voir que trois dans *girouette,* suivant peut-être le vers de Molière:

La tête d'une femme est comme une *girouette.* Le D é p., am.,
IV., 2.

Au lieu de *mâchoire, miroir, mouchoir, ouvroir, terroir,* les textes anciens offrent *machouère; mirouer, miroër; mouchouer; ouvrouer; terroue*
avec la diérèse.

Devroient apeler ce livre
Le *miroer* as amoreus. Rom. de la Rose (I d e l., E. II, p. 252.)
Le m'appellez-vous *pilloueres*
Ilz m'ont gaste les *machoueres.* La Farce de Pathelin (H e r r i g,
p. 76.)
Elle est votre *miroër,* et deux lys assemblez. R o n s., Am.
d'Astr., p. 54.
R o n s a r d fait *soüef* (suave) d'une syllabe.

Qui si fin et si *soüef* en sa laine sera. Am. de M a r., p. 39.
2) D'abord le mot *fouet* n'était pas excepté de la règle.

N'oï parler de tel *fouet.* (vers de huit syllabes) Fabliau (I d e l.,
E. II., p. 79.)

Ton dos ha esté souhaitté
Pour y estre bien *fouetté!* C l. M a r., Ép., p. 198.
Fouailler a la même quantité que *fouetter.*

§. 18. *oui, ouin.*

oui. Ordinairement dissyllabe.

>Il *éblouit* mes yeux et toujours les attire. Flor., Fabl., II., 13.
>A la cour de *Louis*, guidé par mon courage. Volt., Zaïre, II., 3 [1]).
>Ma femme quelquefois vient *ouïr* ces oiseaux. Flor., Fabl., II., 2 [2]).

Monosyllabe dans la particule *oui* et, selon Hamann, dans *bouis, quouiya, ouistiti, - ouine* (ouin).

>*Oui*, reprit le lion, c'est bravement crié. La Font., Fabl., II., 19 [3]).

Commun dans *ouicou*, selon Hamann.

ouin. Monosyllabe.

>De le tancer: Ah! le petit *babouin*. La Font., Fabl., I., 19 [4]).
>Qu'on parle *barragouyn*, et qu'on suive le vent. Régn., Sat., III.
>Je fuis, libre comme un *Bédouin*. Bér., mon p. Coin.

---

1) Alfred de Musset, dans la comédie de *Louison*, contracte toujours *oui:*

>Ah! quand j'étais *Louison* avant d'être Lisette. I., 3.

Thom. Corneille, Festin de Pierre, IV., 9 en fait de même:

>Que ses enfants sont beaux! La petite *Louison*.

Dumas, Christine, emploie *Louis* comme diphthongue:

>Pour *Louis* quatorze avait continué *Louis* onze. I., 1.

Béranger, Prédict.:

>Cent *louis* de rente, et, citoyen utile.

2) Le participe *ouï* est mal scandé dans:

>Je ne l'ai point encore *ouï* que dans une cause. Régn., les Vendang., 5.

>J'ai toujours *ouï*, ce dit-il, qu'un bon coq. La Font., Fabl.

Réjouirait est trissyllabe dans:

>S'en *réjouirait*. Bérang., l'Opin.

3) Autrefois la particule affirmative, écrite *oel, oïl, oyl, ouil, ouy* était dissyllabe:

>Et cele li dist: *Oïl* voir
>Quant il veult fere son voloir. Fabliau. (Idel., E. II., p. 101.)
>*Ouy.* Le mal sainct Mathelin. La Farce de Path. (Herrig, p. 74.)

>Le prendrez-vous? dès que m'eustes ouy,
>Dit ne me fut le contraire d'*ouy*. C. Mar., Éleg., XXVI.

4) Les vieux poètes ont pratiqué la diérèse dans cette désinence:

§. 19. *ua, uai, uan.*

ua. Communément dissyllabe.

> D'abord à son pupille il *persuade* bien. Flor., Fabl., II., 15.
> L'autre qui s'en doutait, lui lâche une *ruade.* La Font.,
> Fabl., V., 8.

Monosyllabe souvent, lorsqu'il est précédé de *g* ou de *q*, comme dans *alguazil, équateur, jaguar, quadrupède,* et dans quelques noms propres, tels que *Guanhumara, Guarini, Guarnot.*

> L'*alguazil*, dur au pauvre, au riche s'attendrit. Hug., Ruy
> Blas, III., 2.
> Sauvera votre république.
> On le crut. Le peuple *aquatique.* La Font., Fabl., X., 4.
> Ours, panthère, *jaguar*, léopard, loup-cervier. Barth. et Mér.,
> l. Jard. des pl. (Paris).
> Qu'en mer, sous l'*équateur*, j'apprenne tes succès. Delav., les
> Com., V., 11.
> Et *quadrupède* et volatile. Flor., Fabl., I., 16.
> *Guanhumara!* — Tu vois, j'ai tenu ma promesse. Hug., les
> Burgr., II., 3.
> Là près d'un *Guarini*, Térence tombe à terre. Boil., le
> Lutr., V.
> *Guarnot*, ça dit li taverniers. Du Segret., v 634. (Barbaz.,
> T. I.)

uai. Dissyllabe.

> Le magistrat *suait* en son lit de justice. La Font., Fabl., II., 3.

uail. Commun selon Hamann.

uan. Ordinairement dissyllabe.

> L'aigle et le *chat-huant* leurs querelles cessèrent. Ibid., X., 18.

Monosyllabe dans *paraguante* et dans la terminaison -*quan* selon Hamann.

> Dessus l'avide espoir de quelque *paraguante.* Mol., l'Ét., IV., 9.

> Mais te fait molt le *babouin.* Léoc. par Coinsi, v. 1438. (Bar-
> baz., T. I.)
> Toutefois on eût arraché
> Les dents du vilain *marsouin*
> Son feu père, et du *babouin.* La Farce de Pathelin.
> Si couard et si *babouin*,
> De n'oser parler que de loing? C. Marot, Ép., p. 141.

Pour quelques *paraguantes* on vous tuera votre homme. H u g.,
le Roi s'am., II., **1.**

§. 20. *ué, uè, ueux.*

ué, uè. Communément dissyllabes[1]).

Tout tremble à son aspect. *Continuez* vos jeux. F l o r., Fabl.,
III., **1.**
Par des parents *cruels* laissée en son berceau. I b i d., III., **11.**
Le larcin. le *duel,* le luxe, la paresse. B o i l., Sat., XII.
Tout le conseil resta *muet* à cet avis. F l o r., Fabl., II., **15.**
Et *Samuël,* qui d'une main divine. V o l t., la Puc., XVI.

Monosyllabes[2]) dans *Aranjuez, duègne, écuelle, Guêmes,*
Suénon.

D'*Aranjuez* où le roi chasse. — Du fond de l'âme. H u g., Ruy
Blas, II., 3.
Qui m'envoie une *duègne,* affreuse compagnonne. I b i d., IV., 7.
Les *écuelles* de bois s'égalent aux Couronnes. R é g n., Sat.,
XVI[3]).
Allaient manger leur potage,
Et prendre l'*écuelle* aux dents. La F o n t., Fabl., V., 7.
Oui. — *Guêmes,* nous pouvous rendre grâce à genoux. D u m.,
Christ., II., 5.
Mais hélas! Barberousse est mort, bien mort, *Suénon.* H u g.,
les Burgr., I., 2.

---

1) V. H u g o a traité *duel* de monosyllabe.
　　Un *duel!* Souvenez-vous du sieur de Boutteville! M a r i o n,
　　II., **1.**
　　Quant à ce *duel,* dis-lui que j'ai tort, que je suis. R u y B l a s,
　　IV., **1.**
A u g i e r a suivi son exemple.
　　Tous les *duels,* mon enfant, n'ouvrent pas une tombe. P h i l i b.,
　　III., **7.**
Dans un passage de L a m a r t i n e, *Samuel* est dissyllabe.
　　S'arrêta devant moi comme un autre *Samuel.* T o u s s., II., 2.
2) *Ué* forme une diphthongue dans *lués* (aussitôt), *bués* (bœufs).
　　Fu l'uns des Clers *lués* que là vint. B a r b a z., T. III., p. 239.
　　Li forestiers vos *bués* enmaine. I b i d., p. 306.
3) Primitivement, *écuelle* avait quatre syllabes.
　　Ses *escueles,* ses mortiers. Du Segret., v. 791. (B a r b a z., T. I.)
M a r t i a l d'A u v e r g n e en a déjà la contraction.
　　Et avoir le beau gras jambon,
　　L'*escuelle* de poreaux profonde. I d e l., E. II., p. 169.

Commun dans *Suède*.

Te dire par nos voix que la *Suède* t'implore. Dum., Christ., I., 2.

O *Suède*, ô Moscow, Pologne, Autriche, hélas. D'Aubigné

ueux. Dissyllabe.

Rien n'égale en fureur, en *monstrueux* caprices. Boil., Sat., V.

§. 21. *ui.*

ui. Dissyllabe, quand les deux voyelles se trouvent avec une valeur propre dans la racine latine, comme dans *bruine* (pruina), *Druides* (Druidæ), *fluide* (fluidus), *gratuit* (gratuitus), *ruine* (ruina), *suicide* (suicidium), et dans les substantifs en *uité* (uitas).

Là, de l'antique Hermès le minéral *fluide*. Colard., Épitr., I. (II. I de l.)

Pourquoi cette *ruine*: était-il d'homme sage. La Font., Fabl., XII., 20.

Réfléchissez, vieillard! — C'est presqu'un *suicide*. Lamart., Touss., III., 9 [1]).

Dans les plus claires loix ton *ambiguité*. Boil., Sat., XII.

Au faubourg, ils en ont bien l'*ingénuité*. Arag., les Aristocr., I., 7.

Eux et leurs descendants à *perpétuité*. Regn., le Légat., II., 8.

Monosyllabe 1° dans quelques mots que la prononciation a raccourcis, bien que les deux voyelles appartiennent à la racine latine. Ce sont *anguille* (anguilla, trissyllabe), *bruyère* (broiaria), *circuit* (circuitus) [2]) *Jésuite* (Jesuita), *lui* (ill-huic), *pituite* (pituita), *sanguinaire* (sanguinarius), *Suisse* (Suitia) [3]), *truie* (troïa).

Un pâté d'*anguille* Ce mets. La Font., Cont., IV., 11.

En faisant un *circuit* l'on eût gagné le pont. Flor., Fabl., II., 5.

Hier, Satan s'est fait *Jésuite*. Bér., l'Épit.

---

1) La synérèse se lit dans Béranger.

Suicide affreux, triste objet de stupeur. Le Suicide.

2) Sibilet en prescrit la diérèse dont Marot s'est servi.

Circuy m'as de belliqueuse force. Pseaume, XVIII., p. 641.

3) La synérèse de ce mot est ancienne:

Les *Suisses* dansent leurs morisques. Coquillart.

Au XVI° siècle, on sépara les deux voyelles:

Corps d'espaignole et ventre de *Souysse*. Rabel., T. I., p. 213.

Partage les habits et ton pain avec *lui*. Flor., Tob.

Le sang d'un hydropique en *pituite* se change. Régn., Sat., V.

Dont les appétits *sanguinaires*
Ont rempli la terre d'horreurs. Flor., Fabl., II., 17.

Il m'avait fait venir d'Amiens pour être *suisse*. Rac., Plaid., I., 1.

2° Quand cette bivocale appartient à la formation française, comme dans *aiguille* (acicula), *aiguiser* (acutiare), *appui* (podium), *aujourd'hui* (hodie), *autrui* (alterius), *bruit* (rugitus)[1]), *buis* (buxus), *construire* (construere), *cuisse* (coxa), *détruire* (destruere), *fruit* (fructus), *Guy* (Vitus), *fuir* (fugere), *instruire* (instruere), *Juif* (Judæus), *Juillet* (Julius), *pluie* (pluvia), *puits* (puteus), *réduire* (reducere), *suivre* (sequere).

Aiguiser par la queue une Épigramme folle. Boil., Art poét., II.

Que surtout l'indigent trouve en toi son *appui*. Flor., Tob.

Veut du *bruit* de son cours remplir tout l'univers. Rac., Alex., I., 2.

Pourquoi pas aujourd'*hui*? Ce long retard m'afflige. Flor., Fabl., V., 6.

Et sans regret, il *fuit* ce triste bord. Gresset, Ververt, IV., (II. Idel.)[2]).

Les trois *Guy*, revenus, ma foi, l'on ne sait d'où. Hug., le Roi s'am., III., 3.

La Vérité toute nue
Sortit un jour de son *puits*. Flor., Fabl., I., 1[3]).

---

1) Dans le verbe *bruire* et le substantif *bruissement* les deux voyelles sonnent séparément:

Mon abdication *bruirait* dans le monde. Dum., Christ., III., 6.

Des brises ou de l'eau furtif *bruissement*. Lamart., Jocel., p. 257.

2) Les vieux poètes séparaient les deux voyelles de *fuir* à l'infinitif, au défini, au participe passé.

Et de *fuir* semblant fereient Wace (Idel., E. II., p. 50).

Miex li vausist qu'il s'en *fuist*. Barbaz., T. II., p. 415.

De tous costez dechassés et *fuïs*. C. Marot., p. 499.

C'est Corneille qui semble en avoir fixé la contraction. Port-Royal fait l'observation judicieuse que le vers devient languissant par la diérèse. Quant aux autres temps, la synérèse a été toujours légitime.

Guillaume s'*enfuit* en Espaigne. Du Segret, v. 53. (Barbaz., T. I.)

Sa mort et que il s'*enfuiroit*. Barbaz., T. II., p. 411.

3) *Juif* était longtemps dissyllabe.

§. 22. *uin, uien.*

uin. Monosyllabe.

> Vêtus au mois de *juin* comme au mois de décembre. La Font.,
> Fabl., VIII., 19.

uien. Monosyllabe dans *Enguien, Guienne.*

> *Enguien,* qui, ne suivant que la gloire pour guide. Regnard,
> Ép., VI.
> Dans le haut Maine, en *Guienne,* en Picardie. Volt., la Puc., XVI.

§. 23. *y.*

y. Cette lettre se prononce a) comme une consonne (*j* allemand) dans plusieurs noms propres, noms de plantes, noms d'animaux: *Lafayette, Mayenne, cacaoyer, bayate;* b) comme. *i* suivi d'une consonne (*j* allemand) après *a, e, o, u* et devant une voyelle sonore. Devant *e* muet on écrit généralement *i,* excepté le présent des verbes en — *ayer,* où l'on aime à prononcer *ai* — *j* (allemand). *i* et *j* (allemand) appartiennent toujours à deux syllabes.

> De vrai *boyau;* l'odeur me le témoigne assez. La Font., Fabl.,
> VIII., 27.
> Un trop juste devoir veut que nous l'*essayions.* Boil., Ép., IV.
> Ce n'est pas un fort bon moyen
> Pour *payer,* que d'être sans bien. La Font., Fabl., II., 20.
> Que faisaient les *Troyens* quand la pauvre Cassandre. Ibid., I., 8.

c) Comme deux *i* dans *pays* et ses dérivés:

> La feinte est un *pays* plein de terres désertes. La Font.,
> Fabl., III., 1.
> Le bon Socrate, Ésope, et certain *paysan.* Ibid., XI., 7 [1]).

> Où les *Juys* maintrent jadis. Barbaz., T. II., p. 268.
> Mès cil qui les *Juis* retienent. Ibid., p. 324.
> Est agitée: ainsi estes, *Juïfs.* C. Marot, p. 499.

[1]) Le mot *paysan* est souvent dissyllabe au XVIe et au XVIIe siècle:
> Qui vient à mon propos: qu'une fois un *Paysant.* Régn., Sat., IX.
> Et la bonne *paysanne,* apprenant mon désir. Mol., l'Éc. d. f.,
> I. 1.

Même *pays* est quelquefois monosyllabe:
> Le *pays* en paix, en hautesse et en gloire. Alain Chartier.

d) Comme *i* dans les mots d'origine grecque et dans quelques mots d'origine latine. *y* fait diphthongue avec la voyelle suivante dans *yeux* (oculi), *yèble* (hièble, ebulum); *y* est séparé de la voyelle suivante dans les mots d'origine grecque et dans *Lyon* (Lugdunum), *yeuse* (ilicem). [Selon Hamann, *yeu* serait monosyllabe dans *yeuse*.]

> Que serait-ce à mes *yeux*
> Que l'œil de la nature? La Font., Fabl., VII., 18.
> Et la *Dryade* aussi, comme l'arbre a vécu. Alfr. de Vigny, la Dryade (De Castr., Phonol., p. 178).
> L'*hyène* qui bondit sur ses barreaux épais. Barth. et Mér., le Jard. des pl. (Paris).
> Mais qui ne voit la Ville de *Lyon*. C. Marot, Épigr., p. 322 [1]).
> Le charme se liait à quelque jeune *yeuse*. Alfr. de Vigny, la Dryade.

Appendice: Chap. III. De la Mesure ancienne des mots.

§. 24.

Outre les cas de synérèse et de diérèse mentionnés dans les notes des §§. 6. — 23., la mesure des mots chez les anciens poètes, c. à d. avant Malherbe, diffère encore assez souvent de la mesure moderne. Cette différence vient d'ordinaire de ce que les mots s'écrivaient et se prononçaient alors d'une manière plus conforme à l'étymologie. Les formes modernes sont quelquefois plus longuès, le plus souvent plus courtes que les formes anciennes. Le raccourcissement de même que l'accroissement des mots peut avoir lieu dans le corps des mots (syncope, épenthèse) ou à la fin des mots (apocope, paragoge).

[1) *ya* est dissyllabe aussi dans *magyare*.
  Et quels qu'ils soient, hongrois, vandales, *magyares*. Hug., les Burgr., II., 6.

§. 25. Syncope.

La forme moderne résulte de la contraction de deux voyelles:

Age = aage; *aise* = aaise; *bailler* = baailler (bajulare); *blâmer* = blaamer (blasphemare), *Chalons* = Chaalons (Cata-launi); *étage* = estaage; *gain* = gaaing; *gâter* = gaater; *maille* = maaille (macula); *Maline* = Maaline[1]); *tâcher* = taacher; *Chalons* = Chaélons; *chaîne* = chaéne (catena); *chaire* = chaére (cathedra)[2]); *prairie* = praérie (= prataria); *remplir* = raemplir (reimplere); *rançon* = raençon, réançon (redem-ptio). *Chaîne* = chaïne; *entrât* = entraïst (intravisset); *gaîne* = gaïne (vagina); *haine* = haïne; *traîner* = traïsner; *traître* = traïstre (traditor); *geolier* = gaolier (caveolarius); *peur* = paor, paour (pavor). *Age* = éage; *marchand* = marchéant; *méchant* = méchéant (més-cadens); *heaume* = héaume; *psaume* = pséaume. *Abbesse* = abbéesse (abbatissa), *empêcher* = empéescher (impedicare); *prêcher* = préescher (praedicare). *Bénir* = bénéir (benedicere); *dit* = déist (dixisset); *même* = méisme (met-ipsimus, en ital. medesimo); *mit* = méist (misisset); *vit* = véist (vidisset). *Jeune* = jéosne (juvenis); *miroir* = miréor (miratorium); *rond* = réond (rotundus). *Bénit* = bé-néoit (benedictus); *choir* = chéoir (cadere); *ouvroir* = ouvréoir (operatorium); *seoir* = séoir (sedere); *voir* = véoir (videre). *Bu* = béu (en ital. bevuto); *chevelure* = cheveléure (capilla-tura); *connu* = connéu (en ital. conosciuto); *cru* = créu (en ital. creduto); *eu* = éu (en ital. avuto); *heur* = éur; *Melun* = Meléun; *Sauveur* = Sauvéour (salvator); *sûr* = séur (secu-rus). *Louis* = Loéis (Ludovicus). *Reine* = roïne (regina). *Lorraine* = Looregne (Lotharingia); *mort* = moorz (mortuus); *rond* = roond.

---

1) Et Maaline et Broiselles. Barbaz., T. II., p. 304.
Écrivez *Maalines*, pour avoir un vers de huit syllabes.
2) Sis a en la chaere o sist mames Deu. Haas, Hist. de la lit. fr., p. 125.
Le second hémistiche n'est pas sur ses pieds; faut-il lire *séist* ou *méismes?*

La forme moderne résulte de la suppression d'une voyelle entre deux consonnes: *chambrière* = chamberière (cameraria); *esprit* = esperit (spiritus); *larcin* = larrecin (latrocinium)[1]); *serment* = serrement (sacramentum); *sevrer* = severer (separare); *soupçon* = souspeçon (suspicio); *vrai* = verai (veracus); *vraiment* = veraiement. Futur des verbes de la III° et de la IV° conjugaison: *apercevrai* = aperceverai; *aurai* = averai; *prendrai* = prenderai; *rendrai* = renderai.

§. 26. Épenthèse.

Substantifs: La formation des substantifs français dérivés des latins en-*itas* est triple: *veritas* devient *vérité, duritas* devient *dureté, claritas* devient *clarté*. Les anciens se servaient de la troisième dérivation dans beaucoup de mots qui sont dérivés aujourd'hui d'après les deux autres systèmes: *dureté* = durté; *obscurité* = obscurté: *vérité* = verté; *vileté* = vilté. D'autres substantifs: *capitaine* = capptaine; *éperon* = espron (sporn, all.); *guerredon* = .guerdon, *jarretière* = jartière; *origine* = orine.

Adjectifs: *raisonnable* = resnable; *lugubre* = lubre; *souverain* = souvrain.

Adverbes et locutions adverbiales: *à cette heure* = astheure; *fortement* = forment; *grandement* = grammment.

Verbes: Futur de la I° conjugaison: *demeurerai* = demorrai; *donnerai* = donrai; *durerai* = durrai; *honorerai* = honorrai; *laisserai* = lairai; *mènerai* = menrai; *pleurerai* = plorrai. Futur de la *quatrième* conjugaison: *ferai* = frai.

§. 27. Apocope.

Substantifs: *Eau* = eaue, iaue, yaue, ève, èwe, iave, iauve,

---

1)   Trestous *larrecins* et pilleries bas mises. Mart. d'Auv., (Idel., E. II.. p. 172.).
Si l'auteur a bien scandé son vers, il a probablement écrit: *tous larrecins* ou *trestous larcins:* le vers du texte a onze syllabes.

aigue (aqua)[1]). Beaucoup de substantifs masculins prenaient autrefois une *s* au nominatif et au vocatif du singulier: *roi* = reis (rex); *diable* = diables (diabolus). On l'ajoutait, lors même qu'elle n'existait pas dans la racine: *Alexandre* = Alexandres (Alexander), *homme* = homs (homo); *langage* = langages (linguagium); *prêtre* = prestres (presbyter); *siècle* = siècles (saeculum), *votre* = vostres (vester).

Pronoms: *quelconque* = quelconques; *quiconque* = quiconques.

Verbes: Les premières et secondes personnes des imparfaits et des conditionnels se terminaient en *e, es*; les premières personnes du pluriel des présents et des futurs en *es*: *voulais* = vouloie; *pourrais* = porroie; *tu plaindrais* = tu plaindroies; *entendons* = entendomes; *irons* = iromes. Au lieu de *sois* on disait *soye*. Au XVe siècle, ce dernier *e* est tantôt compté tantôt néglige dans la mesure; au XVIe, il commence à disparaître.

> *Soye* sur pied òu soye en biere —
> Combien que en peché *soye* mort. Villon. (Id., E. II., p. 157.)

Adverbes, Prépositions, Conjonctions: *avec* = avecques; *donc* = doncqûes, donques, doncque, doncq'; *encore* = encores; *ensemble* = ensemblement; *or* = ores, ore, or'; *presque* = presques.

§. 28. Paragoge.

Substantifs communs: *chèvrefeuille* = chevrefoil; *crocodile* = crocodil; *homme* = hom, hon[2]); *monde* = mont, munt,

---

1) Si que l'*éaue* du cuer sur sa face en descent. Aden. (Idel., E. II., p. 263.)
Le premier hémistiche a une syllabe de trop: il faut écrire: *eaue*.

2) Cil *homme* com richement se prueve. Fabl. (Id., E. II., p. 74.) Il faut écrire *hom* pour n'avoir pas un vers de neuf syllabes. Au contraire, dans:
Puis dist, cest *hom* me tenez. (Id., E., II., p. 75.)
Il faut écrire *home*, afin que le vers soit sur ses pieds. Dès le XVIe siècle, le substantif s'appelle toujours *homme.* Ce vers de Marot fait donc une exception:

mons. Noms propres: *Achille* = Achil; *Alcide* = Alcid; *Aristarque* = Aristarc; *Démocrite* = Démocrit; *Hyacinthe* = Hyacinth; *Narcisse* = Narcis; *Protée* = Proté; *Rhadamanthe* = Rhadamant; *Satyre* = Satyr; *Savoie* = Savoy'; *Tantale* = Tantal; *Térée* = Téré.

Adjectifs: Pendant longtemps les adjectifs qui en latin avaient le féminin semblable au masculin suivirent la même règle en français. Au XVIᵉ siècle, les deux manières sont employées à la volonté du poète. Chez Marot, l'accord est encore le cas le plus rare. Les écrivains modernes n'en ont gardé que le féminin *grand,* écrit faussement *grand'*, devant quelques substantifs, p. ex. *grand' mère.* Les adjectifs qui prenaient *e* déjà au masculin, pouvaient le rejeter. L'orthographe moderne n'est pas conséquente non plus. On écrit *poétique* et *public, vil, servil* et *fertile, inutile.* Pareillement on écrivait autrefois: *bacchic, catholic, domestic, fantastic, poétic; aver* (avare); *fertil, inutil; perplex.*

Articles et Pronoms: *En le* = el; *en les* = els, ès; *je le* = jel; *je les* = jes; *qui le* = kil; *qui les* = quis; *ne le, ne la* = nel; *ne les* = nes; *si le* = sil; *si les* = sis; *sur les* = sus. *Elle* = el, ell. *Quelle* = quel, quell. *Telle* = tel, tell.

Mots de nombre: *Mille* = mil.

Verbes: Suppression d'*e* final du présent de la Iᵉ conjugaison: *aime* = aim; *doute* = dout; *laisse* = lais; *demande* = demant; *prie* = prî; *supplie* = suppli. Au XVIᵉ siècle, cette orthographe s'est conservée comme licence poétique.

Adverbes: *arrière* = arrier; *derrière* = derrier.

Conjonctions: *comme* = cum, com.

Et convenante à Noé le bon *hom*
Pour en tailler la vigne en la saison. Chans., XXXII., p. 328. Le pronom *on* et le nom propre *Proudhon* sont des restes de la vieille orthographe.

Chap. IV. De la Valeur rhythmique des Syllabes.

§. 29. Accent tonique.

Pour le rhythme du vers, les syllabes se divisent en syllabes accentuées et en syllabes inaccentuées ou atoniques[1]. Il va sans dire que le mot *accent* ne signifie pas ici l'accent écrit, c'est-à-dire une petite marque qui se met sur une voyelle, soit pour faire connaître la prononciation de cette syllabe (*santé, procès*), soit pour distinguer le sens d'un mot d'avec celui d'un autre qui s'écrit de même (*a, à*), soit pour indiquer la suppression d'une lettre et la longueur de la voyelle (*aage, âge; prierai, prîrai; teste, tête*): mais la syllabe d'un mot sur laquelle on appuie.

§. 30. Origine et place de l'accent tonique.

La quantité et l'accent, dans les langues de première formation, telles que le Latin, l'Allemand, tendent au même but, c'est-à-dire à désigner par une marque distinctive les syllabes qui semblent avoir une plus grande importance que les autres, ou qui contiennent la notion importante des mots, en un mot de distinguer les syllabes radicales d'avec les syllabes de flexion et de dérivation[2]. Mais dans les langues néolatines telles que l'Italien, l'Espagnol, le Français, toute évidence étymologique du mot fut effacée. Chaque mot latin dérivé ou composé cessa d'être une forme renfermant à la fois une notion générale et une notion subordonnée. Chaque mot, en bloc, fut en soi et isolément le représentant d'une idée. La première phase de la langue accomplie, elle commença à se faire une étymologie interne par l'apposition et l'affixion. On put alors distinguer la racine et la particule françaises. Quant à la place de l'accent tonique,

---

1) C'est ainsi que P. Ackermann, p. 30. et p. 39. nomme les syllabes qui ne sont pas affectées de l'accent tonique. Le premier de ces mots ne se trouve pas dans le Dictionnaire de l'Académie; le second y a une autre acception.

2) Bergmann, poèmes tirés de l'Edda. Paris, 1838., p. 109—110.

la langue française a ordinairement gardé l'accent des mots latins, en les raccourcissant de manière que les *paroxytona* perdirent une syllabe, les *proparoxytona* en perdirent deux (*quinque-cinq*; *homines-hommes*)[1]). La plupart des mots français appuyant sur la dernière syllabe, la règle s'est établie que les mots français appuient toujours sur la dernière syllabe, et sur l'avant-dernière, quand la dernière est muette[2]).

Telle est la seule théorie de l'accent tonique qui puisse être appuyée sur l'histoire de la langue: elle est adoptée par la plupart des grammairiens dont quelques-uns sont mentionnés ci-dessous. Dans la flexion et dans la dérivation, l'influence de l'accent tonique reposant sur la dernière syllabe se montre par l'affaiblissement de la syllabe radicale: *meurs-mourons*; *sais-savons*; *acquiers-acquérons*; *seul-solitude*; *bien-bénir*; *chaud-chaleur* (Mätzner, franz. Gramm. pag. 43. 44.). Cette théorie est encore soutenue par la place de l'accent de la phrase, duquel nous allons parler au §. suivant; elle est aussi confirmée par la place des accents fixes de l'alexandrin et du décasyllabe.

Il y a deux accents toniques: l'accent tonique des finales masculines (*perdu*) est plus net, plus ramassé; celui des finales féminines (*perdue*) a plus de prolongation et de mollesse.

---

1) Mätzner, Grammaire, p. 49.

2) Regnier Desmarets, secrétaire perpétuel de l'Académie chargé par elle de composer une grammaire, Grammaire françoise, 1706: »Notre Langue n'a proprement d'accent que sur la dernière syllabe, dans les mots dont la terminaison est masculine; et sur la pénultième, dans ceux dont la terminaison est féminine.« Mablin: »On sait que tous les mots français ont l'accent sur la dernière, à l'exception des mots terminés par un e muet qui l'ont sur la pénultième.« Voltaire: »Nous appuyons toujours sur la dernière syllabe.« Quicherat, p. 12.: »L'accent tonique existe dans toutes les langues: en français, il se trouve toujours sur la dernière syllabe, etc.« Ackermann, p. 14.: »Il (l'accent tonique) est toujours placé sur la dernière syllabe sonore.« Borel, gramm. franç. §. 13.

§. 31. Accent de la phrase, accent oratoire, accent des dialectes.

L'accent tonique, il est vrai, est moins sensible en français qu'en allemand ou en anglais, conséquence nécessaire de l'affaiblissement de la quantité. Les Français ont abaissé l'accent des mots détachés pour relever l'accent de la phrase, lequel se place toujours sur la dernière syllabe sonore du dernier mot. Tout ce qui est étroitement lié par le sens, tout ce qui se trouve, entre deux virgules ou autres signes de ponctuation, se prononce comme un seul mot, tout d'une haleine, et l'accent tonique du dernier mot est sensiblement élevé aux dépens des autres accents toniques de la phrase.

Il faut encore distinguer l'accent tonique d'avec l'accent oratoire qui sert à marquer les affections de l'âme. L'orateur peut relever, non seulement tout un mot ou plusieurs mots mais une syllabe quelconque qui lui semble contenir l'idée principale: »Oignez vilain, il vous poindra; poignez vilain, il vous oindra.« L'accent oratoire peut coïncider avec l'accent tonique et le renforcer; il peut frapper des mots ordinairement inaccentués; il peut paraître à côté de l'accent tonique.

L'accent tonique des dialectes français se distingue, selon Mätzner, ou par une élévation de l'accent ou par une inclination à appuyer sur la syllabe radicale[1]), ou par une prolongation ou un raccourcissement des syllabes[2]).

---

1) Ackermann attribue l'accentuation de la syllabe radicale qu'il nomme *accent d'appui* non seulement à quelques dialectes, mais à toute la langue, et la regarde comme un reste de l'élément germanique, à laquelle la prédominance de l'élément latin n'a pas permis de se développer en toute liberté.

2) L'accent tonique étant si peu sensible en français, il ne faut pas s'étonner qu'il y ait des grammairiens qui ont inventé d'autres règles, comme De Castres, Phonologie, p. 57 — 59. D'autres encore prétendent que la prononciation française n'est point susceptible d'une accentuation régulière, et que la valeur des sons n'y est pas suffisamment caractérisée. D'Arnauld, *sur les Accents* de la langue grecque, cité par Barbieux, dit: »Il n'est point de langue qui n'ait ses accents plus ou moins ressentis; il serait aussi impossible de parler sur un ton de voix continuement le

§. 32. Mots naturellement ou accentués ou inaccentués.

Règles générales. 1° Tous les mots qui renferment une idée de substance, de qualité ou d'action, savoir le sub-

---

même que de n'attacher à toutes ces expressions que le même sentiment ou la même idée. Mais, dans les langues modernes (?), et particulièrement dans la nôtre, ces changements de voix ne diffèrent que par des nuances à peine sensibles; d'ailleurs ils ne sont affectés à aucune syllabe en particulier; rien enfin n'y prescrit, dans les mots qui la composent, l'abaissement ou l'élévation d'une syllabe plutôt que d'une autre.« Lamennais, L'art d'écrire (Herrig et Burguy, la France litt., p. 657) ne semble reconnaître que l'accent oratoire: »De son infériorité [il s'agit de la langue française] sous ce rapport [elle n'a qu'une prosodie imparfaite et vague] résulte, il est vrai, une supériorité d'un autre genre, et d'abord une clarté admirable (?), puis la facilité d'exprimer mille nuances fugitives et délicates, l'esprit plaçant à son gré l'accent sur les différentes syllabes du même mot, suivant les modifications diverses de la pensée et du sentiment, que la voyelle muette aide encore à rendre par l'effet harmonique qui lui est propre.« Hamann (Leitfaden zur Erlernung der französischen Aussprache. Zweites Heft. Potsdam, 1854.) donne deux règles sur la prononciation de la phrase française: 1) »Man spricht alle Wörter, welche in ihrer Folge einen ununterbrochenen Sinn bilden sollen, wie ein Wort aus, so dass die letzte vokallaute Silbe den rhythmischen Nachdruck und eine Tonsteigung erhält. 2) Man giebt dem ‑Worte, welches, ohne am Cäsurpunkte zu stehen, durch seine Bedeutung, namentlich durch den Gegensatz, einer Hervorhebung bedarf, die Hebung durch Tonverstärkung und Tonerhöhung auf seiner letzten vokallauten Silbe ohne Verweilung oder Pause. Indessen beim Ungestüm des Affekts wirft sich die Hebung, gleichsam ungeduldig die letzte Silbe zu erwarten, auf eine frühere.« Il n'y a donc, selon Hamann, que l'accent de la phrase et l'accent oratoire. La place du dernier est ordinairement la dernière syllabe du mot.

Le fait même que, pour beaucoup de théoriciens, l'accent tonique, non de quelques mots en particulier, mais de la langue en général, est le sujet d'une contestation, doit nous avertir que, s'il y en a un, il doit être faible En admettant donc bien volontiers que l'accent de la phrase a gagné en français ce que l'accent tonique a perdu, nous répondons à ceux qui en nient tout-à-fait l'existence, avec Ackermann p. 12.: »L'accent est lié d'une manière si intime et si rationnelle à l'organisme d'une langue que l'un ne peut pas se concevoir sans l'autre«, et avec Barbieux, p. 1.: que ce serait un phénomène inouï dans les annales de la parole humaine que la langue eût perdu ce principe d'harmonie (la prosodie) inhérant à tout idiôme cultivé. Le même savant dit, p. 12., que ceux qui disent *que toutes*

stantif, l'adjectif, le verbe, l'interjection ont par eux-mêmes l'accent tonique et ne le perdent que par position. 2° Les petits mots de rapport et de détermination, savoir l'article, le nom numéral, le verbe auxiliaire, la préposition, la conjonction sont naturellement privés de l'accent tonique et ne le reçoivent que par position. 3° Les pronoms disjoints (personnels, possessifs, démonstratifs, interrogatifs, indéfinis) et le pronom relatif *lequel* ont l'accent tonique; les autres pronoms ne l'ont pas. 4° Les adverbes ont, pour la plupart, l'accent, de même que les particules négatives (*pas*, *point*, *rien*, etc.) et les particules démonstratives (*ça*, *ci*, *là*). Quelques adverbes monosyllabes (*si*, *plus*, *trop*) qui s'appuient sur le mot suivant et la particule négative *ne* ne l'ont pas.

Exemples: Verbe, substantif, adjectif.

> Abu*sant* contre *lui* de ce pr*ofond* sil*ence*. Rac., Ath., I., 2. (abusant, profond, silence.)

Interjection:

> H*élas!* de quel p*éril* je l'avais *su* ti*rer*. Ibid., I., 2. (hélas.)

L'interjection *ô* suivie d'un substantif peut perdre l'accent.

> A leur r*éveil*, (ô r*éveil plein* d'hor*reur!*) Ibid., II., 9.

Article, noms numéraux.

> (Quel spe*ctacle* d'hor*reur!*) quatre-vingts *fils* de *rois*. Ibid., II., 7. (quatre-vingts.)
>
> Les *morts*, apr*ès* huit *ans*, sortent-*ils* du tom*beau?* Ibid., I., 1. (les, huit, du.)
>
> O*se* des premiers *temps* nous retra*cer* quelque *ombre*. Ibid., I., 1. (premiers.)

Conjonctions.

> Voi*ci*, comme ce *Dieu* vous r*épond* par ma *bouche*. Ibid., I., 1. (comme.)
>
> Il *sait*, quand il lui *plaît*, faire écla*ter* sa *gloire*. Ibid., I., 1. (quand.)

Prépositions.

> Abu*sant*, contre *lui*, de ce pr*ofond* sil*ence*. Ibid., I., 2. (contre.)

---

les syllabes sont *égales* confondent la prolation vulgaire des enfants de Paris avec la diction oratoire et poétique, fondée sur le principe vital commun à toutes les langues romanes.

Verbes auxiliaires.

> Que les *temps* sont chang*és!* Sitôt que de ce *jour:* Ibid., I., 1.
> (sont.)
>
> Pensez-*vous* être *saint* et *juste* impunément. Ibid, I., 1. (être.)
>
> En des *jours* ténébreux a changé ces beaux *jours.* Ibid., I., 1. (a.)
>
> Qui sur tous mes périls vous fait ou*vrir* les *yeux.* Ibid., I., 1.
> (fait)
>
> Les *feux* vont s'allu*mer,* et le *fer* est tout *prêt.* Ibid., III., 3.
> (vont.)

Pronoms disjoints et *lequel* pronom relatif.

> Que sur *vous* son cour*roux* ne soit *près* d'éclater. Ibid., I., 1.
> (vous.)
>
> El*le* que l'inno*ce*nce à mes *yeux* sancti*fie.* V. Hug., Marion, I., 3.
> (elle.)
>
> Son père de vieux *temps* est *grand* ami du *mien.* Corn., le Ment.,
> II., 3 (mien.)
>
> Ce*lui* qui *met* un *frein* à la fu*reur* des *flots.* Rac., Ath., I., 1.
> (celui.)
>
> Mais à *qui* de Joas confiez-*vous* la *garde?* Ibid., I., 2. (qui.)
>
> Envoyer un présent, mais je ne sais lequel Dum., Christ., III., 5.
> (lequel, pron. int.)
>
> *Oui,* c'était un en*fant* comme un *autre;* son *âme.* Dum., Calig.,
> prol. 5. (autre.)
>
> O *roi* heu*reux* sous le*quel* sont en*trés.* Marot, l'Enfer p. 42.
> (lequel, pron. rel.)

Pronoms conjoints et relatifs.

> *Oui,* je *viens* dans son *temple* ado*rer* l'Eternel. Rac., Ath., I., 1.
> (je, son.)
>
> Du mérite écla*tant* cette *reine* jalou*se.* Ibid., I., 1. (cette.)
>
> Hé*las!* de quel péril je l'avais *su tirer!* Ibid., I., 2. (quel.)
>
> Ce*lui* qui *met* un *frein* à la fu*reur* des *flots.* Ibid., I., 1. (qui.)
>
> Hé*las!* l'état horrible où le *ciel* me l'of*frit.* Ibid., I., 2. (où.)
>
> Je *crains* Dieu, cher Ab*ner,* et n'ai *point* d'autre *crainte.* Ibid.,
> I., 1. (autre.)

Adverbes; particules négatives, démonstratives.

> Ou *même,* s'empres*sant* aux au*tels* de Baal. Ibid., I., 1. (même.)
>
> En*fin,* depuis deux *jours* la su*perbe* Athali*e.* Ibid., I., 1. (enfin.)
>
> Près de leurs passi*ons rien* ne me fut sacré. Ibid., III., 3. (rien.)
>
> Et, par *là* de son *fiel* colo*rant* la noir*ceur* Ibid., I., 1. (là.)
>
> D'un ou*bli* trop in*grat* a payé ses bien*faits.* Ibid., III., 6. (trop.)

Les noms numéraux employés substantivement prennent
l'accent:

Ciel! — Dans *un* des par*vis*, aux *hommes* réservé. Ibid., II.,
2. (un.)

Et *tous*, devant l'au*tel* avec *ordre* intro*duits*. Ibid., I., 1. (tous.)

§. 33. L'accent tonique passe d'un mot accentué à un mot inaccentué.

L'accent tonique est sujet à des mouvements. 1° Il passe
d'un mot accentué à un mot inaccentué:

a) Dans les propositions impératives, le verbe, suivi d'un
régime, perd son accent tonique qui se reporte alors sur le
pronom: car le verbe et le régime ne semblent former qu'un mot.

> Croyez-*moi*, plus j'y *pense*, et *moins* je puis *douter*. Rac.,
> Ath., I., 1.
> Songez-*y*, vos re*fus* pour*raient* me confi*rmer*. Ibid, III., 4.
> Gardez-*en* pour ail*leurs* l'incer*taine* mon*naie*. Aug., la Ciguë.,
> I., 3.

Quand il y a deux pronoms, c'est le second qui prend
l'accent.

> Je fe*rai* dégue*rpir*, tenez-vous-*le* pour *dit*. Pons., Agn., II, 1.
> Qu'as-*tu dit?* .... — Est-*il vrai?* redis-le-*moi*, pro*longe*.
> Lamart., Touss., IV., 5.

Les opinions de Quicherat et d'Ackermann diffèrent sur *le*.
Le premier pense que l'accent tonique se place sur ce mot,
aussi bien que sur les autres pronoms.

> Laissez-*le* s'ex*pliquer* sur *tout* ce qui le *touche*. Rac., Ath., II., 7.

Ackermann accentue: Lais*sez*-le. Je me range de l'avis
de Quicherat. Cet *e* peut se trouver à la césure. V. De l'Élision.
Les grammairiens ne veulent pas que *le* soit précédé d'une
autre syllabe muette, comme dans

> Si tu *peux* en *douter*, juge-*le* par la *crainte*. Corn., Poly., I., 3.
> Laisse-*le* sans re*mords* m'approcher des cou*ronnes*. Id., Don
> S., II., 3.
> Ramène-*le* fi*dèle*; et per*mets*, en ce *jour*. Rac., Théb., I., 6.

b) Dans les propositions interrogatives, on fait ressortir
le sujet en le plaçant après le verbe, et l'importance qu'il ac-
quiert par là appelle l'accent tonique.

> Ab*ner*, le *brave* Ab*ner*, viendra-t-*il* nous dé*fendre?* Rac., Ath.,
> I., 2.

La même chose arrive, quand on rapporte les propres paroles de quelqu'un.

> Je *crains Dieu*, dites-*vous*, sa *vérité* me *touche*! Ibid., I., 1.

Les pronoms *je, ce,* dont l'e est muet, ne peuvent pas prendre l'accent; il reste alors sur le verbe.

> *Ai*-je be*soin* du *sang* des *boucs* et des gé*nisses*? Ibid., I., 1.
> *Dieu* tout puis*sant*, *sont*-ce *là* les pré*mices*. Ibid., III., 8. [1])

c) L'accent tonique, au lieu d'avancer, fait quelquefois un pas en arrière. »Ma sœur que j'*ai* vu *peindre*« signifie qu'elle était peinte; dans ce cas la liaison est intime entre *vu* et *peindre*. Au contraire, »ma sœur que j'ai *vue peindre*« signifie qu'elle peignait, et il s'opère une légère suspension entre *vue* et *peindre*.

§. 34. L'accent tonique disparaît.

2° L'accent tonique disparaît d'un mot accentué:

a) Dans les phrases négatives, le verbe perd son accent.

> Je *crains Dieu*, cher Ab*ner*, et n'ai *point* d'autre *crainte*. Rac.,
> Ath., I., 1.

Première remarque. L'accent tonique de la pénultième semble être conservé en poésie.

> Ne lui *donne point lieu* d'atta*quer* ma ver*tu*. Corn., le Cid,
> III., 4.

Deuxième remarque. Quand les particules négatives se placent avant l'infinitif, l'accent du verbe ne se perd pas.

> Respec*ter* une *reine*, et ne *pas* ou*trager*. Rac., Ath., III., 5.

Troisième remarque. Dans la forme mixte, le pronom perd l'accent, et le verbe le reprend.

> Ne descen*dez*-vous *pas* de ces *fameux lévites*. Ibid., IV., 3.

b) Le verbe suivi des particules suffixes *ça, ci, là* perd son accent.

> *Reine, Dieu* m'est té*moin* .... Laisse *là* ton *Dieu, traître*. Ibid.,
> V., 5.

La conjonction *donc* semble quelquefois exercer la même influence sur le verbe.

> Jurez *donc* avant *tout* sur cet au*guste livre*. Ibid., IV., 3.

---

[1]) Les anciens poëtes donnaient l'accent à *je, ce*. V. De l'Élision.

Remarques: Dans les propositions interrogatives, le pronom perd son accent, et le verbe le reprend.

> Et que fai*sais*-tu *là?* — Monsei*gneur, j'écrivais*. Musset, Louis, I., 2.

Le substantif suivi de *ci* ou de *là* subit la même influence que le verbe.

> Que ces amitiés-*là!* C'est du Se*grais* tout *pur*. Hug., Mar, I., 1.

c) Tout monosyllabe qui en suit immédiatement un autre auquel il est intimement lié par le sens, tend à absorber son accent tonique; sans cela, le français ayant tant de monosyllabes accentués, il se trouverait à tout instant que deux syllabes accentuées se suivraient immédiatement, sans l'intervalle même d'une pause, ce qui serait contraire au principe général du rhythme. (Le premier mot, dit Ackermann, prend en revanche l'accent d'appui, le ton grave, tandis que l'accent tonique a le ton aigu.)

> En des *jours* téné*breux* a chan*gé* ces beaux *jours*. Rac., Ath., I., 1.
> Cepen*dant* je rends *grâce* au *zèle* officieux. Ibid., I., 1.
> Et, n'ay*ant* de son *vol* que moi *seul* pour com*plice*. Ibid., IV., 3.

d) La dernière syllabe sonore de la phrase tend à absorber l'accent de toute syllabe tonique qui la précéderait.

> Ne vous l'*ai*-je pas *dit?* nos *prêtres*, nos *lévites*. Rac., Ath., I., 2.
> A *quoi* s'occupe-t-*il?* — Il *loue*, il bénit *Dieu*. Ibid., II., 7.

§. 35. Des mots inaccentués prennent l'accent.

L'accent paraît sur un mot inaccentué.

a) L'inversion l'appelle p. e. sur le pronom relatif séparé de son verbe.

> *Qui*, lorsqu'au *Dieu* du *Nil* le vo*lage* Israël
> Ren*dit* dans le dé*sert* un *cul*te cri*minel*,
> De leurs plus *chers* pa*rents* sainte*ment* homi*cides*,
> Consa*crèrent* leurs *mains* dans le *sang* des per*fides*. Rac., Ath., IV., 3.

sur *si*.

> Comme *si*, dans le *fond* de ce *vaste* é*difice*,
> *Dieu* cachait un ven*geur* ar*mé* pour son sup*plice*. Ibid., I., 1.

sur le verbe auxiliaire.

> Qu'il *soit* comme le *fruit* en nais*sant* arra*ché*. Ibid., I., 2.

b) L'accent peut se placer sur une conjonction qui ne lie pas deux mots, mais deux phrases.

> Où sur le *mont* Sina la *loi* nous fut donnée. Ibid., I., 1.
> *Avant* que son *destin* s'explique par ma *voix*. Ibid., I., 2.
> *Mais* à *qui* de Joas confiez-*vous* la *garde*? Ibid., I., 2.

c) Les prépositions dissyllabes peuvent le prendre, quand il y a trop peu d'accents dans un vers.

> *Parmi* vos *ennemis* que *venez-vous* chercher? Ibid., II., 5.

d) Les verbes auxiliaires, surtout les formes dissyllabes, peuvent prendre l'accent, pour la même raison.

> Où sont-*ils?* — Sur-le-*champ* tu *seras* satisfaite. Ibid., V., 5.

e) Aussi les noms numéraux polysyllabes.

> *Lorsque* s'accomplira la *deuxième* semaine. Pons., Agn., I., 4.

f) Le pronom relatif, précédé d'une préposition prend l'accent.

> De découvrir pour *qui* vous employez ce *style*. Mol.

g) L'accent oratoire peut affecter un mot inaccentué, comme dans:

> *Ah*! sans un de j'aurais dû naître. Béranger.

§. 36. L'accent tonique est renforcé.

L'accent tonique peut être renforcé par l'inversion:

> *Maître corbeau*, sur un *AR*bre perché. La Font., Fabl., I., 2.

par l'ellipse:

> L'issue en est douteuse et le péRIL certain. Corn., Hor., I., 1.
> Quels *voeux puis*-je former, et quel bonHEUR — attendre. Ibid., II., 1.

Il est encore renforcé quand il coïncide avec l'accent oratoire ou avec l'accent de la phrase.

Comme l'accent tonique ne peut pas affecter des mots tels que *te, le*, Ackermann déclare vicieux ces vers d'Athalie:

> Je devrais, sur l'autel où ta main sacrifie,
> *Te* .... Mais du prix qu'on m'offre il faut me contenter. V., 5.

B. DES PIEDS.

Chap. V.

§. 37. Pied.

Le vers est composé d'une progression réglée de syllabes accentuées et de syllabes inaccentuées. Trop d'accents ou des accents qui se suivent rendent le vers saccadé; trop peu d'accents le rendent languissant et le font retomber dans la prose.

Le rapprochement et l'accumulation des accents n'est pas blâmable, quand le poète veut produire un effet déterminé ou rappeler l'attention sur un monosyllabe:

> Bancs, tables, coffres, *lits* et jusqu'aux escabelles. Corn., le Ment., II., 5.
> Et j'aime mieux *voir morts* que couverts d'infamie. Id., Hor., IV., 2.
> Que vous parais*sez lents* à mes rapides vœux! Rac., Bérén., IV., 1.

Les accents toniques constituent des temps forts qui semblent porter les autres syllabes. Il se forme ainsi un penchement des syllabes faibles sur les syllabes fortes, et, par conséquent, divers groupes de syllabes, qui reçoivent le nom de pieds[1]). Chaque pied doit contenir au moins un temps fort. Les vers français ne présentant pas de rhythme régulier, c'est le sens qui constitue les pieds, et la fin d'un pied coïncide toujours avec la fin d'un mot. Il y a des pieds masculins et des pieds féminins.

Un temps fort supposant un temps faible, on ne peut imaginer un pied, ni, à plus forte raison, un vers de moins de deux syllabes. Dans les soi-disant vers d'une syllabe suspendus entre des mètres à plusieurs accents, la pause qui suit la fin des vers remplace la syllabe atonique qui manque à ces vers.

---

1) La plupart des grammairiens français appellent *pied* la réunion de deux syllabes; quelques critiques se servent aussi du mot *mètre*, et nomment hexamètre le vers de douze syllabes, *pentamètre* celui de dix; *tétramètre* celui de huit.

§. 38. Pieds de deux, de trois syllabes.

Les meilleurs pieds dissyllabes sont: — ⏑ [1]) *peine, êtes, est-ce* et ⏑ — | *avoir, est-il.* Les pieds formés de deux syllabes accentuées sont durs: *crains Dieu.* Les pieds formés de deux syllabes inaccentuées sont impossibles.

Les meilleures formes des pieds de trois syllabes sont: ⏑ ⏑ — | *adorer, viendra-t-il*; ⏑ — ⏑ | *paraître, de vivre*; — ⏑ — | *peuple ingrat.* Formes dures: ⏑ — — | *je crains Dieu*; — — ⏑ | *tous doivent*; — — — | *vous peur d'eux.* Forme très-rare et peu harmonieuse: — ⏑ ⏑, *laisse-le* selon Ackermann (Quicherat accentue: ⏑ ⏑ —). Forme impossible: ⏑ ⏑ ⏑.

§. 39. Pieds de quatre syllabes.

Plusieurs pieds de quatre syllabes n'existent que dans une forme qui permet de les considérer aussi comme deux pieds de deux syllabes. Les meilleures formes en sont: ⏑ — ⏑ — *ce jeune roi*; — ⏑ — ⏑ *daigne, daigne* (— ⏑ | — ⏑); — ⏑ ⏑ — *fils de David*; ⏑ — — ⏑ *le roi l'aime* (⏑ — | — ⏑). Les pieds suivants approchent de la prose, parce qu'ils ont trop de syllabes inaccentuées: ⏑ ⏑ ⏑ — *calamité*; ⏑ ⏑ — ⏑ *archiprêtre.* Formes dures, parce qu'elles ont trop d'accents: ⏑ — — — *hélas, Dieu voit* (⏑ — | — —); — ⏑ — — *toi, soldat, toi*; — — ⏑ — *doit, mais sortons*; — — — ⏑ *vous peur d'elles*; — — — — *oui! bon! paix! quoi!* (— — | — —). Ces deux pieds souffrent d'une distribution peu agréable des accents: ⏑ ⏑ — — *je me sens prêt*; — — ⏑ ⏑ *mais laisse-le.* Formes impossibles: ⏑ ⏑ ⏑ ⏑, — ⏑ ⏑ ⏑.

§. 40. Pieds de cinq, de six syllabes.

Les pieds de cinq syllabes sont rares et peu recommandables. On les trouve surtout dans les vers de huit syllabes:

Quoi! ce que le temps | nous amène —
Laborieuse | liberté! —
Et que le lion | populaire. Hugo, A la jeune France.

---

1) — Marque des syllabes accentuées; ⏑ signe des syllabes inaccentuées.

Si le pied de 5 syllabes doit être généralement rejeté, d'autant plus celui de six, qu'on trouve assez souvent dans les alexandrins.

Et j'hérite de tout | universellement. Muss., Louis, I., 4.
Et de mes droits sentant | l'infériorité. Aug., les Arist., II., 4.
O Philippe, sois-lui | miséricordieux. Pons., Agn., I., 4.
L'impossibilité | disparaît à son âme. La Font., Fabl., VIII., 25 1).

Dans Mol., Psyché, II, 3 nous lisons un pied de huit syllabes:

De cette insensibilité.

C. DES VERS.

Chap. VI. Des Vers en général.

§. 41. Vers de 12, de 10, de 8, de 7, de 6, de 5, de 4, de 3, de 2, de 1 syllabes.

Le vers se compose d'un ou de plusieurs pieds dont la fin rime avec une autre série rhythmique, §§. 4. et 37. Les vers les plus usités sont de 12, de 10, de 8, de 7, de 6, de 5, de 4, de 3, de 2, de 1 syllabes. Voici un exemple qui renferme toutes ces mesures:

A ce calme il préfère un des jours de détresse,
Où, sous le fouet de l'onde qui le presse,
Le vaisseau, lancé dans les airs,
Monte au rayon des éclairs
Sur le haut d'une lame,
Et du ciel en flamme
Tombant le front
Sur le mont
Qui coule,
Roule.   (Édouard Alletz.)

---

1) Ces pieds proviennent principalement de l'emploi des mots de cinq et de six syllabes. Ronsard avertit déjà les poètes de s'abstenir de ces mots: »Tu te donneras de garde, si ce n'est par contrainte, de te servir des mots terminés en *ion* qui passent plus de trois ou quatre syllabes, comme *abomination*, *testification*; car tels mots sont languissans et ont une traînante voix, et, qui plus est, occupent languidement la moitié d'un vers.« Quand le poète veut peindre un bruit qui se prolonge, un objet grandiose, une longue durée, les grands mots serviront très-bien à son propos.

§. 42. Vers de 9, de 11 syllabes.

Les vers de neuf syllabes et les vers de onze syllabes sont
rares, surtout ceux de onze.   En voici des exemples:

> Cher amant, je céde à tes désirs;
> De champagne enivreJulie.
> Inventons, s'il se peut, des plaisirs,
> Des amours épuisons la folie. Bérang., la Bacch.
> N'étouffons, n'étouffons que de rire. Id., Les Gourm.
> Je veux bien, dit-il, que le diable m'emporte. Id., Le bon Dieu.
> Gardez bien, gardez bien votre liberté. Id., Le Sacre.

§. 43. Vers de 13, de 14, de 16 syllabes.

Quelques vers de treize syllabes se trouvent dans les
pièces lyriques destinées à être chantées[1]).

> Sobres, loin d'ici, | loin d'ici, buveurs d'eau bouillie. Scarron,
> Chans. bach.
> Le peuple s'écrie: | Oiseaux, plus que nous soyez sages. Bér.,
> Le Sacre.

J'ai lu deux vers de 14 syllabes dans une traduction prosaïque
des livres des Rois entremêlée de vers (Idel. Einl., I., p. 79.)

> Si hom peche vers altre, | a Deu se purrad acorder,
> Et s'il peche vers Deu, | ki purrad pur lui préïer?

et deux autres dans une chanson bachique de Scarron:

> Il fait meilleur à Paris, | où l'on boit, avec la glace
> Que d'aller au Pays-bas | à cheval comme un Saint-George.

Fournel, dans la traduction du Löwenritt par Freiligrath, a
fait des vers de 16 syllabes:

---

1) Parmi les alexandrins, il se trouve dans Agnès de Méranie par
Ponsard, V., 1. un vers de 13 syllabes:
> Gauthier de Châtillon, Matthieu de Montmorency.
Dans Dum., Calig., prol., sc. 8., nous lisons:
> Le tonnerre a brillé venant de droite et de gauche.
Ou il y a négligence de l'auteur, ou le second *de* n'est pas sorti de sa
plume.
L'édition de Racine par Augïer, Paris, 1842. offre ce vers:
> Faut-il qu'à feindre votre amour me convie. Bajaz.. IV., 1.
Il faut:
> Faut-il qu'à feindre *encor* votre amour me convie.

Quand le lion, roi des déserts, | veut parcourir son vaste empire,
Il s'avance vers la lagune | et dans les roseaux se retire;
Près de l'onde où boit la girafe | et dans les joncs il s'accroupit:
Au-dessus de son front terrible, | avec bruit le palmier frémit.

Dans Agamemnon, tragédie de Ch. Fontaine, poète du XVI° siècle, il se trouve aussi des vers de seize syllabes. Les vers soi-disant mesurés, dont nous allons parler plus tard, offrent beaucoup d'exemples de vers de plus de douze syllabes.

Chap. VII. De la Rime.

§. 44. Définition.

La rime que Madame de Staël appelle l'écho de la pensée, la principale difficulté et le charme suprême du vers, est le retour de la même consonnance à la fin de deux ou de plusieurs vers.

A l'hospice un gueux tout perclus
Voit apparaître son bon *ange;*
Gaîment il lui dit: Ne faut *plus*
Que votre altesse se dé*range*   Bérang., L'ange gardien.

Le rhythme des vers français étant un peu vague et indéterminé, la rime est une nécessité pour marquer la fin du vers et pour suppléer à la musique faible du rhythme par un accord harmonieux.

Ce n'est point l'égalité des lettres, mais l'égalité des sons qui constitue la rime. Ainsi *jouissent* ne rime pas avec *repaissent,* quoique les dernières six lettres soient les mêmes.

§. 45. Rime masculine, féminine.

La rime est ou masculine ou féminine; la première a lieu entre deux syllabes qui ne contiennent pas d'e muet: *bonté, santé; loisir, plaisir; vertus, abattus.* Les rimes féminines sont terminées par e muet, ou es, syllabe muette, ou *ent,* syllabe muette, terminaison plurielle de la troisième personne du présent. La rime porte alors sur la syllabe qui précède e muet,

c'est-à-dire sur la pénultième: *belle, rebelle; belles, rebelles; rêvent, enlèvent; désavouent, renouent.*

> Ce choix me désespère, et tous le désavouent;
> La partie est rompue, et les dieux la renouent;
> Rome semble vaincue, et seul des trois Albains,
> Curiace en mon sang n'a point trempé ses mains. Corn., Hor.,
> IV., 4.

L'e (*ent*) muet des imparfaits et des conditionnels est absò-
lument sourd depuis le XVIe siècle: ces terminaisons sont
comptées parmi les rimes masculines.

> Pour un âne enlevé deux voleurs se battaient;
> L'un voulait le garder, l'autre le voulait vendre.
> Tandis que coups de poing trottaient,
> Et que nos champions songeaient à se· défendre. La Font.,
> Fabl., I., 13.

§. 46. Rime riche, suffisante.

On dit la rime riche ou pleine, quand elle présente non
seulement une consonnance, mais encore toute une articulation[1]).
La rime suffisante ou commune offre une ressemblance de son,
mais non d'articulation.

Rimes riches: *père, prospère; vers, divers; paisible, visible;
enfant, triomphant.* Rimes suffisantes: *soupir, désir; usage, partage; doux, nous.*

§. 47. Histoire.

La rime qui consiste en une correspondance de sons, est
essentiellement faite pour l'oreille. Dans les premiers essais
de la poésie française, la rime, quoique du reste bien incorrecte,
était toujours basée sur une conformité de sons. Ce n'était
souvent qu'une simple assonance[2]), c'est-à-dire parité de la

---

1) Les anciens poètes appelaient rime *léonine* (Fabri dérive ce mot du
lion, la plus belle des bestes, Pasquier du poète Leonius ou Leoninus) la
rime riche qui est fondée sur l'égalité de deux syllabes, par exemple
Denis, fenis. Rime léonine signifie aussi le système de rimes uniformes
suivi dans la plupart des romans de gestes. Les vers latins dits léonins
sont des vers dont le milieu est consonnant avec la fin.

2) Ces assonances, que les anciens appellent rime de *goret* ou de *bou-*

voyelle et du son, abstraction faite de l'articulation. Les poètes ne se faisaient pas scrupule de torturer la désinence des mots placés à la fin du vers, pour les forcer à rendre le son réclamé par l'oreille[1]). Au XIIIe siècle, l'assonance a déjà fait place à la rime proprement dite: quelques terminaisons demandent même une rime riche: plusieurs consonnes finales étant devenues muettes, on en exige néanmoins la correspondance: on veut que la rime satisfasse aussi l'œil. La langue française subit successivement bien des modifications dans ses formes, sa syntaxe, son orthographe, et aussi dans sa prononciation. Quand cette dernière avait changé, on trouvait très-commode de rimer et suivant la nouvelle prononciation et suivant l'ancienne prononciation, c'est-à-dire de ne rimer souvent que pour l'œil. Les poètes du XVIe siècle établirent la règle de la succession des rimes et posèrent en principe qu'une bonne rime ne doit pas seulement rimer pour l'oreille, mais encore pour l'œil. A quelques rimes près qui sont devenues fausses par la prononciation changée, Ronsard et son école riment comme on rime aujourd'hui: mais pour rimer aussi pour l'œil, ils transforment souvent les désinences des mots[2]).

---

techouque, se trouvent par exemple dans le Poëme de Charlemagne, les Enfans d'Ogier, Garin le Loherain. Voici une suite de rimes extraites de la Chanson de Roland: *Charles, message, masse, muables, Arabe, marches, garde;* de Garin le Loherain (Idel., Einl., II., p. 271.): *Hervis, dit, gentis, moulins, pris, pis, oï, servir, amis, péril,*etc. On s'est servi de ces rimes encore beaucoup plus tard dans les chansons populaires, p. ex., dans celle citée par Molière, le Misanthr., I., 2.:

Si le roi m'avait donné
Paris, sa grand' *ville,*
Et qu'il m'eût fallu quit*ter*
L'amour de ma *mie,* etc.

1) Exemples de la transformation de mots à cause de la rime, puisés dans le IIIe volume de Barbazan et Méon: *delui* (delai); *duol* (duel, peine); *liet* (lève); *loit* (lie, joint); *menoir* (mineur); *porces* (portes); *vallos* (valet).

2) Exemples puisés dans les Œuvres choisies de Ronsard (Paris, 1841): *Heleine, pleine, leine* p. 12.; *lours, discours* p. 16.; *pourquoy, doy* (doigt) p. 24.; *gratecu, vaincu* p. 30.; *cadanse, danse* p. 92.; *secous* (secoué), *vous*

Malherbe. a outré cette fausse maxime: à l'en croire, *puissance* et *innocence, progrès* et *attraits* sont des rimes illégitimes[a]). Les poètes du siècle de Louis XIV se sont affranchis un peu des règles trop scrupuleuses de Malherbe, mais ils ont conservé quelques rimes fausses qui n'étaient plus que des rimes pour l'œil, et que leurs successeurs ont proscrites à juste titre. Au XVIII° siècle, la rime fut négligée par plusieurs poètes, notamment par Voltaire. De nos jours (De Castres, Chefs-d'œuvre, p. 21.) on est revenu à la rime riche, surtout dans la poésie lyrique, quelquefois aux dépens de la rigueur du sens et de l'expression, mais tout au moins au profit de l'harmonie.

Les règles actuelles de la rime, qui résultent d'un amalgame de deux systèmes (celui de la rime pour l'œil et celui de la rime pour l'oreille) sont capricieuses et incohérentes. Il faut les accepter telles qu'elles sont. Le théoricien n'a qu'à constater les faits; il ne doit pas oser les changer. Ce serait l'affaire de poètes éminents. Disons ce qui est, en notant, sous le texte, ce qui a été; puis nous dirons ce qui devrait être.

Les genres simples, tels que la comédie, l'épître badine, la fable, le conte, la chanson, ne demandent pas la même rigueur dans les rimes que les ouvrages d'un genre élevé. La tragédie, l'épître sérieuse, mais surtout l'épopée et l'ode, veulent des rimes très-soignées.

De la partie principale.

§. 48. Rimes parfaites.

Nous distinguons trois parties dans la rime: 1° la partie principale, ou la voyelle, 2° les lettres qui suivent la partie

---

p. 95.; *présens, vens* (vents) p. 154.; *tous, courrous* p 158.; *parolles, molles* p. 166.; *Poëte, souhéte* p. 169.; *épanies* (épanouies), *cueillies* p. 226.

1) Cotin blâme Boileau à cause de la rime *terre* et *chaire;* H. Estienne désapprouve les rimes *pain* et *pin, vain* et *vin.*

principale, 3° les consonnes qui précèdent la partie principale dans la même syllabe.

Le son de la partie principale doit être le même; les lettres peuvent différer. Il y a des rimes qui ne sont que d'une lettre, comme *Noé, avoué* Boil., Sat., X.

1° Les mêmes lettres riment: *France, naissance*; *immortalité, bonté*; *Alhambrah, célébra.* 2° Une voyelle rime avec une autre: *Alexandre, cendre* Rac., Alex., I., 1.; *façon, décorum* La Font., Cont., III., 2. 3° Une voyelle accentuée rime avec une voyelle non accentuée: *Zèle, d'elle* Rac., Alex., I., 2.; *flamme, âme* Ibid., I., 3.; *miserere, entouré* Bérang., Chant funér. 4° Deux voyelles accentuées différemment riment ensemble: *diadèmes, mêmes* Rac., Alex., II., 2. 5° Une voyelle rime avec deux autres voyelles: *être, maître* Rac., Alex., II., 5.; *chemin, main* Ibid., II., 2.; *nôtres, autres* Ibid., III., 2.; *chacun, jeun* La Font., Fabl., IX., 18.; *nus, n'eus* Hug., Hern. I., 2. 6° Une voyelle rime avec trois autres voyelles: *mots, beaux* Dorat. 2. (II. Idel.) 7° Une couple de voyelles rime avec une autre couple de voyelles: *plaine, reine* Rac., Alex., III., 1. 8° Deux voyelles riment avec trois voyelles: *valeur, sœur* Rac., Alex., I., 3. 9° Trois voyelles riment avec trois voyelles: *accueil, coup d'œil* Volt., 2., (II. Id.).

§. 49. Rimes des syllabes longues avec les syllabes brèves.

Les rimes suivantes qui ne satisfont pas complétement l'oreille, doivent être censées légitimées par l'usage fréquent que les meilleurs poètes en font.

1° Les rimes d'une syllabe longue avec une syllabe brève[1]): *grâce, fasse* Corn., Cinn., III., 3.; *passe, chasse* Regn., Démocr., I., 6.; *haine, mienne* Rac., Théb., IV., 1.; *âme, madame* Id., Bérén., III., 3.; *abîme, opprime* Id., Athal., IV., 3.; *chôme,*

---

1) Les provençaux rimaient toujours *trône* et *couronne*, etc. C'est pourquoi cette rime s'appelle aussi *rime provençale.*

homme La Font., Fabl., III., 8.; *hutte, flûte* Bérang., Roger Bontemps; *vite, quitte* Delav., le Départ.

§. 50. **Rimes des diphthongues avec les finales qui
sont écrites de même, mais qui forment deux syllabes.**

2° On rime des accouplements de voyelles qui sont
monosyllabes dans l'un des deux mots et dissyllabes dans
l'autre: *injurieux, adieux* Rac., Bérén., I, .4.; *complexions, re-
pentirions* Mol., le Misanthr., I., 2.; *liens, chrétiens* Volt., Alz.,
I., 1.; *oui, réjoui* Lamart., Jocel., p. 44. (Paris 1851.)

§. 51. **Rimes des sons simples avec les diphthongues.**

3° On rime les sons simples avec les diphthongues. Ces
rimes sont rares dans Racine: *vivre, suivre* Corn., Héracl., II.,
3.; *première, père* Rac., Iphig., IV., 4.; *assiége, sacrilége* Id.,
Athal., V., 2.; *essuie, ravie* Chénier, Ode de Klopstock; *Sinaï,
oui* Hug., Napol. II.

§. 52. **Rimes d'e fermé avec e ouvert. Rimes des accouplements de voyelles qui forment deux syllabes
avec les sons simples.**

Quoique les voyelles longues riment assez souvent avec les
voyelles brèves; quoique les diphthongues riment bien avec les
finales écrites de même et de même consonnance, qui forment
deux syllabes, et avec les sons simples: la rime d'e fermé avec
e ouvert n'est pas bonne, et les accouplements de voyelles qui
forment deux syllabes, ne riment pas avec les sons simples,
p. e. *sais* ne rime pas avec *essais*; *i-é, i-er, i-ée, i-on* ne
riment pas avec *é, er, ée, on* [1]).

---

1) La rime de *sais* et *essais* (Corn. le Ment., IV., 9.) est blâmée par
Voltaire. Racine a mis, mais dans une comédie: *fait-on* et *exécution*, les
Plaid., I., 7. Voltaire offre souvent de pareilles rimes, comme *poisons* et
factions, relevées par La Harpe.

§. 53. Rime normande.

Les rimes suivantes qui se trouvent encore dans les poètes du siècle de Louis XIV, ne sont plus permises aujourd'hui :

1° La rime de la terminaison *er* prononcée comme *é* avec la même terminaison prononcée comme *aire*. Telle est la rime d'*enfer* avec *triompher* Corn., Polyeucte, V., 3 [1]).

---

[1] On rimait ainsi généralement jusqu'à la seconde moitié du XVIIe siècle. Les anciens poètes ne rimant que pour l'oreille, il est probable qu'on prononçait autrefois ou *enfé* et *triomphé* ou *enfaire* et *triomphaire*. Génin, qui, dans son ouvrage *Des Variations du language français depuis le XIIe siècle*, entreprend de prouver que toutes les consonnes finales étaient muettes dans l'ancien français, croit découvrir les traces de la prononciation première dans le dialecte Normand, où l'on prononce encore, dit-il, *la mé* pour *la mer, du fé* pour *du fer.* Quicherat (p. 334 — 339.) se range de son avis, en alléguant Ménage et Port-Royal qui répètent l'origine de cette rime de la mauvaise prononciation de la Normandie. Ménage dit expressément que ces rimes s'appellent *normandes.* Burguy Gramm., p. 207. au contraire, conclut de ces rimes que l' *r* de l'infinitif de la première conjugaison était sonore au commencement. J'ai trouvé trois passages, deux dans Corneille (*dissimuler, en l'air* Medée, I., 5.; *l'air, parler* Le Ment., X., 6.), un dans Molière (*arracher, chair* L'Étourdi, V., 14.) qui semblent confirmer cette opinion : je voudrais bien pouvoir les augmenter par un passage puisé dans les auteurs du moyen âge. La tendance générale à faire taire les consonnes finales ne peut pas être méconnue. Elle est conforme au génie de la langue; au XIIIe, au XIVe et au XVe siècle, beaucoup de consonnes étaient muettes qui ne le sont plus; l'orthographe démontre ce fait d'une manière évidente (*dus, ducs; Turs, Turcs*). Mais je n'ai trouvé nulle part l'omission de l' *r* de l'infinitif de la première conjugaison, et il est assez naturel de penser que cette *r* sonnait autrefois, comme elle sonne encore dans - *ir, -oir, -re.* Déjà vers la fin du XVe siècle, l'auteur de *l'An des sept dames* appelle rime de *goret,* c'est-à-dire mauvaise rime celle de *chauffer* avec *fer* Il faut donc que la prononciation ait changé pour les infinitifs. Mais dans les adjectifs (et les substantifs?) polysyllabes en *ier* on faisait encore sonner, pendant quelque temps, la finale *r.* Oudin (Grammaire, 1642.) dit que, de son temps, *altier, entier* se prononçait comme *fier, mer.* (Corn., Nicom., IV., 4. rime *héritier* et *fier*; Rac., Mithrîd., III., 1. *fiers, foyers*; Ibid., IV., 6.: *premiers* et *fiers*; Boil., Art poét., III., 133.: *altiers* et *fiers*; Id., Le Lutrin, IV., 179.: *Garnier, hier*). Du temps de Corneille, il n'y a plus de doute sur le changement de la prononciation : car Ménage critiquant la rime de Malherbe *vanter* et *Jupiter,* Port-Royal parlant sur la rime du même poète *philosopher* et *enfer,* sur celle de Ronsard *abîmer* et

§. 54. *Oi* et *ai*.

2° La rime de la voyelle *oi* prononcée comme dans *roi* et prononcée comme *ai: paraître, cloître* Boileau, Ép., III¹).

---

mer, Mourgues, De Lacroix et plus tard Voltaire s'accordent à déclarer ces rimes vicieuses, et disent qu'elles ne satisfont que l'œil.

Aux exemples cités précédemment j'ajoute encore d'autres; pour Racine et Boileau, la liste en est complète. Ronsard: *arriver, hyver* p. 148.; *mer, ramer* p. 159., *coucher, cher* p. 177. Cl. Marot: *aimer, amer* Élég., IV. Corneille: *ramer, mer* La Mort, II., 2.; *cher, bûcher* Ibid., V., 1.; *toucher, cher* Héracl., III., 1.; Polyeucte, IV., 5. Racine: *fier, associer* Bajaz., II., 1.; *cher, arracher* Ibid., II., 3.; *cher, chercher* Bérén., V., 6.; *toucher, cher* Théb., V., 2.; *approcher, cher* Phèdr., III., 5.; *marcher, cher* Ibid., V., 1. Molière: *éclater, Juppiter* Amphitr., III., 11.; *cher, toucher* Le Dép. am., II., 3.

Au XVIIIe siècle, Voltaire commet quelquefois lui-même la faute qu'il improuve dans les autres: *fers, légers*; *léger, l'air*. Au XIXe siècle, A. de Lamartine et A. de Vigny sont les seuls, que je sache, qui se soient permis des rimes normandes: *mer, s'allumer* Jocel., p. 142.; *renfermer, mer* p. 148.; *cher, toucher* p. 232.; *nommer, mer* La Frégate la Sérieuse (Herrig, la Fr., p. 566.). Je ne vois pas pourquoi Scheler, éditeur de Lucrèce par Ponsard dans la Bibliothèque de Schwalb, dit que *ronger* et *étranger* (II., 2.) font une rime vicieuse. La rime des verbes et des adjectifs est-elle défendue?

1) Le son *oi* correspond en latin ordinairement à un *oi, aui,* p. e. dans *Troie, joie* (gaudium), *oratoire,* à un *o, au,* ou *u,* p. e. dans *voix, cloître, noix,* à un *e, i,* p. e. dans *j'aimois, j'aimerois* (-ebam, habebam) *loi, soit*) à un *œ, œ,* p. e. dans *proie, foin* (præda, fœnum). Dans les anciens textes, *oi* provenant d'un *e* ou d'un *i* est souvent remplacé par *ai, ei.*

Quicherat p. 339. — 354. tâche de prouver 1° que *oi* a représenté, dès le commencement, deux sons différents *oi* (*oua*) et *ai,* 2° qu'on n'a jamais prononcé en *oi* les imparfaits et les conditionnels, 3° que les mots français dérivés d'un mot latin ayant un *o* à sa désinence ont été prononcés d'abord avec *o,* plus tard avec *oi,* 4° que les mots qui ont un *e* ou un *i* dans le latin se sont prononcés d'abord par *ai,* mais qu'au XVIe siècle, période de la fixation de la prononciation, on a changé pour un grand nombre de mots *ai* en *oi,* et qu'on y a été poussé par l'influence presque irrésistible des textes imprimés (il n'y avait pas de raison pour que *roi* ne sonnât pas comme *gloire*). Ce résultat de sa longue note est peu satisfaisant. Il est bien invraisemblable que le même signe orthographique, propre à l'idiôme français, ait été destiné pour deux sons tout-à-fait différents: il est difficile de croire que la langue ait souffert, jusqu'à ce degré, la tyrannie des textes imprimés. Quant aux imparfaits et aux conditionnels, le témoignage de Henri Estienne, invoqué par Quicherat lui-même, fournit une preuve

§. 55. *Eu* et *u*; *ai* et *a*; *oi* et *o*; *a* et *e*; *ou* et *o*; *œu* et *ou*.

Les rimes suivantes qui étaient bonnes autrefois, ne le

---

sans réplique que de son temps le peuple prononçait *j'aimo-is*, puisqu'il attribue aux Romipètes, comme on les appelait, la prononciation *j'aimais* qu'il ridiculise en écrivant *j'aimes*. Par complaisance pour Messieurs les Italiens qui, avec Catherine de Médicis, vinrent à la cour de France et qui ne pouvaient prononcer *o-i*, les courtisans changèrent *oi* en *ai*. Port-Royal (1663.) enseigne déjà positivement la prononciation moderne. En profitant des idées de Fallot (Recherches sur les formes grammaticales, etc. Paris, 1838) Burguy a montré que le son *oi* remplaçant *e* ou *i* est aussi organique, aussi ancien que le son *ai*, et qu'il appartient aux dialectes de Picardie et de Bourgogne, ses correspondants étant *ei* ou *e* dans la Normandie, *ai* en Touraine. Les exemples que Quicherat cite pour preuve de son assertion, sont tous pris dans des livres normands (Chanson de Roland, Chronique des ducs de Normandie, Roman de Rou, Chroniques anglo-normandes).

De nos jours, le dialecte de Touraine l'a emporté pour les imparfaits et les conditionnels, pour les verbes en *oître*, à l'exception de *croître*, même pour *connaître* provenant de *noscere*, pour *faible*, etc., pour beaucoup de noms tels que *Anglais*, etc.: le dialecte de Picardie et de Bourgogne l'a emporté pour les mots tels que *roi*, *droit*, *Carthaginois*, etc. Dans quelques mots, comme *harnois*, *roide* ni la prononciation ni l'orthographe ne sont encore fixes tout-à-fait. — Il est curieux de voir qu'il y eut un temps (le XVe et le XVIe siècle) où le son *oi* envahit même des syllabes dont la racine montre un *a*, comme je *foys* (fais, facio), je *voy*, *voys* (vais, vado). De là les rimes de *fois* (vicis) avec *fois* (fais), Farce de Pathelin, Herrig, p. 75.; de *toutefois* avec *je m'en vois* dans Marot. Il y eut encore un temps où l'on prononçait aussi de la manière de Touraine des mots tels que *croître*, *étroit*, *droite*, qui n'ont aujourd'hui que le son *oi*. Corneille: *être*, *croître* Théod., I., 1.; *renaître*, *croître* Sertor., III., 4.; *maître*, *croître* Ibid., IV., 3. Racine: *maître*, *croître* Androm., IV., 1. La Fontaine, Fables: *fluet*, *étroit* III., 17.; *étroites*, *retraites* III., 8.; *belettes*, *étroites* IV., 6. Contes: *droite*, *Annette* IV., 4. Voltaire: *faite*, *draite* La Puc., 5.; *être*, *craître*.

Pour prouver qu'on prononçait déjà très-anciennement *oi* dans les verbes, Ideler (Einleitungsband, I., p. 67.) cite les vers suivants:

Borjois l'esgardent, plus devint
Qui *disoient* tout en riant.

où *disoient* est trissyllabe, dit-il. Il faut qu'il se soit imaginé qu'on prononçait *disoient*, comme di-so-a. Mais *oi* prononcé comme *o-a* n'a jamais été dissyllabe. Il est vrai que *disoient* était souvent trissyllabe: c'est que *ent* comptait pour une syllabe. Mais le vers ne prouve rien pour la prononciation de la bivocale *oi*.

soŋt plus, la prononciation étant changée. Telles sont *émeute, dispute* La Font., Fabl., VII., 8.[1]), *montaignes* et *dédaignes*

Comme la fixation de la prononciation moderne ne s'est pas faite d'un seul coup, mais n'a été que le résultat de bien des efforts et des combats dont nous ne connaissons pas assez tous les détails; nous dirons bien justement que les rimes suivantes sont fausses, que ce ne sont que des rimes pour l'œil, considérées du point de vue de la prononciation d'aujourd'hui, mais nous ne saurions assurer qu'elles l'eussent été déjà au XVIIe siècle, encore moins au XVIe siècle.

P. Corneille: *maladroit, perdroit* Polyeucte, V., 1.; *connoi, toi*, Le Ment., II., 3.; *connoi, moi* Héracl., II., 4.

J. Racine: *exploit, lisoit; françois, exploits* Les Plaid., II., 3.; *accroître, connoître* Mithrid., II., 6.; *reconnois, fois* Ibid., IV , 5.

Molière: *connoi, moi* Don Garc., I., 5.; *joie, monnoie* Le Misanthr., I., 1.; Les Fâch., I., 9.

Regnard: *envoie, monnoie* Le Joueur, III., 4.

Boileau: *françois, lois* Art poét., II.; *françois, fois* Sat., IX.

La Fontaine, Fables: *endroit, souffroit* IV., 8.; *sois, françois* VI., 8.; *françois, emplois* VII., 18.; *monnoie, joie* XI., 3.; *disoit, droit* XII., 10. Contes: *françoise, bourgeoise* IV., 8.; *aperçoit, parloit* IV., 9.

Th. Corneille: *arrêteroit, froid* Festin de P., I., 1.

Cette rime se montre encore quelquefois au XVIIIe siècle. L. Racine: *reconnoître, croître* Relig., I.; Bernis: *françois, voix* (II. Idel., I.).

Rousseau: *exploits, françois; endroit, écrivoit; froid, croiroit.* Gresset: *cloître, connoître.* Chaulieu: *françois, lois; anchois, polonois.*

1) La bivocale *eu* provenant d'un *o* latin (*au, u, i*) se montre très rarement dans les plus anciens monuments: elle est plus fréquente au XIIe et au XIIIe siècle (*Ue* remplaçant *o* latin ne semble être qu'un signe orthographique pour *eu*). La prononciation de cet *eu* a été de bonne heure celle du français moderne, comme dit Diez. Mais, pendant assez longtemps, cette prononciation n'a été, selon mon opinion, ni gé‑ nérale ni généralement adoptée. Encore Crétin (1560) fait une rime équivoque *la plante heureuse* et *plantureuse.* Cl. Marot rime *heureux* et *plantureux.* Théodore de Bèze (1585) dit: »Tout ce qui parle bien en France prononce *hûreux.*« Beaucoup de mots discordants aujourd'hui pouvaient autrefois être accouplés par la rime, comme *honneur* (honnur) et *amour* (amur) dans Marie de France (Idel., Einl.. II., 33.), *mûres* (meures, mora) et *heures* (eures), Du Provoire qui menga les mores (Herrig, la France, p. 36.); *demeure* et *mûre* (meure, morum), Villon (Id., Einl., II., 159.) Je n'ose décider si l'on prononçait *eu* ou *u.*

Eu peut aussi résulter de la suppression d'une consonne, comme dans *j'eus* (habui), *meur* (mûr, maturus), *seu* (su, saputum), *seur* (sûr, securus), *veu* (vu, vidutmu). Cet *eu* semble, de tout temps, avoir sonné

(Ronsard)[1]) *cigoigne* et *éloigne* (Du Perron)[2]), *armes* et *termes*

comme *u*. Coquillart (1478) rime *dicitur* et *seur*, Marot: *blessure* et *asseure*. Peu à peu on commençait à ne plus noter e par l'écriture. Dans quelques mots, comme *seur*, e a été conservé bien longtemps; dans le verbe auxiliaire il s'est conservé jusqu'à nos jours, et ce fut en vain que Baïf (1572) tenta d'introduire l'orthographe *j'us*, *j'usse*. Les substantifs en *eur* dans lesquels *eu* résulte d'une contraction, comme dans *pécheur* (peccator, pécheor) ont suivi la règle des autres, dans lesquels *eu* remplace tout simplement o latin, comme dans *créateur*, et ont pris le son *eu*, de même que *jeûne* (jejunium) et *veuve* (vidua).

Il y a quelques mots dont l'*eu* est radical: *Eugène, Eure, Europe, Eustache*. Une prononciation populaire donne à cet *eu* le son d'*u*.

Tous les trois *eu* pouvaient anciennement souffrir la diérèse. Elle est rare pour le premier et le troisième:

Proiez pour nos, Virge bien *eürée*. Thibaut, (Herrig, p. 43.).

Richault parla à li; dessur lève d'*Eüre*. Wace, Rou.

Quant au second *eu*, la diérèse est la forme régulière:

Pour la joie qu'il ot *eüe*

De s'amie qu'il ot *veüe*. Marie de France, (Herrig, p. 34.).

Le premier *eu* et le second *eu* riment entre eux:

La mort ne douc ne grain ne *peu* (paucum);

Que onques mais trouver ne *peu* (pus, potui). Herrig, Roman de la Violette, p. 32.

Il est probable qu'on prononçait *u* dans les deux cas.

Du temps de Ronsard, la séparation entre *eu* et *u*, selon Quicherat, était déjà faite, et depuis ce temps, la rime de la bivocale *eu* avec *eu* prononcé comme *u*, serait donc défectueuse, comme ne satisfaisant plus que l'œil. Ex.: Ronsard: *peu* (pu), *feu* p. 47.; *feu, veu* (vu) p. 171.; *feu, beu* (bu) p. 173. Ces rimes, très fréquentes dans l'école de Marot, deviennent très rares dans l'école de Malherbe, et ne paraissent plus dans Corneille, Molière, Boileau, Racine. La Fontaine, qui recherche tout ce qui est vieux, a rimé *émeute* (émute) et *dispute*, Fabl., VII., 8., *émeute* et *depute* Fabl., X., 4. Encore Voltaire rime *Eure* avec *nature* (La Henr., VIII., 15.) et avec *structure* (Ibid., IX., 125.).

1) Le radical latin a a été tantôt conservé (*claritas, clarté*), tantôt changé en ai (*clarus, clair*). Au commencement, les deux formes existaient souvent ensemble dans le même mot: *amer, aimer; char, chair*. Beaucoup de mots qui ont la simple voyelle aujourd'hui avaient la double autrefois. On écrivait au XVIe siècle encore *montaigne, compaigne, Allemaigne*. etc. Bien des rimes, bonnes autrefois, sont devenues fausses, comme celle de *baigne, Campaigne* (C. Marot, Épigr., p. 405.), de *Espagne, bagne* (Id., Élég., I.), de *accompaigne, baigne* (Ronsard).

2) Les finales en *ogne* et *oigne* dérivées des terminaisons latines *oneus, onia, undia*, qui sont distinctes aujourd'hui, ne formaient primitive-

(Marot) [1]); *épouse* et *arrouse* (La Font., Cont., IV., 14.) [2]); *nouds* et *doux* (Ronsard, p. 3.) [3]).

---

ment qu'une même désinence. L'*i* fut fort anciennement intercalé: *Boloigne*, *vergoingne* Bible Guyot (Idel., Einl., II., 37.). Au XVIe siècle encore, on écrivait *Bourgoigne, Bourgogne, Bourgoinge*. Le verbe *éloigner* (elongare) pouvait s'écrire *élogner*. De nos jours, la terminaisons *ogne* l'a emporté dans les substantifs, mais on dit *éloigner, témoigner* (testimoniare). De là des rimes défectueuses aujourd'hui: *témoingne, Bourgoingne* (Chr. de Pisan); *élogne, Pologne* (Sarrasin); *vergongne, s'élongne* (Ronsard, p. 56.).

1) La prononciation vicieuse *a* au lieu d'*e* qui s'est conservée dans quelques campagnes (*farme* au lieu de *ferme*), et dont Molière a fait usage dans quelques scènes du Festin de Pierre (*renvarsés, dans la mar, un varre de vin, Piarrot*, etc.) a donné lieu à beaucoup de fausses rimes. J. Marot rime *armes, termes; vacarmes, fermes; dame, gemme. Hier* et *soir* ont donné le composé *arsoir, harsoir*. Il y a aussi des exemples d'*e* mis à la place d'*a*: *lermes* (larmes), *infermes* Agnès de Bragelongne de Plancy (Idel., Einl., II., 43.); *tesches, flesches* Roman de la Rose (Ibid. p. 248.); *guiterre, pierre* Ronsard.

2) Beaucoup de mots où l'*o* (*au*) latin s'est conservé aujourdhui, s'écrivaient autrefois par *ou*. (Le dialecte picard substituait souvent *ou* à *o*). Pendant une grande partie du XVIe siècle, la bivocale *ou* prédominait. François 1. écrit *ousé* = *osé*; Meigret écrit: *pourtrait*. H. Étienne se moque de cette manière de prononcer:

> N'êtes-vous pas de très-grands fous
> De dire *chouse*, au lieu de *chose*?
> De dire *j'ouse*, au lieu de *j'ose*?

Dans Rabelais, nous lisons, entre autres: *rousée, gousier, courbeau, chouse, pourte, repous, pentecouste, houste, propous, subourner, expouse, ouste* (ôte). Au contraire, *troupe* s'écrivait *trope*. De là, des rimes fautives, aujourd'hui: *approuche, bouche* Rutebeuf (Idel., Einl., II., 90); *approuche, couche*, Ronsard, p. 33.; *trope, Ethiope*, Id., p. 79. Au XVIIe siècle, ces rimes disparaissent: La Fontaine seul, ce fanatique imitateur des anciens, a osé exhumer la rime *épouse* et *arrouse*.

3) Il y a une affinité entre les bivocales *eu* et *ou* (*veut* et *vouloir, nœud* et *nouer, cœur* et *courage*). *Eu* est le renforcement de la voyelle *ou*. »Le vieux langage diphthongue les anciennes brèves devant une consonne simple aussitôt qu'elles ont l'accent.« (Burguy, Gram., I., 23.) Le français moderne ne reconnaît plus cette règle: on dit: *je demeure* et *nous demeurons; je trouve* et *nous trouvons. Treuve* appartient encore au siècle de Louis XIV. Molière et La Fontaine riment *veuve* et *treuve* Voici des rimes qui sont impossibles aujourd'hui: *decœuvre, œuvre* C. Marot (Épp., p. 200.), *nouds* (nœuds) et *genoux* Id., (p. 239.) *nouds, doux* Ronsard, (p. 3.).

Des lettres qui suivent la partie principale.

§. 56. Rimes parfaites.

Règle générale. Tout ce qui suit la partie principale (consonnes, e muet) doit être égal pour l'oreille et pour l'œil: *Racine, Messaline*; *inmortalités, bontés*[1]).

1° Les rimes suivantes qui satisfont l'oreille, sont légitimes, quoiqu'elles ne satisfassent pas l'œil:

a) La rime d'une consonne simple avec une consonne double: *Taxile, tranquille; âme, flamme* Rac., Alex., I., 3.; *Pape, échappe* La Font.. Fabl., VII., 12.; *Euphrate, flatte* II., 2.

b) La rime d'une consonne avec une autre consonne qui a la même prononciation: *dis-je, oblige* La Font., Fabl., IX., 1.; *maison, nom* Ibid., IV., 17,; *coq, roc* Flor., la Poule de Caux; *défiances, défenses* Rac., Alex., II., 1.; *Caucase, gaze* Barthél., Napol., II.

c) La rime d'une consonne avec deux autres qui se prononcent de même; *basse, menace* Rac., Alex., I., 1.; *philosophe, étoffe* Bérang., Les Bohémiens.

d) La rime de *t* avec *th*: *Suite, Scythe* Rac., Alex., II., 1.

e) La rime de *n* ou *nn* avec *mn*: *Axiane, condamne* Rac., Alex., II., 5.; *automne, bonne* La Font., Fabl., VI., 3.

f) La rime d' *s* ou de *t* avec les mêmes lettres précédées d'une ou de deux consonnes muettes: *pas, états* Rac., Alex., I., 2.; *épars, étendards* Ibid., II, 2.; *Memphis, fils* Barthél., Napol., I.; *bois, doigts* Nivern. (II. Idel. 2.); *bas, almanachs* Regn., Démocr., I., 2.; *rit, Jésus-Christ* Hugo, Dieu est toujours

---

1) De tout temps, on a demandé la correspondance des consonnes finales muettes, on n'a jamais rimé p. ex. *Maine* et *semaines, je portais* et *il était*. Cette observation semble être contraire à notre assertion que les anciens ne rimaient que pour l'oreille. Mais ces consonnes finales n'étaient probablement pas muettes au commencement (nous allons traiter cette matière §. 62.). Quand elles devinrent muettes, la force de l'habitude était si grande que ces sortes de rimes (celle de deux consonnes muettes différentes, et celle d'e muet avec e muet suivi d'une consonne muette) restaient interdites.

là: *éclatants, temps* Rac., Alex., III, 2. — Cette licence n'existe pas pour *r: vengés* et *bergers* ne riment point[1]).

g) La rime de *d* avec *t*, celle de *c* avec *g: attend, inconstant* Rac., Alex., IV., 4.; *flanc, sang* La Harpe. (II. Idel., 1.)

h) Les mots terminés par *s, x, z* riment entre eux (*x = cs, gs; z = ds, ts*); *doux, vous* Rac., Alex., I., 3.; *précipités, souhaitez* Ibid., III., 1.; *malheureux, nœuds* Ibid., IV., 2.; *eux, bœufs* La Font., Fabl., IV., 21.

§. 57. S sourde avec une *s* qu'on fait sentir; *Monsieur* et *honneur*.

2° Les rimes suivantes qui satisfont bien l'œil, mais qui ne satisfont pas l'oreille, sont consacrées par l'usage des poètes:

a) La rime de deux terminaisons masculines dont l'une présente une *s* sourde et l'autre une *s* que la prononciation fait sentir. Corneille: *Carlos, mots* Don Sanche, I., 3.; *héros, Carlos* Ibid., II., 4. — Racine: *soldats, Ménélas* Iphig., IV., 6.; *bras, Pallas* Britann., IV., 2.; *confus, Pyrrhus* Androm., I., 1.; *plus, Laïus* Théb., II., 1.; *vous, tous* Bérén., III., 3.; *secourus, Porus* Alex., IV., 2.; *crus, Porus* Ibid., IV., 3. — Boileau: *obtenus, Vénus* Sat., X. — Molière: *accès, Agnès* Éc. d. f., IV., 6. — Voltaire: *attraits, Agnès* La Puc., VII. — Ponsard: *pointus, Sextus* Lucrèce, I., 1. — Lamartine: *nus, angelus* Jocel., p. 221.

b) Dans le genre familier, *Monsieur* rime souvent avec un autre mot terminé en *eur*. Racine: *Monsieur, honneur* Les Plaid. II., 4. — Molière: *humeur, Monsieur* L'éc. d. f., III., 2. — La Fontaine, Fables: *Monsieur, flatteur* I., 2.; IV., 1.; *Monsieur, rieur* VIII., 2.

§. 58. Rimes vicieuses: Rime de deux consonnes muettes différentes.

Les rimes suivantes qui satisfont l'oreille, mais qui ne satisfont pas l'œil, sont vicieuses:

---

1) Volt., Puc. XIII. rime *relèvent* et *observent*, chose impossible sans doute.

a) La rime de deux consonnes muettes différentes (excepté *s, x, z; d, t; c, g*). On ne rime ni *embrassa* et *soldat*, ni *jamais* et *parfait*; ni *je dors* et *il sort*, ni *disent* et *marchandises*, ni *coup* et *tout*, ni *loup* et *courroux*, ni *paix* et *forfait*, etc. [1])

§. 59. Rime d'une voyelle accompagnée d'une consonne muette avec une voyelle finale.

b) La rime de deux mots dont l'un finit en une voyelle et l'autre en une consonne muette. On ne rime pas *loi* et *voix*; *vérité* et *méditez*; *homme* et *pommes*; *changé* et *berger* [2]).

§. 60. Rime d'une voyelle nasale suivie d'une consonne avec une voyelle nasale.

c) La rime d'un mot terminé en une voyelle nasale avec un autre dans lequel le son nasal est suivi d'une consonne sourde, ou la rime de deux mots dans lesquels le son nasal est accompagné de deux consonnes muettes différentes. On ne rime ni *maintien, vient* Regn., Démocr., II., 3.; ni *étang, autant, camp* La Font., Fabl., II., 14. [3]).

---

1) Regnard: *mots, sursaut* Épîtr., 4.; *sot, trop* Ibid., 5.; *consentit, fils* Sapor, I., 1.; *rôt, propos* Le Bal, 1 ; *dix, lit* Voyage de Norm. — Lamartine: *tout, loup* Toussaint, V., 5.; *coup, debout* Jocel., p. 115. — Ponsard: *coup, goût* L'honneur, IV., 10.

2) Regnard: *toi, Louvois* Épîtr., 5.; *soûl, fou* Démocr., I., 4. — Molière: *nœud, peu* Le Misanthr., I., 2. — La Fontaine, Fables: *soûl, trou* II., 2.; *beaucoup, cou* III., 9.; *coup, cou* III., 12.; VIII., 9. — Barbier: *coup, soûl* (IV. Idel., p. 596.). — Augier: *soi, soit* La Ciguë I., 1. — Girardin: *Sappho, défaut* Cléop., II., 2. — Béranger: *ciseau, eaux* Les Parques; *do, tantôt* Ma nourrice.

3) Ces rimes sont très fréquentes. Racine: *donc, pardon* Les Plaid., II., 4.; *seing, main* Bajaz., IV., 3. — Molière: *nom, répond* L'éc. d. m. III., 2. — Regnard: *comprend, alcoran* Ménechm., II., 3. — La Fontaine, Fables: *talon, long* II., 12.; *autant, camp* II., 14.; *croyez m'en, nullement* VIII., 21.; *faon, content* VIII., 27.; *menton, donc* IX., 4.; *bon, bond* IX., 14. — Voltaire: *chrétien, souviens* Alz., V., 7. — Grécourt: *champ, tremblant* (II. Idel., 2.). — Moncrif: *sang, plaignant* (II. Idel., 3.). — Thomas: *rang, grand* (II. Idel., 2.). — Béranger: *l'an, blanc* Le Roi d'Yv.; *gland, blanc*

§. 61. La Rime d'*ar*, *er*, avec *ard*, *art*, etc.

d) La rime d'un mot finissant en *ar*, *er*, *or*, *our* avec un autre ·finissant en *ard*, *art*, *ars*, etc. La Font., Fabl., I., 6.: *encor, fort, d'abord*[1]).

§. 62. Rime d'une consonne muette avec une consonne qu'on fait sentir, ou de deux consonnes différentes qui ont une prononciation différente.

Les rimes suivantes qui satisfont bien l'œil, mais qui ne satisfont point l'oreille, ne sont pas permises:

a) La rime d'une consonne sourde avec une consonne que l'on fait sentir (excepté *s*, et *r* dans *Monsieur*), ou de deux consonnes différentes qui ont une prononciation différente[2]):

Les Gaulois; *Acoran, Ferrand* La sainte All.; *violon, long* Le Violon brisé; *bourdon, donc* Le pélerinage de Lis. — Hugo: *pardon, donc* Ruy Blas, IV., 3.; *passant, sang* Pour les pauvres. — Chénier: *sang, mugissant* Le Malade. — Delavigne: *sang, menaçant* Louis onze, II., 7.; *compatissant, sang* Mar., Fal., I., 3. — Barthélemy et Méry, Napol.: *canons, nom* III. — Lamartine: *sang, tisserand* Toussaint, II., 8.; *sang, descend* Jocel., p. 120.; *glissant, sang* Ibid., p. 178.; *nourrissant, sang* Ibid., p. 206.; *champ, couchant* Ibid., p. 221. — Dumas: *blanchissant, sang* Christ., IV., 7. — Augier, La Ciguë: *front, poltron* II., 5.; *libertin, éteint* II., 7. — Ponsard: *camp, rang* Lucrèce I., 1.; *vacant, camp* Ibid., II., 2.; *point, poing* Agnès, I., 3. — Désaugiers, L'Hôtel garni: *vraiment, Maman* sc. 14.; *champ, penchant* sc. 20.

1) Ces rimes sont aussi très-fréquentes. Regnard: *essor, d'accord* Épitr., 5. — Racine: *hasard, car* Les Plaid., III., 3. — La Fontaine, Fables: *fer, couvert* V., 2.; *hiver, vert* V., 8.; *encor, d'accord* VI., 6.; *trésor, fort* X., 1.; *encor, port* X., 15.; *fer, s'en sert* XII., 16. — Florian, Fables: *encor, bord* I., 7. — Voltaire, Tragédies: *cher, désert*; *enfer, entr'ouvert*; *char, rempart*; Odes: *char, hasard*; *Luxembourg, jour*. — Hugo: *César, hasard* Hern., IV., 2. — Béranger: *cour, court* Le Carneval de 1818.; *nectar, lard* Ma nourrice. — Dumas: *César, hasard* Calig., prol., 3. — Girardin: *or, trésors* Cléop., I., 1. — Chateaubriand: *l'or, d'abord* Milton et Davenant. — Augier: *mort, encor* La Ciguë, I., 8.

2) Il est probable qu'au commencement toutes les lettres finales étaient sonores. Mais la tendance du Français à ne les point faire sentir semble être presque aussi vieille que la langue. Pendant le travail de la formation, c'est-à-dire jusqu'au XVIe siècle, cette tendance est allée en croissant. Enfin la prononciation moderne, qui rend leurs sons à

arreste et *reste*; *dextre, estre*; *propice, prolixe*; *précepte, faite*;

plusieurs consonnes sourdes pendant quelque temps, s'est établie. Telle est la théorie que les exemples vont prouver et qui semble être plus naturelle que l'opinion de Quicherat, fondée sur le livre de Génin. Selon lui, »du XIIIe à la fin du XVIe siècle, on ne faisait généralement pas sentir les consonnes finales.« Il est plus vraisemblable d'adopter une tendance, conforme au génie de la langue et qui n'exclut pas la prononciation de quelques-unes de ces consonnes qu'on prononce encore de nos jours, que de croire à une sorte de convention aussi inconcevablement faite qu'abrogée dans une période où rien n'était encore fixe et déterminé. Mätzner, pour réfuter l'opinion de Génin, dit que rien ne serait plus étrange que la restitution des sons que la langue avait abandonnés. Les exemples qu'on va lire prouveront que quantité de finales qui sonnent aujourd'hui n'ont pas sonné pendant quelque temps. Dès les premières années du XIIIe siècle, les consonnes *c, d, f, p* se retiraient régulièrement devant l' *s* du pluriel: *les chies* (chefs), *les dus* (ducs), etc. La restitution de consonnes muettes, étrange ou non, s'est donc faite assez souvent en français: mais il serait sans doute un peu étrange que toutes les consonnes finales ayant été muettes pendant trois siècles, on se fût avisé d'en faire sonner quelques-unes.

I. Deux consonnes médiales.

1) *C* se négligeait généralement devant *t* (*sujet, objet*): *faict, infect* (Idel., Einl., II., p. 356.); *violette, délecte* C. Marot, Elég. XXVII.; *infects, contrefaits* Id., l'Enfer; *sujet, abject* Corn. Nicom., II., 1.; *projets, abjets* Cinn., IV., 4.; *dicte, dépite* Régn., Sat., XV.

2) *Mn* se prononçait toujours *nn* (*condamner, solemnel*): *chrétienne, contemne* J. Marot, Ép., 193. *Gm* se prononçait comme *m*: *dragme, âme* C. Marot.

3) *P* ne se prononçait pas devant *t* (*baptême*): *précepte, faite; éclipse, embellisse* Rom. de la Rose; *croître, sceptre* J. Marot; *recepte, accepte* Cl. Marot; *Egypte, petite* Rutebeuf.

4) *St:* *arreste, reste.* Cette rime a pu être légitime, quand on prononçait l' *s* dans les deux mots, et quand on ne la prononçait dans aucun. Elle est fausse depuis le XVIIe siècle. *Prestre, Silvestre* Cortebarbe (Idel., Einl., II, p. 71.); *feste, geste* Fabliau, (Ibid., p. 76.); *celestre, maistre* Mystère, (Ibid., p. 255.); *prestre, terrestre* (Idel., Einl., I., p. 214.); *estre, terrestre* Cl. Marot, le Temple de Cup.; *épistres, registres* Id , Ép., p. 128. (Quelques-uns, dit l'Académie, écrivent et prononcent *régîtres*); *Majesté, esté* Id., Ép., p. 134.; *épitre, tistre* Id., Élég. XII.; *brute, robuste* J. Marot; *député, juste* Coquillart; *désastre, albastre* Ronsard, (p. 35.).

5) La lettre *x* prenait le son d' *s* dans *dextre* et rimait avec les mots en *estre*: *destre, senestre* Rom. du Renart, (Idel., Einl., II., p. 238); *adextre, estre* Cl. Marot, Épit., p. 422. Entre deux voyelles, l' *x* se prononçait comme *ss* (*Auxerre, Auxonne, Bruxelles*): *propice, prolixe* Marot.

sujet, abject; *Corinne*, *hymne*; *croc*, *hoc*; *apprentif*, *inventif*; *fusil*, *exil*; *Alix*, *paradis*; *Christ*, *esprit*; *Jacob*, *trop*; *David*, *fini*; *Abraham*, *an*; *bénigne*, *féminine*.

§. 63. La rime d'une *l* mouillée avec une *l* non mouillée.

b) La rime des différentes *l*: *fille*, *file* ¹).

II. Les consonnes finales des rimes masculines:

1) *B:* Villon: *Jacob, trop.* — Coquillart: *Job, trop.*

2) *C:* *draps, sacs* Coquillart; *arcs, étendards*; *Grecs, discrets* J. Marot; *épars, parcs* C. Marot, Églogue au roi; *aspics, pis* Id., l'Enfer; *roc, croc* Ibid.; *las* et *lacs* Id., Métam., I., p. 535.; *Turcs, durs* Le Maire; *croc, hoc* La Font., Fabl., V., 8.; *estomac, sac* Flor., Fabl., II., 1.

3) *D:* Wace, Brut: *Davi* (David), *fini.*

4) *F:* *serfs, revers* Chr. de Pisan; *clef, chef* C. Marot; *gentils, craintifs* Id., Ép., p. 106.; *racourcis, massifs* Id., p. 107.; *petits, craintifs* Id., Compl., p. 457.; *Juifs, fuis* Id., p. 499. — Régnier: *ennuis, juifs* Sat., VIII.; *apprentif, rétif* Sat., IX. — La Fontaine, Contes: *apprentif, inventif* IV., 13.

5) *Gn* se prononçait comme *n* (*signet*). J. Marot: *signe, mine.* — C. Marot: *machine, digne* Au Roi; *bénigne, féminine* Élég., XX.; *digne, pelerine* Ép., p. 98. Ronsard: *cygne, Jaqueline.* — La Fontaine, Fables: *maline* (maligne), *machine* VI., 15.

6) *L:* Coquillart: *périls, ris*; *deux, seuls.* — Meschinot: *nuls, nuds, retenus.* — C. Marot: *babils, habits* Ép., p. 122.; *cruels, tués*; *autels, beautés.* — Lamartine, Jocelyn: *fusil, exil* p. 71.; *sourcils, cils* p. 114.; *outils, fils* p. 342.

7) Les mots hébreux terminés en *m* ou *n* suivaient autrefois la prononciation française que le mot *Adam* a retenue. Guilleville: *Abraham, Adam.* — Villon: *an, Amen.* — Marot: *Jérusalem, en.* — La Fontaine: *Abraham an.*

8) *T:* Coquillart: *sept, scet* (sait). — Villon: *huit, bruit.* — Lamartine, Chute d'un ange: *L'Homme-Christ, esprit* VIIe vision.

9) *X:* Roman de la Rose: *Denis, phénis* (phénix); Marot: *Alix, lits*; Crétin: *perplex, pledz.* La Fontaine, Contes: *Alix, paradis* III., 10.

R des rimes normandes a déjà été discutée.

1) J. Marot: *style, fille.* — Sarrasin: *villes, quilles.* — Ronsard: *fille, file*, p. 38. La rime de *style* et *gentile* (C. Marot, p. 219.) était juste, le dernier mot n'étant pas mouillé alors. Corneille, Don Sanche, I., 3. et Le Cid II., 7. rime *Castille* et *Séville.* Le dernier mot, dit Quicherat, devrait être mouillé. Lamartine, Jocelyn., p. 279.: *épagneul, cercueil.* — Voltaire, Henriade IV., 449.: *Bayeul, Longeuil.*

Des consonnes qui précèdent la partie principale dans la même syllabe.

§. 64. Rime des monosyllabes entre eux.

Pour les monosyllabes on ne veut pas la rime riche; car un mot ne doit pas rimer avec lui-même, excepté deux cas dont nous allons parler §. 68.

Il est temps que mon cœur, pour gage de sa *foi*
Moutre qu'il n'a pu vivre un moment après *toi*. Rac., Alex.
IV , 1.

§. 65. Rime des monosyllabes avec les polysyllabes.

II. Le monosyllabe peut rimer richement avec le poly-syllabe; mais on se contente ordinairement de la rime suffisante.

D'un odieux amant sans cesse *poursuivie*,
On prétend, malgré moi, m'attacher à la *vie*. Rac., Alex., IV., 1
Je tremble pour mon frère, et crains que son *trépas*
D'un ennemi si cher n'ensanglante le *bras*. Ibid., II., 1.

§. 66. Rime des polysyllabes entre eux.

III. En général, deux mots polysyllabes doivent rimer richement. Plus une terminaison est fréquente, moins le poète doit se contenter de la rime commune; plus une finale est rare, plus il faudra lui pardonner les rimes suffisantes [1]). Examinons les désinences finales.

1) Les finales suivantes doivent rimer de l'articulation:

a, dans les verbes. Ces rimes sont du reste très-rares dans le style noble. Ex.: *pilla, habilla* C. Marot, au Roi [2]).

é, és, ée, ées, er, ez. Ex.: *inanimé, armé* Rac., Alex., II., 2.; *désespérés, fourrés* Regn., Démocr., I., 6.; *picoré, égarée*

---

1) Dans les premiers siècles, on était content de la rime commune. Marie de France, le Lai du Chèvrefoil: *cungea, ama*; *sera, haita*; *aler, trespasser*; *esté, surjurné*; *chevachant, pendant*; *aperceut, conut*; *arester, reposer* (Herrig, p. 33.). Eustache Deschamps: *convertie, chevalerie*; *enfant, amoureusement, disant, urgent*; *jument, argent*; *trouvée, année*; *souris, ennemis*.

2) Rimes vicieuses. Moncrif: *pleura, enferma* (II. Idel., 3.). — La Fontaine, Fables: *compta, dépeça* I., 6.; *retourna, arriva* IX., 2.

Ibid. I., 5.; *disputer, ôter* Rac., Alex., I., 1.; *parlez, voulez*
Regn., Démocr., I., 6.¹).

Quand ces finales sont précédées de deux consonnes dont
la seconde est une liquide, on permet de ne faire entrer dans
la rime que la seconde des deux consonnes. Ex.: *troublée,*
aveuglée Corn., Cinn., IV., 6.; *désolée, troublée* Rac., Bajaz.,
V., 1. La même licence est accordée pour la finale *gner*, qu'on
peut faire rimer avec *ner: confiner, régner* Rac., Bérén., IV., 4.

i, is, ie, ies. Ex.: *raffermi, ennemi* Rac., Alex., III., 2.²).

u, us, ue, ues. Ex.: *combattu, vertu* Rac., Alex., IV., 2.; *con-*
nue, nue Ibid. I., 2.³).

ment. Ex.: *éloignement, tourment* Rac., Alex., III., 1.⁴).

2) Les finales suivantes riment mieux ou riment plus généralement, surtout dans le style noble, de toute l'articulation:
*aire, ère, ant, ent, eur, eux, euse, ir, on*⁵).

---

1) *Rimes vicieuses.* Racine: *frappée, tombée* Théb., V., 5. (l'auteur
n'a péché que cette seule fois contre la règle: c'est dans sa première
pièce). — Regnard: *A B C, été* Le Légat., II., 11. — Grécourt: *damné,*
grillé (II. Idel., 2.). — La Fontaine, Contes: *fée, obligée, cachée* III., 13. —
Fables: *félicité, pelé, attaché,* I., 5.; *délibérer, exécuter* II., 2.; *volé, appelé,*
plaidé, travaillé, embrouillé, contesté, tempêté II., 3.; *curé, naïveté* VIII., 2.;
dîné, chargé VIII., 7.; *enlever, porter* IX., 1.; *bigarrée, marquetée, mouchetée*
IX., 3.; *empaqueter, porter, traîner* X., 1. — Quicherat, p. 23. dit que le
mot *oser* ne rime pas avec *renverser.* — Racine, Phèdre, I., 1. rime *envoyé*
et *Pasiphaé.* Quicherat cite ce vers, à tort, parmi les exemples de deux
e détachés.

2) *Rimes vicieuses.* Moncrif: *mélancolie, Arménie; tragédie, chérie*
(II. Idel., 3.). — Racine: *réunis, amis* Théb., V., 3. — La Fontaine, Fables: *promis, péris* I., 4.; *Iris, avertis* VI., 3.; *logis, soucis* VIII., 2.; *puni,*
rempli VIII., 14.; *compagnie, plaisanterie* VIII., 8.; *convie, supplie* IX., 1.;
envi, ainsi IX., 14. — Lamartine, Adieu: *Bissy, ami.*

3) *Rimes vicieuses.* Gresset: *inconnu, perdu* (II. Idel., 1.); *convaincu,*
vertu Ververt, 4. — Colardeau: *connu, vécu* (II. Idel., 2.). — La Fontaine,
Fables: *apparue, reconnue* VIII., 14.

4) Voltaire: *enfans, sentimens.*

5) Quicherat se contredit, en disant p. 33. qu'on met bien *Valère,*
contraire comme désinence peu abondante, tandis que, p. 34., il prétend
qu'il est défendu de se contenter d'une rime suffisante pour les finales
en *aire* ou *ère.* — Racine a mis, dans sa première pièce: *enfans, innocens*

3) On se contente de la rime suffisante pour les terminaisons plus rares, telles que *age, al, at, ais, ait, èbre, ès, este, ible, ice, ide, ile, ime, ique, it, onne, or, ours, ure, ut.*

§. 67. Critique du système actuel de la rime.

La plupart des critiques français sont d'avis que la rime n'a pas été faite pour l'œil, mais pour l'oreille; que le principe de Malherbe de rimer pour l'œil a eu une influence désastreuse sur la poésie; que le système actuel est un mélange capricieux de la rime pour l'œil et de la rime pour l'oreille [1]).

Les rimes qui ne satisfont que l'œil devraient être bannies de la poésie: au contraire, nombre des rimes qui satisfont l'oreille sans satisfaire l'œil, devraient être permises.

Théb. II., 2. — La Fontaine, bien que reconnaissant Fables II., 1. la légitimité de la règle, la viole pourtant Fables IX., 1.: *pourtant, enfant, pleurant.* — Lamartine, Jocelyn, p. 162.: *amant, enfant.* — Racine, Théb., V., 2.: *terreur, vainqueur.* — Racine, Phèdre I., 1.: *dédaigneux, honteux.* — Corn., le Cid, II., 3.: *plaisirs, soupirs.* — Rac., Théb., V., 3.: *désirs, soupirs.* — La Harpe blâme dans Voltaire la rime de *repentir* avec *souffrir.* — Corn. Nicom.. IV., 2.: *Zénon. raison*; V., 7.: *maison, Zénon.* La Font., Fabl., VIII., 16.: *dit-on, maison.*

1) Sibilet approuve dans Marot les rimes *demets, jamais* » et autres tels plus soutenus par le son de l'oreille (que je te dis encore estre le principal du collége de la rime) que rejetés par l'orthographe, qui n'est que le ministre du son.« Voltaire: »Il est indubitable que la rime n'a été inventée que par l'oreille.« — »Nous avons toujours été persuadés qu'il fallait rimer pour les oreilles, non pour les yeux.« Marmontel: La rime doit être sensible à l'oreille, mais ce n'est point assez: on veut aussi qu'elle frappe les yeux. Pourquoi? pour la rendre plus difficile, et pour ajouter un plaisir que fait la solution de ce petit problème. Je n'en vois pas d'autre raison: c'est un défi donné aux versificateurs.« La Harpe: »Voltaire est celui qui a insisté le premier sur la nécessité de rimer principalement pour l'oreille. Il a eu raison.« Ste-Beuve: »Malherbe ne s'est pas abstenu de l'excès. Oubliant que la rime relève de l'oreille plutôt que des yeux, et qu'il est même piquant quelquefois de rencontrer deux sons parfaitement semblables sous une orthographe différente, il blâmait les rimes de *puissance* et *innocence*, de *conquérant* et *apparent*, de *grand* et *prend*, de *progrès* et *attraits*.« Quicherat, p. 378 — 386.

I* classe: 1° Les rimes d'une syllabe brève avec une syllabe longue (*couronne, trône*)[1]).

2° Les rimes d'une voyelle simple avec une diphthongue (*poursuivre, vivre*).

3° Les rimes d'une *s* muette avec une *s* sonore (*vertus, Titus*).

4° Les rimes des différents sons ouverts de *e, ai, o, oi,* etc. (*lois, voix, droits, étroit* avec *bois, noix, poids, trois*).

II* classe: Les rimes de consonnes muettes différentes (*raison, saisons; courais, espérait; aima, animât; viendra, voudras; berger, changé, obligez; long, vallon; cour, accourt*). On n'aurait pas besoin d'écrire *pié, clé* (§. 330.); *pied* rimerait avec *fié* p. ex.

D'autres règles sur la rime.

§. 68. Rime d'un mot avec lui-même.

En suivant exactement toutes les règles que nous venons d'exposer, on pourrait encore faire bien des fautes.

I. La rime n'étant pas fondée sur une ressemblance du sens, mais sur une ressemblance du son,

1° un mot ne peut rimer avec lui-même. Ainsi les exemples suivants sont condamnables:

> Témoin trois procureurs, dont icelui Citron
> A déchiré la robe. On en verra les *pièces.*
> Pour nous justifier voulez-vous d'autres *pièces?* Rac., Les Plaid.
> III., 3.

---

1) J. du Bellay, Illustr. de la l. fr, (1949.): »Garde-toi de rimer des mots manifestement longs avec les brefs aussi manifestement brefs.« Dict. de l'Académie, Rime: »on ne peut faire rimer *paume* avec *pomme* « Voltaire: »Je *me hâte* ne peut rimer avec je *me flatte*, parce que *flatte* est bref et *hâte* est long.« La Harpe: *Rênes* et *rennes*, dont l'un est très-long et l'autre très-bref, riment d'autant plus mal que les deux mots sont plus ressemblans. — D'Olivet, prosod. franç., p. 131.: »Une brève, à la rigueur, ne doit rimer qu'avec une brève, et une longue avec une longue.« Port-Royal: »Il faut éviter autant qu'on peut d'allier les rimes féminines qui ont la pénultième longue avec celles qui l'ont brève.« — Marmontel condamne les rimes *trompette* et *tempête*, *homme* et *symptôme*, *boussole* et *pôle*, *couronne* et *trône.*

Son image est toujours présente à ma *tendresse*.
Ah! quand la pâle automne aura jauni le bois,
O mon père, je veux promener ma *tendresse*
Aux lieux où je te vis pour la dernière fois. Millevoye, l'Anniversaire.

Il y a des monosyllabes qui, placés à la fin de certains mots, se combinent avec eux de manière à n'en former qu'un. La rime de deux mots terminés par ces monosyllabes est admise dans le genre simple. Ex.:

Aime-t-elle quelque autre? — Encor moins. — Qu'obtiendrai-*je?* —
Je ne sais. — Mais enfin, dis-moi. — Que vous dirai-*je?* Corn.,
Le Ment., V., 5.
A vous marquis! pour cette épreuve-*là*
Les grosses voix sont toujours les meilleures.
Lors le Marquis de crier: Es-tu *là?* Pons de Verdun, l'Écho
merv.

Quand les poètes tâchent de produire un effet particulier par la rime du même mot, il faut leur permettre de s'écarter de la règle générale. C'est ce qu'a fait le poète Le Brun, pour imiter un écho, dans la traduction d'un épisode de Virgile:

Sa voix disait encore: O ma chère *Eurydice!*
Et tout le fleuve en pleurs répondait: *Eurydice!*

et Chateaubriand, la Patrie:

Hélène appuyait sur mon *cœur*
Son *cœur*.

2° Quand deux mots, s'écrivant de même ont un sens différent, ils peuvent rimer ensemble. Souvent l'égalité du son n'est que fortuite. On dit à cet égard que la rime des homonymes est reçue. Ex.:

Contre un fier ennemi précipitez vos *pas*;
Mais de vos alliés ne vous séparez *pas*. Rac., Alex., I., 3.
Notre malheur est grand, il est au plus haut *point*.
Je l'envisage entier, mais je n'en frémis *point*. Corn., Hor., II., 3.
Tel que vous me voyez, monsieur ici *présent*
M'a d'un fort grand soufflet fait un petit *présent*. Rac., Les
Plaid., II., 5.
Belle nécessité d'interrompre mon *somme!*
Le sort, de sa plainte touché
Lui donne un autre maître; et l'animal de *somme*
Passe du jardinier aux mains d'un corroyeur. La Font., Fabl., VI., 11.

Savez-vous qui je *suis*
Maintenant? — Monseigneur, qu'importe! je vous *suis*. Hug.,
Hern., I, 2.

3.⁰ Un substantif ne peut rimer avec son verbe. Ainsi,
Racine, Les Plaid., II., 11. a eu tort de mettre:

N'en sorte d'aujourd'hui. L'Intimé, prends-y *garde*. —
Gardez le soupirail. — Va vite, je le *garde*[1]).

§. 69. Rime d'un simple avec son composé, ou de deux composés.

4⁰ Un mot ne peut rimer avec son composé, ni deux composés ensemble, quand ils ont conservé une grande analogie
dans leurs acceptions, comme *jeter, rejeter*; *prudent, imprudent*;
juste, injuste; *bonheur, malheur*; *nom, surnom*; *faire, défaire,
refaire*; *ami, ennemi*; *jours, toujours*. Ainsi l'on condamnera
les exemples suivants:

En sais-tu tant que moi? J'ai cent ruses au *sac*
Non, dit-l'autre, je n'ai qu'un tour dans mon *bissac*. La Font.,
Fabl., IX., 14.
Ah! — J'entends éclater des bravos *imprévus*,
A mille traits d'esprit que je n'avais pas *vus*. Delav., Les Co-
méd., V., 3.

Quicherat blâme aussi *dieux, adieux* Rac., Androm., II., 2.;
être, peut-être Id., Bérén., II., 4.²).

---

1) Ces rimes sont assez fréquentes dans Marot et encore dans Ronsard. Je ne sais pas, s'il faut condamner Thomas (II. Idel., 1.).
Tandis que ton pouvoir m'entraîne vers la *tombe*
J'ose, avant que j'y *tombe*.
et Lamartine, Chute d'un Ange, Ie vision: elle *brise* et une *brise*. (Du-
chéril blâme cette rime en effet.)
Diez dérive *la tombe* de *tumba* (τύμβος) et *tomber* de *tumbjan*, mot an-
glo saxon; il dérive *briser* de *brize* (éclat), mot allemand et dit que l'origine
de *la brise* est obscure. La ressemblance des deux mots ne serait donc
que fortuite et la rime excusable.
2) Le même critique dit qu'il n'aime pas à voir en rime *sauver* et
conserver (Corn., Cinn., II., 6.; Rac., Alex., V., 3.), deux mots dont la signification est la même et l'étymologie si voisine. — De Castres, Chefs
d'œuvre, p. 26.: Du temps de Marot, cette règle n'était pas encore adoptée. Sibilet assurait même que ceux qui blâmaient ces sortes de rimes
n'avaient aucune apparence de raison.

5° La rime est permise, si le simple et le composé, ou deux composés ont une signification éloignée, ou si deux mots présentent une ressemblance fortuite de lettres, sans que l'un soit dérivé de l'autre. On pourra rimer: *garder, regarder*; *conserver, observer*; *courir, secourir*; *lustre, illustre*; *temps, printemps*; *soin, besoin*; *séparé, préparé*; *fait, effet, parfait*; *permettre, promettre, commettre, soumettre*; *fort, effort*; *front, affront*; *naissance, reconnaissance* [1]).

> Apprends que la seule sagesse
> Peut faire des héros *parfaits:*
> Qu'elle voit toute la bassesse
> De ceux que la faveur a *faits.* J. B. Rousseau. (II. Idel., 2.).

> Son visage était calme et doux à *regarder*;
> Ses traits pacifiés semblaient encor *garder.* Lamart., Jocel. prol.

> Aux premières lueurs de l'aube, sur la *rive*
> Épuisé de sa course, un messager *arrive* Barth., Napol., ch. II.

> Déjà les Mamelucks, lancés de toutes *parts,*
> Assiégent des Chrétiens les mobiles *remparts.* Ibid., ch. III.

On trouve quelquefois en rime deux substantifs composés et dérivés du grec: *églogue, prologue* Boil., Disc. au roi; *bibliothèque, hypothèque* Id., Le Lutrin, ch. IV.; *paradoxe, orthodoxe* Rousseau.

§. 70. Rimes banales.

II. La langue française ne fournit pas de rimes pour tous les mots: il n'y a pas de rime pour *triomphe, perdre* [2]). Il n'est pas même permis de faire usage de toutes les rimes qui existent. Il faut éviter les rimes *banales*, les rimes *bizarres*, les rimes *désagréables*.

---

1) Malherbe ne se permettait jamais la rime du simple avec le composé, ni celle de deux composés. Heureusement son autorité n'a pas fait loi sur ce point.

2) Scarron se plaint de l'impossibilité de trouver deux mots en *erdre:*
> Dans le Cocyte va se *perdre*
> (Rime qui peut rimer en *erdre,*
> Je le laisse à plus fin que moi).

La langue ancienne possédait cette rime:
> Li mauz des denz vous puist *aerdre*
> Ainçois que jamès ne puist *perdre.* Barbaz., T. III., p. 376.

1° Les rimes banales sont surtout les rimes de certains mots qui trouvent très-peu de terminaisons homophones qui leur correspondent, en sorte que la présence d'un de ces mots fait deviner celui qui viendra ensuite. Ce pressentiment nuit au charme du vers. Parmi ces rimes Quicherat, p. 45., compte: *larmes, alarmes*; *famille, fille*; *prince, province*; *poudre, foudre*; *juste, auguste*; *illustre, lustre*; *marque, monarque*; *songe, mensonge*; *sombre, ombre*; *hommes, nous sommes*; *Dieu, adieu, lieu.*

§. 71. Rimes bizarres.

2° La Harpe accuse dans La Motte les rimes suivantes d'être bizarres, burlesques, hétéroclites: *évoque, époque*; *Io, Clio*; *strophe, apostrophe*; *enthousiasme, pléonasme*; dans Le Mierre: *flèche* et *brèche*; dans Piron *boursoufle, soufle*; *bise, Cambyse*; *outre, poutre*; *masque, fantasque*; *frasque, flasque, bourrasque, démasque.* Telles sont encore les rimes en *ote*: *dénote, compatriote* (Favart); les rimes *Zoroastre, astre*; *exacte, acte*; *secs, Grecs.* Voltaire relève dans Boileau (Ode au siége de Namur) *piques* et *briques*, Quicherat dans La Chaussée *sexe, perplexe.*

§. 72. Rimes choquantes.

3° Quicherat dit que les rimes de quelques terminaisons verbales sont désagréables à l'oreille.

a) De la III° personne du singulier du défini de la I° conjugaison: *leva, cultiva*. b) De la I° et de la II° personne du pluriel du défini: *mîtes, reçûtes, vîmes*. Ex.: *transmistes, mistes* C. Marot, Ép., p. 139. c) Des imparfaits du subjonctif: *flattasse, reçusse, aimât, aimassent*. Ex.: *recherchasse, enseignasse* Régn., Sat., XII.; *s'ostassent, se boutassent* C. Marot, Ép., p. 137. d) Des III°s personnes du futur: *aimera, aimeront*. Ex.: *noircira, blanchira* C. Marot, Ép., p. 139.; *louera, désavouera* Régn., Sat., XV.; *blasmeront, trouveront* Ibid., XII. . e) Des participes du présent: *regardant, commandant* Corn., La Mort, III., 2. La raison, dit Quicherat, qui fait proscrire le participe de la rime, est moins une raison d'harmonie qu'une raison de logique: un mot formant phrase incidente ne mérite pas d'être mis à une place où il frappera l'œil, l'oreille et l'intelligence.

§. 73. Rime de l'hémistiche avec la fin.

III. La rime destinée à marquer la fin du vers ne doit pas être effacée par un autre mot qui rime ou qui semble rimer dans le voisinage de la rime principale, de sorte que l'oreille puisse être en suspens et sur la rime principale et sur la longueur du vers.

1° L'hémistiche ou le milieu du vers ne doit ni rimer ni sembler rimer avec la fin du vers. Cette règle est due à Malherbe[1]). Ex.:

> Ont jadis dans mon *camp* tenu les premiers *rangs*. Corn., Cinn., V., 1.
> Je tiens mon *ennemi*, mais je n'ai plus de *fils*. Id., Héracl., IV., 4.
> Sur un de vos *coursiers* pompeusement *orné*. Rac., Esth., II., 5.
> Ses yeux, comme *effrayés*, n'osaient se *détourner*. Id., Athal., II., 2.
> Aux Saumaises *futurs* préparer des *tortures*. Boil., Sat., IX.

Cette consonnance vicieuse a été évitée à dessein dans les vers suivants:

> Car c'est ne *régner pas* qu'être deux à *régner*. Corn., La Mort., I., 2.
> N'aura *coulé jamais* que pour la liberté. Voltaire.

§. 74. Rime dans le corps d'un vers.

2° En général, deux mots du même vers ne doivent ni rimer ni avoir l'apparence de rimer:

> J'ai *besoin* de tes *soins* dans cette conjoncture. Regn., Les Fol., I., 3.
> Qui, d'un ordre *constant gouvernant* ses provinces. Rac., Théb., I., 5.
> De sorte qu'en *sortant*, nous *trouvant* tout hilares. Dum., Calig., prol. 3.

---

1) Au XVIe siècle, cette faute était une beauté du vers et s'appelait rime *renforcée*. V. §. 90.

§. 75. Rime de l'hémistiche avec une rime voisine.

3° Malherbe a défendu qu'un hémistiche offrît une consonnance avec une rime voisine [1]). Ex.:

> Ce Dieu t'a trop longtemps abandonné les *siens.*
> De ton heureux *destin* vois la suite effroyable;
> Le Scythe va venger la Perse et les chrétiens. Corn., Poly., IV., 2.
> Je ne t'accuse point, je pleure mes *malheurs.*
> Je sais ce que l'*honneur,* après un tel outrage. Id., Le Cid, III., 2.
> Enfin las d'appeler un sommeil qui le *fuit,*
> Pour écarter de *lui* ces images funèbres. Rac., Esth., II., 1.
> Il est pour le village une autre *providence,*
> Quelle obscure *indigence* échappe à ses bienfaits? Delille, Le curé
> de camp.

Voltaire s'est évidemment efforcé d'éviter cette faute:

> Et que de votre époux... Vous ne le croyez pas. —
> Non, je ne le crois *point,* et c'est vous faire injure.

Cette rime n'est pas offensante, quand le poète veut produire un certain effet par la répétition de terminaisons pareilles.

> Et revenant toujours, et toujours *écarté*
> Et *molesté, heurté, porté,* presqu'*insulté.* Delav., L'éc. d. Vieill.,
> II., 1.

§. 76. Rime des hémistiches.

4° Les hémistiches de deux vers ne doivent pas rimer
entre eux [2]). Ex.:

> Je sais ce que l'*honneur,* après un tel outrage,
> Demandait à l'*ardeur* d'un généreux courage. Corn., Le Cid,
> III., 4.
> Qui sait si cet *enfant* par leur crime entraîné
> Avec eux en *naissant* ne fut pas condamné?
> Si Dieu le *séparant* d'une odieuse race... Rac., Athal., I., 1.
> Mais j'entends au *hameau* la pauvreté qui chante.
> La bêche et le *fuseau* viennent à leur secours. Ducis, le Hameau
> et la Ville.
> L'enseignement fut *long,* du moins qu'il nous protége!
> Dans cet hôtel, *suivons* un plus adroit manége. Arag., les
> Aristocr., I., 6.

---

1) Au XVIe siècle, cette rime fut recherchée. Elle se nommait rime
batelée. V. §. 98.

2) Au XVIe siècle, cette rime était affectée: elle s'appelait alors rime
brisée. V. §. 101.

Cette rime est permise quand le poëte s'en sert pour produire un effet déterminé. C'est ainsi que Molière, le Misanthr., I., 1., par la ressemblance des sons, peint la ressemblance des personnes et en semble augmenter le nombre:

> De tous ces grands *faiseurs* de protestations,
> Ces affables *donneurs* d'embrassades frivoles,
> Ces obligeants *diseurs* d'inutiles paroles.

La répétition du même mot n'est pas répréhensible.

> Je l'ai *vu*, dis-je, *vu*, de mes propres yeux *vu*,
> Ce qu'on appelle *vu*. Mol., Le Tart., V., 3.
> Cromwell de ce *clinquant* veut s'entourer encor.
> Quand je dis ce *clinquant*, c'est bien de très-bon or. Hug.,
> Cromw., V·, 3.

§. 77.   Retour de la même rime.

IV. Une loi principale de la beauté, c'est l'unité dans la variété et la variété dans l'unité. La rime qui fait sentir l'unité du vers dans la variété des mots, est en elle-même une unité qui ne doit pas être uniforme, mais variée.

1° Un mot qui vient d'être placé à la rime n'y doit pas reparaître avant une quinzaine de vers. Ex.:

> Je tiendrai ma parole et tu n'en doutes *pas*.
> — Mêleriez-vous du sang aux pleurs qu'on va répandre,
> Aux flammes du bûcher, à cette auguste cendre?
> Frappés d'un saint respect, sachez que vos soldats
> Reculeront d'horreur, et ne vous suivront *pas*. Voltaire.

Mais, quand on veut répondre à quelqu'un, ou qu'on répète ses propres paroles, le retour du même mot en rime est permis. Ex.:

> Malheureux Polyeucte! et la loi des *chrétiens*
> T'ordonne-t-elle ainsi d'abandonner les tiens? —
> Je ne hais point la vie, et j'en aime l'usage,
> Mais sans attachement qui sente l'esclavage,
> Toujours prêt à la rendre au Dieu dont je la tiens;
> La raison me l'ordonne, et la loi des *chrétiens*. Corn., Poly., V., 2.

2° Il faut prendre garde que les rimes masculines et les rimes féminines dans les rimes croisées n'aient le même son. Ex.:

> Vous êtes le phénix des hôtes de ces *bois*.
> A ces mots le corbeau ne se sent pas de *joie*;

Et, pour montrer sa belle *voix*,
Il ouvre un large bec, laisse tomber sa *proie*, La Font., Fabl.,
I., 2.

3° Il faut se donner de garde que les rimes masculines et féminines qui se suivent dans les rimes plates n'aient la même consonnance. Ex. :

Je voyais les moissons du soleil *éclairées*,
Ondoyer mollement sur les plaines *dorées*;
Des forêts s'élever sur les monts *écartés*,
Des arbres couronner les bourgs et les *cités*, St. Lambert, (II.
Idel., 2.).

Ces rimes peuvent très-bien servir à imiter un bruit. Ex. :

Dis-nous pourquoi ces feux et ces *éclairs*,
Ce torrent de fumée et ce bruit dans les *airs*,
Ces trompettes et ce *tonnerre*. Rac., Ath., I., 4.

4° Dans les rimes plates, la même consonnance ne doit pas reparaître deux fois de suite à une rime masculine ou à une rime féminine. Ex. :

Soudain Potier se lève, et demande *audience*:
La rigide vertu faisait son *éloquence*.
Dans ce temps malheureux par le crime *infecté*
Potier fut toujours juste, et pourtant *respecté*.
Souvent on l'avait vu, par sa mâle *constance*,
De leurs emportements réprimer la *licence*,
Et conservant sur eux sa vieille *autorité*
Leur montrer la justice avec *impunité*. Volt., La Henr., ch. VI.

Dans Racine, Iphig., IV., 4., nous rencontrons cette suite de rimes : *résisté, attesté, dire, souscrire, emporté, sûreté, entrée, rencontrée, infortuné, condamné, puissance, licence, indiscret, regret, arrivée, élevée, reçoi, moi, née, condamnée, immoler, couler.* Dans le même poète, Bajaz., I., 4., toutes les rimes de quatorze vers qui se suivent, ont la finale *e* (*é, è*): *opposer, désabuser, formée, aimée, assez, commencés, mère, frère, volontés, écartés, plaire, taire, défier, associer.* — Les vers à rimes mêlées admettent le redoublement des rimes.

5° Voyez sur la même consonnance à la fin et au commencement des stances §. 178.

De la succession des rimes.

§. 78. Règle générale de la succession des rimes.

Une rime masculine ne doit pas être suivie immédiatement d'une rime masculine différente, ni une rime féminine d'une rime féminine différente. La rime masculine doit être suivie ou de la rime masculine correspondante ou d'une rime féminine; la rime féminine ou de la rime féminine correspondante ou d'une rime masculine. Marmontel dit: »Les vers masculins sans mélange auraient une marche brusque et heurtée; les vers féminins sans mélange auraient de la douceur, mais de la mollesse. Au moyen du retour alternatif ou périodique de ces deux espèces de vers, la dureté de l'un et la mollesse de l'autre se corrigent mutuellement.« Il n'en était pas toujours ainsi: les anciens poètes mêlaient les rimes à leur gré[1]). Du Bellay et Pasquier disent que Marot, dans ses psaumes, a été conduit par les exigences de la musique à alterner les rimes. Bien antérieurement, la même cause avait dû produire et avait produit le même résultat. Nous voyons dans beaucoup d'anciennes chansons les rimes se succéder selon la règle moderne. Des

---

1) Rutebeuf, li testament de l'asne (Idel., Einl., II,, p. 87.; Herrig, La France, p. 37.).

Qui vuet au siécle à honeur vivre,
Et la vie de ceux ensuyre
Qui beent à avoir chevance,
Mout treuve au siécle de nuisance,
5 Qu'il at mesdizans davantage
Qui de ligier li font damage,
Et si est touz plains d'envieux;
Jà n'iert tout biaux ne gracieux,
Se dix en sont chiez lui assis,
10 Des mesdizans i aura six
E d'envieux i aura nuef.
Par dernier ne prisent un oes,
Et par devant li font teil feste,
15 Chascuns l'encline de la teste, etc.

Dans le livre de Herrig, il y a une faute. Le copiste ou le compositeur a fait un des deux vers 10 et 11:

Des mesdizans i aura nuef.

disciples de J. Marot, Ch. Fontaine et J. Bouchet, s'imposèrent l'obligation de faire succéder les rimes masculines aux rimes féminines: vers le milieu du XVIe siècle, on voit la règle s'établir. Ronsard ne la respecte pas encore dans ses premiers livres d'Amours (à Marie); mais plus tard, on l'y trouve toujours fidèle, et c'est à lui que doit revenir l'honneur d'avoir fait passer la loi concernant la succession des rimes non seulement pour les vers à rimes croisées, mais encore pour les vers à rimes plates. Jodelle fut le seul qui voulut marcher dans l'ancienne voie plutôt que de se soumettre à la règle. Ce fut Granier qui l'observa le premier dans la tragédie. Richelet protesta contre la réforme encore au milieu du XVIIe siècle.

Dans les poètes modernes, cette loi a été rarement violée. Dans les épigrammes, les impromptu, les couplets destinés à être chantés (Béranger; Racine, chœurs d'Athalie et d'Esther), on trouve quelquefois deux rimes différentes du même genre qui se suivent immédiatement. Malherbe a composé des chansons dont toutes les rimes sont ou masculines ou féminines.

> Qu'on parle mal ou bien du fameux Cardinal,
> Ma prose ni mes vers n'en disent jamais rien;
> Il m'a fait trop de bien pour en dire du mal,
> Il m'a fait trop de mal pour en dire du bien.   Corneille[1]).

A. RIMES DE DEUX CONSONNANCES PAREILLES.

§. 79. 1° Rimes plates.

On commence une pièce de vers indifféremment par une

---

1) Les passages de Regnard:
>   Et mon sort de tout point est si conforme au vôtre
>   Qu'il semble que le ciel nous ait faits l'un pour *l'autre*. —
>   Homme, veuf ni garçon! — Fille, femme ni *veuve*. —
>   Le cas est tout nouveau. — L'aventure est très-neuve. Démocr.
>   IV., 7.

et:
>   Je veux sur votre front mettre le diadème. —
>   Ne va pas t'y fier; ce n'est qu'un *stratagème*. —
>   Seigneur, il court un bruit que je ne saurais *croire*. Ibid., V., 4.

doivent être attribués, je crois, à une négligence du poète.

rime masculine ou par une rime féminine. La première rime une fois établie, voilà les différentes combinaisons qu'on peut admettre:

1° Les rimes *plates* ou *suivies*, appelées autrefois consonnantes, sont celles qui se succèdent par couples de deux, alternativement masculines et féminines. Ex.:

Quoi! vous allez combattre un roi dont la *puissance*
Sembla forcer le ciel à prendre sa *défense,*
Sous qui toute l'Asie a vu tomber ses *rois,*
Et qui tient la fortune attachée à ses *lois!*
Mon frère, ouvrez les yeux pour connaître *Alexandre:*
Voyez de toutes parts les trônes mis en *cendre,*
Les peuples asservis, et les rois *enchaînés;*
Et prévenez les maux qui les ont *entraînés.* Rac., Alex.. I., 1.

§. 80. 2° Rimes croisées.

2° Les rimes *croisées* présentent alternativement un vers masculin et un vers féminin. On donne encore ce nom à deux rimes masculines séparées par deux rimes féminines suivies, ou réciproquement[1]). Ex.:

Le passé n'est rien dans la *vie,*
Et le présent est moins *encor;*
C'est à l'avenir qu'on se *fie*
Pour nous donner joie et *trésor.* Chateaubr., Nous verrons.
Tout esprit orgueilleux, qui *s'aime,*
Par mes leçons se voit *guéri,*
Et dans mon livre si *chéri,*
Apprend à se haïr soi-*même.* Boileau, Épigr., XLVIII.

§. 81. 3° Rimes mêlées.

3° Les rimes *mêlées* sont celles dont la succession n'est soumise qu'à la règle générale donnée ci-dessus. Ex.:

---

1) De Castres, Chefs d'œuvre, etc., p. 24.: »L'usage des rimes croisées est fort ancien, mais les poètes n'en distinguaient pas toujours deux espèces, comme on peut le voir dans un vieux cantique sur Saint Landry cité par l'abbé Lebeuf:

Au tans Clovis, fils du roi Dagobert,
Fu saint Landry, evesque de Paris:
Dieu fit pour lui maint miracle en appert
Sur les malades qui s'en alloient gueris.

Travaillez, prenez de la peine:
C'est le fonds qui manque le moins.
Un riche laboureur, sentant sa mort prochaine,
Fit venir ses enfans, leur parla sans témoins.
»Gardez-vous, leur dit-il, de vendre l'héritage
Que nous ont laissé nos parens:
Un trésor est caché dedans.
Je ne sais pas l'endroit; un peu de courage
Vous le fera trouver: vous en viendrez à bout.
Remuez votre champ dès qu'on aura fait l'oût:
Creusez, fouillez, bêchez; ne laissez nulle place
Où la main ne passe et repasse.«
Le père mort, les fils vous retournent le champ,
Deçà, delà, partout; si bien qu'au bout de l'an
Il en rapporta davantage.
D'argent, point de caché. Mais le père fut sage
De leur montrer, avant sa mort,
Que le travail est un trésor. La Font., Fabl., V., 9.

B. RIMES REDOUBLÉES.

§. 82. 1° Rimes suivies.

Le nombre des consonnances pareilles est ordinairement de deux: les rimes *redoublées* offrent plus de deux consonnances pareilles.

Le système des rimes redoublées dans les rimes suivies n'a pas été admis. Martin Lefranc, dans une pièce d'une quarantaine de vers, a employé la succession de rimes procédant régulièrement par trois.

O homme, reconnois ce que peux et que vaulx;
L'œil en terre ne mets, ne sur monts, ne sur vaux.
Sans priser or, argent, armures ou chevaux,
Regarde vers le ciel: rends *ton* devoir à cil
Qui note tous tes faits jusques un poil de cil,
Et ne fais, comme Adam, condamner en exil:
Qui ne voulant user de sa bonne puissance,
Fourfit vers son Seigneur par désobéissance,
Fiche ton cœur en Dieu, car tu ne peux sans ce.

§. 83. 2° Rimes croisées.

Le système des rimes redoublées n'a pas non plus été

adopté dans les rimes croisées. Je ne connais que deux auteurs qui l'aient tenté.

> O bouteille
> Pleine toute
> De mystères,
> D'une oreille
> Je t'écoute:
> Ne diffères. Rabelais.

> Que fit Cérès,
> Que fit Isis,
> Que fit Araigne?
> L'une les bleds,
> L'autre courtils,
> L'autre la laine. J. Marot.

§. 84. 3º Rimes mêlées.

Le système des rimes redoublées est généralement admis dans les rimes mêlées. Ex.:

> Rions, chantons, dit cette troupe *impie,*
> De fleurs en fleurs, de plaisirs en plaisirs,
> Promenons nos désirs.
> Sur l'avenir insensé qui se *fie!*
> De nos ans passagers le nombre est incertain
> Hâtons-nous aujourd'hui de jouir de la *vie;*
> Qui sait si nous serons demain? Rac., Athal., II., 9.

Quelquefois trois rimes pareilles sont placées de suite. Ex.:

> Cieux, écoutez ma voix. Terre, prête l'oreille.
> Ne dis plus, ô Jacob, que ton Seigneur sommeille.
> Pécheurs, disparaissez; le Seigneur se réveille. Rac., Athal., III., 7.

> Votre fait
> Est clair et net;
> Et tout le droit,
> Sur cet endroit
> Conclut tout droit. Mol., Pourceaugn., II., 13.

La Fontaine met assez souvent trois rimes semblables de suite; rarement il en met quatre; une fois même cinq.

Il ne faut pas prolonger ces rimes au delà de la période: ce qui a été reproché à Bernis. Les anciens poètes et parmi les modernes, Gresset, Chapelle, Chaulieu, Voltaire ont composé des pièces de vers où ils n'emploient que deux rimes. Les poètes s'imposent même l'obligation de reproduire non seulement les mêmes rimes, mais encore les mêmes mots à la fin de chaque vers. Ainsi Du Bellay a fait un sonnet, c'est-à-dire quatorze vers qui finissent tous par l'un des deux mots *vie* et *mort*. Ces jeux d'esprit n'ónt guère de mérite que celui de la difficulté vaincue. Il arrive aussi que l'une des deux rimes seulement est redoublée. On lit, dans La Fontaine, une dédicace de 22 vers dont toutes les rimes masculines sont en *is*. Madame Deshoulières a fait plusieurs pièces dont les rimes féminines sont en *ailles*, en *eilles*, en *ille*, en *ouille*.

§. 85. Pièces monorimes.

On trouve même des pièces monorimes, dans lesquelles les poètes n'ont fait usage que d'une seule rime. C'est le système des anciens poèmes héroïques. Fauchet, Recueil de l'origine de la langue et de la poésie française, p. 554.: »Ces poètes faisoient la lisière ou fin de leurs vers toute une, tant qu'ils pouvoient fournir de syllabes consonnantes, afin, comme je crois, que celui qui touchoit la harpe, violon ou autre instrument, en les chantant, ne fust pas contraint de muer trop souvent le ton de sa chanson, estans les vers masculins et féminins meslés ensemble irrégulièrement.« Ideler (Einl., II., p. 260.) a des fragments de *Berte aux grands piés*, par Adenez, dont voici un:

> Berte la debonaire a moult grand meschief ere,
> Qu'à l'ajorner fist temps de moult froide matiere:
> »Ha! Diex,« fait-ele, »sire, vrais rois, vrai gouvernere,
> De mon cors et de m'ame soiez vous hui gardere.
> Car la nuit qu'ai passée ai trouvé moult amere;
> De moi faire assoufrir n'a pas esté avère:
> Ahi! vieille,« fait-ele, »et Tybers mauvais lere
> Vostre grant traïson convient que je compere.
> Diex doint par sa pitié que encontre vous pere«
> Ainz que gueres de jour là endroites apère,
> S'en depart la royne, car la lune luist clere.

Ce morceau est suivi de cinquante vers avec la finale *é*; de soixante-un avec la finale *ée*, de quarante-huit avec la finale *ment*, etc. Tous ces vers monorimes ou léonins, selon

les anciens, sont ou vers de douze ou vers de dix syllabes.
On ne s'avisait jamais de faire des vers de huit syllabes monorimes: ce vers, employé aussi dans la poésie épique, est essentiellement à rimes plates (Le Roman de Brut par Wace, la
Chronique des ducs de Normandie par Benoist de Sainte-More).
La succession monorime demeura bien longtemps une loi de
l'alexandrin. A la renaissance, on vit disparaître tout à la fois
les romans de gestes, l'alexandrin et le système monorime. La
proscription dont l'alexandrin fut frappé venait certainement de
ce qu'on s'imaginait qu'il demandait essentiellement une succession monorime. Marot a inscrit quelques-uns de ses poèmes:
» *Vers alexandrins*« comme pour annoncer quelque chose d'extraordinaire, de nouveau. Ce fut Ronsard et ses élèves qui le
remirent en honneur.

C'est par exception, et dans des morceaux peu étendus du
XV° siècle surtout, que le système monorime fut appliqué au
vers de huit syllabes (Alain Chartier, Espérance). Ce système
est resté un jeu d'esprit, dans lequel les poètes modernes se
sont quelquefois exercés. (Chapelle et Bachaumont, Le Voyage;
Le Franc de Pompignan, Le Voyage de Languedoc et de Pro-
vence; Collin d'Harleville, La bonne journée.)

§. 86. Vers blancs. Rimes perdues.

Il n'est pas permis de laisser un vers sans rimes (*vers
blanc*) V. §. 44. J'en ai trouvé un dans La Font., Fabl., VII.,
7., 21.:

> Et, flatteur excessif, il loua la colère,

un autre dans Le Franc de Pompignan, Rois et sujets:

> Il dépose en leurs mains sa balance et sa foudre,

pourvu que le texte soit pur.

Nous en rencontrons aussi dans les refrains de Béranger,
par exemple, La Musique:

> Purgeons nos desserts
> Des chansons à boire,
> Vivent les grands airs
> Du Conservatoire.

Bon!
La farira *dondaine.*
Gai!
'La farira dondé. ·

La traduction de César, tragédie de Shakespeare, par Corneille, est écrite en vers blancs. Les vers mesurés (Chap. XXII.) sont pour la plupart des vers blancs.

Il existe quelques poèmes dans lesquels les vers rimés sont interrompus par des vers non rimés ou des vers qui offrent tout au plus une assonance. On appelle cette manière de rimer des *rimes perdues.* Ex.:

Une veuve, encore jeune,
Regrettant depuis un *mois*
Son mari, faisait l'image
Du défunt sculpter en *bois.*

Appendice: Chap. VIII. Des anciennes Rimes.

§. 87. A. 1) Rime couronnée.

Outre les rimes proprement dites ou les consonnances finales, les anciens poètes distinguaient d'autres rimes, qui exigeaient des sons pareils ailleurs qu'à la terminaison, ou qui imposaient d'autres entraves à la versification. Le mot *rime* (rhythme) était synonyme de vers. Ces sortes de casse-tête poétiques ont été principalement affectionnées par les poètes provençaux; au XIVe et au XVe siècle, les rimeurs français, qui, pour cela, n'ont pas échappé à la verge de Rabelais, se sont aussi complu dans cette fausse voie. Nous reproduisons ici la liste de ces rimes donnée par Quicherat p. 456. — 477., en les arrangeant toutefois autrement. Les entraves que les poètes se sont imposées peuvent se rapporter a) à la composition des parties d'un vers, b) à la composition de plusieurs vers, c) à la composition des stances.

A. 1) *Rime couronnée.* C'est un vers terminé par deux consonnances pareilles:

La blanche colom*belle belle*
Souvent je vois *priant criant*;
Mais dessous la cor*delle d'elle*
Me jette un œil *friand, riant.* · C. Marot, Chans., III., p. 301.

Molinet et Crétin ont composé des vers qui ont une double couronne, l'une à la rime, l'autre à la césure:

Moli*net n'est* sans bruit ni sans *nom, non*:
Il a *son son*, et, comme tu *vois, voix.* Molin. (Id., E., I., p. 213.)

La *rime couronnée - annexée* offre une ou plusieurs syllabes ajoutées à la couronne:

Les princes sont aux grants *courts couronnés*
Rois, comtes, ducs par leur droit *nom nommés.* Vers cités par
Sibilet.

§. 88.   2) Rime en écho.

» *L'écho,* « dit Sibilet, » est une espèce de rime couronnée; mais en ceste-ci la couronne est hors de la mesure et composition de vers«:

Que sont les biens mondains que si fort tu a*bayes? bayes.*
Qu'est-ce enfin du plus grand monarque ter*rien? rien.* Pybrac.

§. 89.   3) Rime empérière.

La *Rime empérière* veut à la fin du vers trois consonnances pareilles:

Benins lecteurs, très dil*igens gens, gens* (gentils),
Prenez en gré mes impar*faits faits faits.*

§. 90.   4) Rime renforcée.

Dans la *Rime renforcée* le milieu rime avec la fin. V. §. 73.

Mais voir*ement,* amy Clé*ment,*
Tout cler*ement* dy moy com*ment*
Tant, et pou*rquoy* tu te tiens *quoy,*
D'escrire à *moy,* qui suis à *toy.* C. Marot, Ép., p. 174.

§. 91.   5) Rime senée.

La *Rime senée* (sensée, ingénieuse) a lieu lorsque dans un vers ou dans une suite de vers tous les mots commencent par la même lettre:

Ces mots finis, demoure mon semblant,
Triste, transi, tout terny, tout tremblant,

Sombre, songeant, sans seure soutenance,
Dur d'esperit, dénué d'espérance,
Mélancolic, morne, marri, musant,
Pâle, perplex, paoureux, pensif, pesant, etc. C. Marot, Ép., p. 101.

§. 92. 6) Rime rétrograde par lettres.

C'est le comble de la difficulté que la *rime rétrograde par lettres*. Le vers lu à rebours, offre les mêmes mots:

L'âme des uns jamais n'use de mal. Favereau.

§. 93. 7) Vers par contradiction.

Les *vers par contradiction* sont un jeu d'esprit qui consiste à rapprocher deux idées opposées:

Amour départ, Amour assemble;
Amour rend cœurs, Amour les emble;
Amour dépèce, Amour refait;
Amour fait paix, Amour fait plaid, etc. Rom. de la Rose.

Il y a trente-trois vers pareils. Molière a porté le dernier coup à ce faux goût avec son fameux sonnet:

Belle Philis, on désespère
Alors qu'on espère toujours. Le Misanthr., I., 2.

§. 94. 8) Vers à réponse.

Voici un exemple des *vers à réponse:*

Mon doux ami. — Ma chère dame. —
Raconte-moi. — Très-volontiers. —
M'aimes-tu bien? — Oyl, par m'âme. —
Si fais de toi. — C'est doux métier. — Chr. de Pisan.

§. 95. 9) Vers monosyllabiques.

Tabourot a composé une longue pièce en *vers monosyllabiques*. Elle commence ainsi:

Mon cœur, mon heur, tout mon grand bien,
A qui je suis tien plus que mien,
Près quoi je ne vois sous les cieux
Rien plus beau ni cher à mes yeux, etc.

§. 96. 10) Vers décroissants.

Dans les *vers décroissants*, les mots vont en diminuant successivement d'une syllabe:

Mignonne, plusieurs fois
Très-heureux l'autre mois [1]).

§. 97. B. 1) Rime annexée. Rime fratrisée. Rime enchaînée.

La *Rime annexée* reprend au commencement d'un vers la
dernière syllabe du précédent; la *Rime fratrisée* reprend un
mot entier:

> Fleur de beauté, en valeur souve*rain*,
> *Rain* de beauté, plante de toute *grace*,
> *Grace* d'avoir le prix sur tous à plain. Chr. de Pisan.
> Malheureux est qui récuse *science*,
> *Si en ce* croit excuser son *mesfait*;
> *Mais fait* heureux la suivre en diligence. Cité par Wey, p. 356.

Quelquefois la syllabe ou les syllabes rejetées forment un petit
vers:

> Pour vous en dire plus, il faudroit vous pou*voir*
> *Voir*.

La *rime enchaînée* reprend au commencement d'un vers le
dernier ou les derniers mots du précédent, de manière à produire non pas une parité de sons, mais un enchaînement de
sens:

> Dieu des amans, de mort me garde;
> *Me gardant*, donne moi bonheur.
> *En me le donnant*, prends ta darde, etc. C. Marot, Chans., III.,
> p. 301.

§. 98. 2) Rime batelée.

La *Rime batelée* consiste à faire rimer la fin d'un vers
avec la césure du suivant. V. §. 75.

> Quand Neptunus, puissant dieu de la *mer*,
> Cessa d'ar*mer* carraques et galées. Marot.

§. 99. 3) Rime équivoque.

La *Rime équivoque* ou *équivoquée* a lieu quand la dernière
ou les dernières syllabes d'un vers sont reprises à la fin du

---

1) Dans les vers *rhopaliques* des anciens, les mots vont en croissant
successivement d'une syllabe:
Spes Deus æternæ stationis conciliator. Ausone.

vers suivant dans un sens différent, souvent avec une orthographe tout autre.

> Ci gît, repose et *dort céans*
> Le feu évêque *d'Orléans.* C. Marot, Ép., p. 419.

§. 100. 4) Répétition de la même lettre à la fin de plusieurs vers.

Un autre tour de force consistait à terminer par la même
lettre tous les vers d'une pièce:

> Or est Noël venu son petit trac;
> Sus donc aux champs, bergères de respec;
> Prenons chacun panetière et bissac,
> Flûte, flageol, cornemuse et rebec, etc. C. Marot, Ball., p. 231.

§. 101. 5) Rime brisée.

Dans les *Rimes brisées* les césures riment entre elles.
V. §. 76.

> Noble roi des *François*, des autres le plus digne,
> Premier du nom *François*, votre douceur bénigne, etc. Pierre
> Sala, Ép. à Fr. I.

Les vers brisés suivants offrent une double équivoque, l'une à
la rime et l'autre à la césure.

> *Si m'en tairai*, et ce papier *de cire*
> *Cimenterai*, qu'on ne me le *descire* (déchire). Crétin.

Souvent ils sont disposés de telle sorte que les hémistiches,
étant rapprochés les uns des autres, présentent un sens:

> De cœur parfait chassez toute douleur;
> Soyez soigneux, n'usez de nulle feinte.
> Sans vilain fait entretenez douceur;
> Vaillant et preux, abandonnez la crainte. O. St.-Gelais.

Si l'on rapproche les hémistiches de ces vers, on trouve:

> De cœur parfait
> Soyez soigneux,
> Sans vilain fait,
> Vaillant et preux, etc.

Souvent les fragments de vers ainsi rapprochés ont un sens
opposé à celui du vers entier. Ex.:

> *Je n'aimai onc*, Anne, ton accointance;
> *A te déplaire* je quiers incessamment;

Je ne veux onc à toi prendre alliance;
Ennui te faire est tout mon pensement. Vers cités par Tabourot.

§. 102. 6) Rime rétrograde par mots.

Les vers suivants:

Triomphamment cherchez honneur et prix,
Désolés cœurs, méchans, infortunés,
Terriblement êtes moqués et pris,

lus a rebours, offrent encore un sens, la mesure et la rime:

Prix et honneur cherchez triomphamment
Infortunés, méchans cœurs désolés,
Pris et moqués êtes terriblement.

Il y a aussi des vers *rétrogrades par mots* qui ont un sens contraire, lus à rebours:

Bien fait, non dol, los, non faveur
T'a fait gagner très-'grand honneur.

En retournant ces vers on a:

Honneur, très-grand gagner t'a fait
Faveur, non los, dol, non bien fait, Vers cités par Tabourot.

§. 103. C. 1) Rime inverse. Rime disjointe.

La *Rime inverse* ou *rétroyarde par accord* a lieu quand toutes les rimes d'un couplet sont reprises dans le suivant, mais dans l'ordre inverse. Quelquefois la consonnance qui était doublée ou triplée devient unique, et réciproquement. Le premier couplet d'un poème de M. Lefranc présente la finale *-voir* triplée, la finale *-nir* simple (*-voir, -voir, -voir, -nir, -voir, -voir, -voir, -nir*). Dans le second couplet la finale *-nir* est triplée, et la finale *-voir* devient simple. Les *Rimes disjointes* sont des couplets non rimés qui ne trouvent leurs rimes que dans le couplet suivant.

§. 104. 2) Stances annexées. Rime concaténée.

Il y a aussi des *Stances annexées*. Dans le dict *des trois morts et de trois vis*, une strophe finit par ce vers:

Péchié ne porra ent*amer*,

et la suivante commence par celui-ci:

Amer s'âme doit sages hon.

La *Rime concaténée* répète, au commencement d'une strophe, le vers qui termine la précédente. La première strophe de la IIᵉ complainte de Marot finit et la deuxième commence par ce vers:

Tous les regrets qui furent onc au monde.

§. 105. 3) Rime kirielle.

La *Rime kirielle* consiste à répéter un même vers à la fin de chaque couplet. Dans une Ballade de Chr. de Pisan (Id., E., II., p. 53.) chaque stance finit par ce vers:

Qu'à peine le puis escondire.

Des différentes espèces de vers.

1. DES DODÉCASYLLABES OU ALEXANDRINS.

Chap. IX. De la Césure.

Forme ordinaire.

§. 106. Accents fixes. Hémistiche. Césure.

Le vers de douze syllabes ou alexandrin a deux accents fixes: l'un sur la sixième, l'autre sur la douzième syllabe. Comme ce vers est trop long pour être prononcé tout d'une haleine, on l'a divisé en deux parties égales (*hémistiches*), et l'on marque la division (*césure*) en faisant la sixième[1]) syllabe la dernière d'un pied masculin:

Celui qui met un frein | à la fureur des flots
Sait aussi des méchants | arrêter les complots. Rac., Ath., I., 1.

ou l'avant-dernière d'un pied féminin dont la dernière est élidée devant la voyelle suivante:

Oui, je viens dans son temple | adorer l'Éternel. Ibid.

Le second vers qui exige une césure, c'est le décasyllabe. Elle se fait ordinairement après la quatrième syllabe[2]):

---

1) On a fait aussi des alexandrins qui ont un accent fixe à la cinquième ou à la huitième syllabe. §. 127.
2) Il y a aussi des décasyllabes qui ont une césure après la cinquième ou après la sixième syllabe. §. 136. 140.

> Pour tant de biens | il commande qu'on l'aime. Rac., Ath., I., 4.
> Et la lumière | est un don de ses mains. Ibid.

Comme toutes les règles sur la césure du décasyllabe sont applicables aussi à la césure du grand vers, nous traiterons ensemble ces deux césures.

Remarques: a) Les pluriels des imparfaits et des conditionnels peuvent se trouver à la césure, l'e muet n'étant jamais compté (du moins dès le XVIᵉ siècle. Voir chap. XXXVIII.):

> Les prêtres ne pouvaient | suffire aux sacrifices. Rac., Ath., I., 1.

b) E muet accentué peut être admis à la césure[1]).

> S'écrie: Épargne-le; | nous n'avons plus que lui. F lor.,Fabl.,
> II., 2.

Les vers de neuf syllabes et ceux de onze, dont nous allons parler chap. XV. et chap. XIII., ont encore des césures obligées, de même ceux de treize et ceux de quatorze, cités §. 43.; ceux de quatorze après la sixième ou après la septième syllabe, ceux de treize après la cinquième syllabe.

§. 107. Anciens systèmes de la césure.

Le système de la césure, suivi aujourd'hui, n'a pas toujours régné sans partage.

1° Une méthode, contraire à la règle d'aujourd'hui, copiée sur la poésie italienne, exige que la quatrième syllabe du décasyllabe et la sixième syllabe de l'alexandrin soient des syllabes accentuées, mais elle ne demande point que ce soient aussi les dernières syllabes d'un pied. Cette méthode est employée dans quelques poèmes anciens (L'an des sept dames, XVᵉ siècle). Voici le premier vers d'Athalie, fait sur le modèle italien:

> Oui, je viens dans son tem | ple prier l'Éternel.

Exemples:

---

1) Les anciens poëtes traitaient souvent ce employé absolument et je dans la forme interrogative comme des syllabes accentuées et les plaçaient, avec l'élision omise, à la césure. Voir l'Élision chap. XXXVII.

Quand l'entrée est mau*vai* | se du bien spirital. Jean de Meung.
Or vous en *fais* | -je don de foi apprise. Christine.
Que les poë | tés nomment Aréthuse ...
Et vous, na*ïa* | des, déesses très-belles ...
Bergiers là *vin* | drent et tardifs bouviers. Cl. Marot, Trad. de
la Xe égl.

2°. Un autre système, mis souvent en usage dans la poésie ancienne, traitait la césure comme la rime. La syllabe accentuée pouvait être suivie d'une syllabe muette non élidée qui n'était pas comptée dans la mesure. Cette césure est très-usitée chez les poètes des XIIe et XIIIe siècles.

A une Pas*ke* | que li rois sa cort tient. Herrig, p. 30.
»Ha! Diex,« fait ele, »si*re*, | vrais rois, vrai gouvernere.« Adenez.
(Id., E., II., p. 260.)

Voici un exemple du XVe siècle:

Dieu et Natu*re* | sans cause riens ne font. Coquillart. (Id., E., II.,
p. 167.)

Jean Lemaire, contemporain de J. Marot, établit la règle de la *coupe féminine*, qui interdisait, pour le décasyllabe, la syllabe surnuméraire placée à la césure. Le grand vers était alors fort peu en usage; c'est pourquoi la réforme n'y fut introduite que plus tard. L'ancienne méthode se trouve encore dans J. Marot et dans les premiers essais de Cl. Marot.

Un samedi matin, de mai onzième jour,
Environ les quatre heu*res*, | le roi, sans long séjour,
Fait sonner: mettez sel*les*, | gendarmes à cheval.
Trompes, tabours réson*nent* | tant d'amont que d'aval. J. Marot.
Accompagn*ées* | d'Aigneaux et Brebiettes.
Et des ruy*nes* | fort je m'estonneray. Cl. Marot. Trad. de la Ie
égl. de Virg.

Étienne Pasquier, Sibilet, Du Bellay rejettent tous unanimement la syllabe muette surabondante[1]).

---

1) Ronsard, le Bocage royal (p. 166.):
Honnestement aux girons espandus
De leurs Maistresse' et de douces parolles,
pour éviter la syllabe surabondante de la césure, se permet l'apocope d' s, signe du pluriel — Les exemples de cette césure dans les poètes modernes sont vicieux:

3° Nous rencontrons, dans les vieux poètes, un autre système, abandonné de même, mais très-accrédité au XVe siècle.
La sixième syllabe des alexandrins et la quatrième des décasyllabes devait bien être la dernière d'un pied, mais ce pied
pouvait être féminin.

> Voldrent la vein*tre* | li Deo inimi. Cantilène. (Herrig, p. 26.) [1])
> Si com le racon*te* | Marie de Compiègne. Marie de France. (Id.,
> E., I., p. 187.).
> Cascuns cui*de* | demourer toz haitiez. Thibaut. (Id., E., II., p. 23.)
> Se for*tune* | vous fait aucune injure. Al. Chartier. (Id., E., II.,
> p. 156.)

Ce système détruit tout-à-fait le principe de la césure.
La coupe n'existe que pour l'œil; l'oreille repose nécessairement sur la cinquième et sur la troisième syllabe, et le rhythme
languit. Le réformateur de ce système fautif fut J. Le Maire[2]).

§. 108. **Système de Boileau, suivi par les poètes du**
siècle de Louis XIV.

Boileau, Art poétique, Ch. I. dit:

> Que toujours dans vos vers le sens, coupant[3]) les mots,
> Suspende l'hémistiche, en marque le repos.

> Sortons d'ici, Thé*one*; | je me sens accabler. Regn., Sap., IV., 2.
> Pour quelques paraguan*tes* | on vous tuera votre homme. Hugo,
> Le Roi s'am., II., 1.
> Ne m'a-t-il pas jet*ée* | sous tes pas comme on trouve. Lam.
> Joc., p. 159.

1) La césure est après la cinquième syllabe. V. §. 106., note 2.

2) Chez lui, les exemples de cette faute sont très-rares:
> Delectè*rent* | les oreilles des dieux.
> Et vos bran*ches* | inclinées et torses.

3) Ackermann, Traité de l'accent, p. 66.: »Observons en passant que
ce précepte est aussi peu juste d'expression que de sens, car *couper* les
mots ce serait proprement faire la césure à la façon des anciens, c'est-à-
dire mettre un mot, partie dans un pied, partie dans un autre.« Ce blâme
ne me paraît pas juste. Boileau ne dit point que la césure française coupe
les mots, mais que le sens coupe les mots, c'est-à-dire que le repos de
sens sépare une moitié du vers de l'autre moitié. Les césures à la façon
ancienne ne sont pas les coupes que la fin des pieds fait dans le corps des
mots, mais les coupes que la fin des mots fait dans le corps des pieds.
Dans la poésie ancienne, avec ses rhythmes réguliers, la fin des mots coupe

La critique exige un repos de sens après la césure[1]). Il s'ensuit de là que deux mots étroitement liés par le sens ne doivent pas être séparés par la césure. De tels mots sont: le sujet et le verbe; le substantif et son complément (.article, pronom, adjectif, adjectif numéral, substantif précédé d'une préposition); l'adjectif et son complément (substantif ou infinitif précédés de prépositions, adverbe); le verbe et son complément ou régime (pronom, substantif, infinitif, adverbe); le verbe auxiliaire et son participe; *être* et l'attribut (substantif, adjectif); la préposition et son complément; la conjonction et le mot ou la phrase qu'elle lie à un autre mot ou à une autre phrase; les deux mots qui sont liés par une conjonction; les deux parties d'une conjonction composée; les deux parties de la négation (ne-pas, ne-que).

Mais 1) La césure fut jugée suffisante, si le complément rejeté occupe le reste du vers. Le faible repos de sens à la césure n'est donc pas tout-à-fait éclipsé par un repos plus marqué. En ce cas, il est permis de séparer:

a) le sujet (substantif) et le verbe:

    Je vois que l'injustice | en secret vous irrite. Rac., Ath., I., 1.

b) le substantif et son déterminatif (adjectif, substantif):

    Pour attacher des jours | tranquilles, fortunés. Id., Baj , IV., 5.
    As-tu tranché le cours | d'une si belle vie? Id., Androm., V., 3.

c) le verbe ou adjectif et son complément (substantif):

    Avant qu'on eût conclu | ce fatal hyménée. Id., Androm., V., 1.
    Où me cacher? fuyons | dans la nuit infernale! Id., Phèdr., IV., 6.

d) des prépositions de deux ou de plusieurs syllabes et leurs substantifs: ·

---

très-souvent les pieds et la fin des pieds coupe très-souvent les mots: dans la poésie française, avec son rhythme libre, la fin des mots constitue les pieds. Il faut que la fin d'un pied coincide toujours avec la fin d'un mot. (§. 37.)

1) Dans les anciens auteurs, les césures insuffisantes selon la règle de Boileau sont assez fréquentes:

    Et des travaux | passés plus ne se plaignent. Le Maire.
    Qui d'un chapeau | de fleurs est couronnée. Marot.
    Vignes, bois et | terres et praeries. Eust. Deschamps.

Si toutefois, après | ce coup mortel du sort. Corn., Poly., II., 2.

Je me jette au-devant | du coup qui t'assassine. Id., La Mort, IV., 4.

J'y suis encor malgré | tes infidélités. Rac., Androm., IV., 5.

e) des conjonctions composées:

Ajoutez-y plutôt | que d'en diminuer. Corn., Hor., V., 2.

Vous est funeste autant | qu'elle nous est cruelle. Rac., Théb., V., 3.

Embrase tout, sitôt | qu'elle commence à luire. Id., Alex., II., 2.

Mourir en reine, ainsi | que tu mourus en roi. Ibid., IV., 1.

Quoi, Narcisse! tandis | qu'il n'est point de Romaine. Id., Brit., II., 2.

2) Les auxiliaires peuvent être dans un autre hémistiche que le participe et l'attribut, pourvu qu'ils ne se trouvent pas précisément à la césure:

Et le jour a trois fois | chassé la nuit obscure. Rac., Phèdr., I., 3.

Oui, ce sont, cher ami, | des monstres furieux. Id., Esth., III., 2.

En général, on est plus exigeant pour la césure dans les genres soutenus que dans les genres simples. On y tolère, p. ex., la séparation de la conjonction de sa phrase:

Sans commencer par où | vous devez achever. Corn., le Ment.

du verbe de son régime:

Mais il n'importe: il faut | suivre ma destinée. Mol.

des deux parties d'une négation:

Crois-tu qu'un juge n'ait | qu'à faire bonne chère? Rac., les Plaid., I., 4.

de deux substantifs joints par une conjonction:

La clef du coffre-fort | et des cœurs, c'est la même. La Font., Cont., III., 13.

§. 109. Coupes après la IIe, la IIIe, la IVe, la VIIIe, la IXe, la Xe syllabe.

Comme un vers peut avoir plus d'un repos ou plus d'une coupe, il faut se demander si Boileau a voulu que le repos de l'hémistiche fût toujours le repos le plus marqué. A en juger par les poésies de l'auteur de la règle et celles de ses contemporains, telle ne peut pas avoir été son opinion. Très-souvent, dans les vers à plusieurs repos, le plus grand repos n'est point celui de la césure, et, quand le vers n'a qu'un vrai repos, il n'est pas toujours placé après la sixième syllabe, qui n'est alors que la dernière d'un pied. C'est ce qui donne à ces alexandrins, sauf leur unité, une grande variété, et c'est là justement leur beauté. Le déplacement du plus grand repos du vers sert bien à appeler l'attention sur un mot, une phrase. Il y a plusieurs variations possibles. Un vers à hémistiches inégaux est plus harmonieux, si le second hémistiche est plus long que le premier. Quand le second hémistiche est plus court, les syllabes rejetées s'isolent et tendent à s'accrocher à l'hémistiche suivant: ce qui détruit l'alexandrin.

Il faut permettre que le seul repos ou le repos principal du vers se place aussi quelquefois

après la IIe syllabe:

> Je viens, ‖ selon l'usage | antique et solennel. Rac., Ath., I., 1.
> Et tous, ‖ devant l'autel | avec ordre introduits. Ibid.
> Allez: ‖ pour ce grand jour | il faut que je m'apprête. Ibid.

après la IIIe syllabe:

> Ou même. ‖ s'empressant | aux autels de Baal. Ibid.
> Mourez donc, ‖ et gardez | un silence inhumain. Id., Phèdr., I., 3.

après la IVe syllabe:

> Sait-il déjà ‖ son nom | et son noble destin? Id., Ath., I., 2.
> J'entends déjà, ‖ j'entends | la trompette sacrée. Ibid., I., 3.

Il ne se place pas également bien

après la VIIIe syllabe:

> D'où me vient ce désordre, | Aufide? ‖ et que veut dire. Corn., Sert., I., 1.

après la IXe syllabe:

> A des fondations | pieuses. ‖ Mais je n'ose. Hug., Ruy Blas, IV., 3.

après la Xe syllabe:

> Vous ne me donnez pas | du tout d'argent, ‖ mon maître. Ibid., I., 2.

La nature du rhythme ne comporte pas de pause après la I^e, la Ve, la VIIe et la XIe syllabe: car ces pauses produiraient des pieds d'une syllabe (elles isoleraient la I^e, la VIe, la VIIe, la XIIe syllabe). Un repos de sens que le poète y placerait serait donc effacé par la prononciation qui ne permet pas de s'arrêter après ces syllabes.

§. 110. Voltaire.

La critique reproche à Voltaire d'avoir outré le précepte de Boileau et d'avoir fait trop souvent coïncider le repos principal du vers avec la césure. Le résultat en est que ses alexandrins se brisent en deux vers de six syllabes et qu'ils sont monotones et fatigants[1]).

§. 111. L'école romantique.

En revanche, l'école romantique est tombée dans le défaut opposé: elle traite la césure assez négligemment et le repos y est souvent presque nul. Bien qu'elle ne se soit pas permis des vers *brisés*, comme:

> Sur les ailes des a|mours elles sont parties,

elle a osé désunir par la césure:

les parties d'un mot composé:

> J'ai démembré Henri|-Le-Lion de mes mains. Hug., les Burgr., II., 6.

le pronom conjoint et le substantif:

> Et la preuve est que mon | professeur s'est noyé. Dum. Calig., prol. sc. 3.
> J'avais je ne sais quelle | ambition au cœur. Hug., Ruy Blas., I., 3.

l'interjection ô et son substantif:

> De l'Aigle de Suède. — O | Majesté! — Qu'est-ce donc? Dum., Christ., II., 6.

la négation et le verbe:

> Bah! mes vingt ans n'étaient | pas encor révolus. Hug., Ruy Blas, I., 2.

Les groupes de mots *Henri-le-Lion, mon professeur, quelle ambition, ô Majesté, n'étaient pas* forment chacun un seul pied.

V. Hugo, dans le vers précité:

> Vous ne me donnez pas | du tout d'argent, mon maître.

a séparé d'une manière peu élégante les deux parties de la locution *pas du tout*.

---

1) C'est ce que Voltaire a senti lui-même en disant:
Observez l'hémistiche, et redoutez l'ennui
Qu'un repos uniforme attache auprès de lui.

On sera peut-être plus porté à excuser ces poètes 1) d'a-
voir ajouté la préposition *avec* au nombre des prépositions dissyllabes séparables de leur complément par la césure:

> Un édifice, avec | deux hommes au sommet. Hug., Hern., IV., 2.
> Je vais dormir avec | le ciel bleu sur ma tête. Id., Ruy Blas,
> I., 2.
> Fouetter l'époux avec | les lauriers de l'amant. Pons., Lucr., I., 2.
> Que la chose aille avec | cette simplicité? Aug., la Ciguë, I., 3.

Racine, les Plaid., III., 3., a déjà dit:

> Voyez cet autre avec | sa face de carême!

2) d'avoir séparé, par la césure, le verbe auxiliaire, surtout
dissyllabe, placé immédiatement devant son participe ou son
attribut, d'avec son participe ou son attribut — licence que les
poètes du siècle d'or ont déjà prise quelquefois —:

> Et tel mot pour avoir | réjoui le lecteur. Boil., Sat., VII.
> Tout a fui; tous se sont | séparés sans retour. Rac., Ath., III., 7.
> Que si la mort vous eût | enlevé Polynice. Id., Théb., V., 2.
> Eh bien! mes soins vous ont | rendu votre conquête. Id., An-
> drom., III., 2.
> Et près de vous ce sont | des sots que tous les hommes. Mol.,
> le Tart., I., 6.
> Mais je veux que ce soit | effrayant! — De ce pas. Hug., Ruy
> Blas, I., 1.
> Monseigneur, vous m'avez | plongé dans cet abîme. Ibid., III., 5.
> Quand les prêtres auront | offert les sacrifices. Dum., Calig.,
> prol., sc. 7.

3) d'avoir désuni, par la césure, sans que le complément rejeté occupe le reste du vers,

a) le sujet et le verbe:

> Ah! ah! ah! que la vie | est amusante, et comme. Dum., Calig.,
> prol., sc. 3.

b) le substantif et son déterminatif (adjectif, génitif d'un substantif) — licence qu'on trouve aussi çà et là dans les
poètes du siècle d'or, surtout dans les genres simples —:

> Ma foi, j'étais un franc | portier de comédie. Rac., les Plaid., I., 1.
> Et je brûle qu'un nœud | d'amitié nous unisse. Mol., le Mis.,
> I., 2.
> Mais que veux tu, ma pauvre | enfant? quand on est vieux!
> Hug., Hern., III., 1.
> Effrayantes, un air | vainqueur, des yeux ardents. Id., Ruy Blas,
> II., 4.

Lisez donc. — Un danger | terrible est sur ma tête. Ibid., V., 2
Celui-là, — fût-il Grand | de Castille, fût-il. Hug., Ruy Blas,
    I., 2.
Noire, et qui sort du feu | des passions. Voilà. Ibid., IV., 3.

c) le verbe et son régime:

Je marchais en faisant | des vers sous les arcades. Ibid., I., 2.
Mais doucement détruire | une femme et creuser. Ibid.

La césure est encore plus faible, quand le verbe ne forme pour ainsi dire qu'une idée avec le substantif suivant:

(Je vous ai demandé | raison de tant d'injures. Rac., Brit., IV., 2.
Seigneur, si j'ai trouvé | grâce devant vos yeux. Id., Esth., II., 7.
Tout ce qui peut vous faire | obstacle à vous sauver. Mol., le
    Tart., V., 5.
Disant ces mots, il fait | connaissance avec elle. La Font.,
    Fabl., IV., 4.)

Ainsi ne parlons pas | famille. — Une marquise? Hug., Ruy
    Blas, I., 2.
Pour enseigne lui fait | don de sa barbe d'or. Dum., Calig.,
    prol., sc. 1.
Quelque chose qui prend | forme de corps humain. Ibid., sc. 3.

d) la préposition dissyllabe et son régime:

Je te retrouve après | quatre ans, toujours le même. Hug., Ruy
    Blas, I., 3.

Chap. X. De l'Enjambement.

§ 112. Définition.

Le second accent fixe de l'alexandrin, c'est l'accent de la rime. Or, la rime perdrait sa grâce, s'il ne fallait pas s'y arrêter pour la faire remarquer. C'est donc une loi principale de la versification française qu'il y ait un certain repos de sens à la fin de chaque vers, surtout à la fin des alexandrins, dans les genres soutenus. Lorsque, au contraire, une phrase commence dans un vers et finit dans une partie du vers suivant, on dit que le premier vers *enjambe*, étend la jambe sur le second, qu'il y a enjambement ou rejet.

§. 113. Anciens poètes. École de Ronsard.

Les anciens poètes, surtout les auteurs des romans de

gestes, bien qu'ils terminassent souvent leurs vers par des consonnances malappariées, ne manquaient point de marquer la fin
des vers par un repos de sens[1]). Ce ne fut qu'avec l'étude de
la poésie des Grecs et des Romains que l'enjambement envahit
la poésie française. Au XIVᵉ siècle, dans le Roman des *Trois
Pèlerinages* et dans les poésies de Christine de Pisan, l'enjambement paraît assez souvent ; lors de la Renaissance, il devient
général, et l'école de Ronsard poussa cet abus au dernier
terme[2]).

§. 114. École de Malherbe.

Philippe Desportes est le premier dont l'intention d'éviter
l'enjambement soit évidente : mais Malherbe purgea la versification entièrement de ce fléau, et c'est là un de ses plus beaux

---

1) Dans les poésies légères, où l'enjambement n'a jamais été rigoureusement interdit, on en trouve d'assez forts, p. ex.:

> Je m'en revins droit en la *Place* —
> *Maubert*, et bien trouvai la trace. Barbaz., T. II., p. 247.

2) Exemples : Villon :

> Comme ung larron, car il fut *des*
> *Escumeurs* que voyons courir. (Id., E., II., p. 157.)

La Farce de Pathelin :

> Ouy : véez le là qui ne *sonne*
> *Mot* ; mais dieu scet qu'il en pense. (Id., E., II., p. 178.)

Lisez : *ce qu'il en pense*, pour que le vers ne cloche pas.

> Ha ! sire, renvoyez l'en à *ses*
> *Brebis* ; il est fol de nature. (Ibid., p. 185.)

Le premier vers cloche de même. Faut-il lire : *Ha! sire, renvoyez
le à ses?*

> A vous. Et me le rendrez, par *le*
> *Dieu* qui voult à noel estre né. (Ibid., p. 186.)

Ronsard :

> De nuict plus courageux, je traverse *parmy*
> *Les espions*, couvert de la courtine brune. Am. de Mar., p. 16.
> Vous triomphez de moi, et, pour ce, je vous *donne*
> *Ce Lierre* qui coule et se glisse à l'*entour*
> *Des arbres et des murs*. — — Ibid., p. 60.
> Et la bannit du ciel à coups d'espee, *à fin*
> *Que* le ciel ne vieillisse et qu'il ne prenne fin. Hymne de l'É-
> ternité. (Herrig, p. 141.)

titres de gloire, quoiqu'il s'y montre plutôt comme régénérateur que comme créateur. Boileau, Art poét., Ch. I. dit:

> Enfin Malherbe vint, et le premier en France
> Fit sentir dans les vers une juste cadence. —
> Les stances, avec grâce, apprirent à tomber,
> Et le vers sur le vers n'osa plus enjamber.

Les bons poètes du siècle de Louis XIV et ceux du XVIIIe ont soigneusement évité l'enjambement[1].

§. 115. École romantique.

De nos jours, l'enjambement a repris faveur. Les chefs de l'école romantique affichent le mépris pour le précepte de Boileau, et quelques-uns de ces poètes sont même près de tomber dans la manière du XVIe siècle[2]. Les principes d'une

---

1) Quicherat cite un exemple d'enjambement dans Clitandre par Corneille:

> Et la justice à tous est injuste, *de sorte*
> *Que* la pitié me doit leur faire ouvrir la porte,

un autre dans Racine, Alexandre, III., 3.

> Le feu de ses regards, *sa haute majesté*
> *Font connaître Alexandre.* —

Outre cela:

> Consultons un devin, un prêtre, *un interpr'te*
> *De songes.* Régn., Trad. de l'Il.
> O jeunes voyageurs, dites-moi *dans quels lieux*
> *Je puis la retrouver. Enée à la déesse*
> *Répond* en peu de mots. Delille, Trad. de l'Énéide.

2) Exemples:

> Voir un jeune affamé s'asseoir avec *des dents*
> *Effrayantes*, un air vainqueur, des yeux ardents. Hugo, Ruy
> Blas, II., 4.
> Les uns n'ont pas assez, les autres trop. *La ferme*
> *Du tabac* est à vous, Ubilla. L'indigo. Ibid., III., 1.
> Quelqu'un de dévoué vous ouvrira. — *J'avais*
> *Oublié* ce billet. Allez-vous-en! — Je vais. Ibid., V., 2.
> Car ses cheveux sont noirs! car son œil reluit *comme*
> *Le tien* Tu peux le voir et dire: Ce jeune homme. Id., Hern.,
> III., 1.
> Là, tapi sous la feuille, et dérobé *derrière*
> *Les troncs* de châtaigniers qui bordent la clairière. Lam., Joc.,
> p. 88.

versification saine s'opposent à ce qu'on admire cette licence comme un effort du génie qui brise des fers incommodes: ils doivent la condamner comme une négligence qui facilite bien la versification, mais approche en même temps le vers de la prose.

§. 116. Règles sur l'enjambement.

1° L'enjambement est défendu dans les vers alexandrins, et, pour la plupart, aussi dans les décasyllabes.

2° L'enjambement est permis, lorsque les mots rejetés ont un développement qui complète le vers:

> Oui, j'accorde qu'Auguste a droit *de conserver*
> *L'empire, où sa vertu l'a fait seule arriver.* Corn., Cinn., II., 1.
> Qui voit sous ses drapeaux marcher *un camp nombreux*
> *De hardis étrangers, d'infidèles Hébreux.* Rac., Ath., IV., 3.
> Jupiter comme un autre. Introduisons *celui*
> *Qui porte de sa part aux belles la parole.* La Font., Fabl., V., 1.
> Oh! les femmes vraiment
> Sont cruelles toujours et rien ne leur plaît *comme*
> *De jouer avec l'âme et la douleur d'un homme.* Hugo, les Burgr., I., 3.

3° Il est encore licite, lorsqu'il y a une suspension, réticence ou interruption, lorsque le poète veut faire ressortir un mot, une phrase:

> Est-ce un frère? est-ce vous dont *la témérité*
> *S'imagine* ... — Apaisez ce courage irrité. Corn., Rodog., IV., 1.
> N'y manquez pas au moins: j'ai *quatorze bouteilles*
> *D'un vin vieux* ... Boucingot n'en a pas de pareilles. Boil., Sat., III.
> L'aimable Bérénice *entendrait* de ma bouche
> *Qu'on l'abandonne!* Ah! reine, et qui l'aurait pensé? Rac., Bérén., III., 2.

4° L'enjambement n'est pas aussi rigoureusement proscrit des genres simples, tels que la comédie, la fable, le conte, l'épître badine:

Il est vrai que le complément rejeté occupe ici tout le vers suivant. §. 116., 2°.

Il monte, à son retour; il frappe à la porte; *elle*
Transit, pâlit, rougit, me cache en sa ruelle. Corn., le Ment.,
II., 5.

Ce qu'on appelle vu. Faut-il vous le *rebattre*
Aux oreilles cent fois, et crier comme quatre? Mol., le Tart., V., 3.

Regarde dans ma chambre et dans ma garderobe
Les portraits des Dandins: tous ont porté la robe. Rac., les
Plaid., I., 4.

5° L'enjambement s'évite, autant que possible, dans les vers de huit, de sept, de six syllabes: il a été toujours permis dans les vers de cinq et ceux de moins de cinq syllabes:

Dans un palais j'entre,
Et je m'assieds *entre*
Des grands dont le ventre
Se porte un défi. Bérang., Voyage au pays de Coc.

C'est à l'*entour*
De ce domaine. —
Si le temps *laisse*
Durer sans cesse. Bernard, I. (II. Idel.)

6° Quoique l'enjambement des alexandrins soit défendu, une observation trop méticuleuse de cette règle peut faire naître une certaine monotonie. Il y a des poèmes où les vers marchent deux à deux. La loi de la variété exige que tantôt une pensée soit exprimée en un vers, tantôt en deux ou trois, quelquefois dans un seul hémistiche. Les poètes du XVIe siècle et ceux du XVIIe sont en général remarquables par la plénitude du métrème; il est presque constamment de quatre ou de six vers. Au XVIIIe siècle, la facture du vers se relâcha (Herrig, p. 387.). Voltaire qui dit: »Il faut souvent finir un sens par une rime et commencer un autre sens par une rime correspondante« a le moins de tous joint la pratique au précepte. »Dans les vers rimés à deux,« dit Marmontel, »le sens peut finir après le premier, et le second peut commencer une nouvelle période.« Dans les vers entrelacés, la rime et la pensée doivent se clore ensemble. Sans cela, la pensée a parcouru son cercle, avant que l'harmonie ait achevé le sien: l'esprit est en repos, l'oreille est en suspens. Chaulieu et La Fontaine pèchent souvent contre cette règle. Voici un exemple emprunté au fabuliste (Fabl., XII., 26.):

Jadis une jeune merveille
Méprisait de ce Dieu le souverain pouvoir.
On l'appelait Alcimadure:
Fier et farouche objet, toujours courant aux bois,
Toujours sautant aux prés, dansant sur la verdure.

Chap. XI. Accents mobiles. Pieds.

§. 117. Deux ou trois accents mobiles.

Outre les deux accents fixes, l'alexandrin en a deux ou trois mobiles [1]). Lorsque le vers a cinq accents, il convient d'en placer trois dans le premier hémistiche. Les trois accents se trouvant dans le second hémistiche rendent le vers un peu dur.

§. 118. Alexandrins de trois accents.

Les alexandrins qui ont moins de quatre accents, par exemple, trois, languissent et ont un rhythme prosaïque:

D'où te ban*nit* ton *sexe* et ton impié*té*. Rac., Ath., II., 2.
Et toute son au*dace* a pa*ru* terras*sée*. Ibid., II., 2.
Fu*yez* tout ce tu*multe*, et dans votre pa*lais*. Ibid., II., 3.
De ce que je les *ai* si brusque*ment* quit*tées*. Regn., le Légat.,
II., 4.

§. 119. Alexandrins de deux accents.

Ces vers approchent naturellement de la prose plus encore que les précités:

Et ce que je ha*sarde* et ce que je pour*suis*. Corn., Cinn., I., 1.
Dans l'obstina*tion* et l'endurcisse*ment*. Id., Poly., III., 5.
Par la fatali*té* la plus inopi*née*. Id., le Ment., II., 5.
Qui favori*serait* ce que je favorise
Et ne mépri*serait* que ce que je mé*prise*. Id., Don S., III., 4

---

1) Quicherat, p. 138., va un peu trop loin en n'admettant que deux accents mobiles, et en appelant saccadé un hémistiche de plus de deux accents, et par conséquent un alexandrin de cinq accents. Ces vers sont innombrables et assez doux, pourvu que les premiers trois accents se trouvent dans le premier hémistiche.

Que sur toute *tribu*, sur toute *nation*. Rac., Ath., I., **1.**
Me réserveriez-*vous* pour un tel acc.*dent?* Regn., le Bal., sc. 8.
Je ne m'attendais *pas* à tous vos affi*quets*. Muss., Louis, I., 4.
De prodigal.*tés* et de magnifi*cence*. Aug., la Ciguë, I., 7.
Je le devine*rai* si tu ne le dis *pas*. Arag., les Arist., I., 6.
Ne me remerci*ez*, ni ne m'applaudi*ssez*. Pons., Agn., III., 3.

§. 120. Alexandrins de six accents.

Les alexandrins de plus de cinq accents sont durs. L'école romantique, pour éviter le prosaïsme du rhythme de Voltaire, a multiplié les accents. Quelquefois l'accumulation des accents peut servir à produire un effet recherché par le poète.

Alexandrins de six accents:

La *reine* a*lors* sur *lui* je*tant* un *œil* fa*rouche*. Rac., Ath., II., 2.
*Trem*ble m'a-t-*elle* dit, *fille* digne de *moi*. Ibid., II., 5.
Mais *Dieu* du *coup* mor*tel* *sut* détour*ner* l'at*teinte*. Ibid., IV., 3.

§. 121. Alexandrins de sept accents, de huit accents.

Alexandrins de sept accents:

Lui Jo*as?* *lui* ton *roi?* Son*gez*, mé*chants*, son*gez*. Rac., Ath., V., 5.
Viens, mon *fils*, *viens*, mon *sang*, *viens* répa*rer* ma *honte*. Corn., le Cid, I., 5.
Oui! Bon! Paix! Quoi? Mon*sieur* . . . Je n'ai *pas* le loi*sir*. Regn., les Mén., I., 2.
Sois *preux*, har*di*, loy*al*; *sers* ton *Dieu*, *sers* ta *dame*. Pons., Agn., II., 3.

Alexandrin de huit accents:

Fais ce*ci*, *fais* ce*la*; *va*, *viens*, *monte*, des*cends*. Regn., les Fol., I., 1.

§. 122. Hémistiches de deux ou trois accents, et deux ou trois pieds.

Chaque hémistiche doit contenir deux ou trois pieds et peut avoir deux ou trois accents. Quand l'hémistiche forme un seul pied, il est prosaïque, quand même il aurait deux ou trois accents. Quand l'hémistiche n'a qu'un accent, il languit; quand il y en a plus de trois, le rhythme devient dur. Nous allons donner une liste des formes différentes de l'hémistiche, que nous avons rencontrées, en commençant par les meilleures, c'est-à-dire par celles qui correspondent à toutes les exigences du rhythme et de l'harmonie.

Deux accents, deux pieds:

◡ — | ◡ ◡ ◡ — Je *viens*, | selon l'*u*sage ‖ an*ti*que | et solen*nel*.
Rac., Ath., I., 1.

◡ — ◡ | ◡ ◡ — Du *sceptre* | de Da*vid* ‖ u*sur*pe | tous les *droits*.
Ibid., I., 1.

◡ ◡ — | ◡ ◡ — Si la *chair* | et le *sang*, ‖ se trou*blant* aujourd'hui.
Ibid., I., 2.

◡ ◡ — ◡ | ◡ — Le sang *libre* | des *blancs*, ‖ le sang de l'esclavage.
Lam., Touss., I., 2.

Célé*brer* avec vous ‖ la fa*meuse* | jour*née*. Rac.,
Ath., I., 1.

◡ ◡ ◡ — | ◡ — Et la cha*leur* | des *jours* ‖ et la fraî*cheur* | des
nuits. Ibid., I., 4.

Trois accents, deux pieds:

— ◡ | — ◡ ◡ — *Reine*, | *Dieu* m'est té*moin*. — ‖ Laisse là ton
Dieu, traître. Ibid., V., 5.

O filles de Lévi, ‖ *troupe* | *jeu*ne et fi*dèle*. Ibid., I., 3.

— ◡ — | ◡ ◡ — *Roi*, je *crois* | qu'à vos *vœux* ‖ cet espoir est permis.
Ibid., I., 3.

O filles de Lévi, ‖ *troupe jeune* | et fidèle. Ibid., I., 3.

— ◡ — ◡ | ◡ — *Né* mi*nis*tre | du *Dieu* ‖ qu'en ce temple on adore.
Ibid., III., 3.

Par moi Jérusalem ‖ *goû*te un *cal*me | pro*fond*.
Ibid., II, 5.

— ◡ | ◡ — ◡ — | *J'en*tre. | Le *peuple fuit*; ‖ le sacrifice cesse.
Ibid., II., 5.

— ◡ ◡ — | ◡ — *L'heu*re me *presse* |: adieu. ‖ Des plus saintes fa-
milles. Ibid., I., 2.

◡ — | ◡ — ◡ — Mon*trons* | ce *jeune roi* ‖ que vos mains ont sauvé.
Ibid., I.. 2.

◡ — ◡ | — — ◡ — Oh! tu ne m'aimes pas, ‖ cru*el*le | *toi* qui *peux*.
Dum., Calig., prol., sc. 2.

◡ — ◡ — | ◡ — Le *peuple saint* | en *foule* ‖ inondait les portiques.
Rac., Ath., I., 1.

Trois accents, trois pieds:

— ◡ | — ◡ | ◡ — *Daigne*, | *daigne*, | mon *Dieu*, ‖ sur Mathan et
sur elle. Ibid., I., 2.

— ◡ | ◡ — | ◡ — L'il*lustre Josabet* ‖ *porte* | vers *vous* | ses *pas*.
Ibid., I., 1.

◡ — | ◡ — | ◡ — Huit *ans* | dé*jà* | pas*sés*, ‖ une impie étrangère.
Ibid., I., 1.

Les hémistiches suivants ne sont pas tout-à-fait aussi élé-

gants que les premiers, parce que dans l'un il se succède plus
de trois syllabes atoniques, et dans les autres deux syllabes
accentuées: mais la langueur de l'un et la dureté des autres
est moins sensible par la petite pause qui se fait entre deux pieds:

— ⌣ | ⌣ — ⌣ — *Quoi* que | son in*solence* ‖ ait osé publier. Rac.,
Ath., II., 5.

Ce lévite à Baal ‖ *prête* | son mi*nistère.* Ibid., I., 1.

— — | — ⌣ ⌣ — O *roi,* | *fils* de Da*vid!* ‖ — O mon unique mère.
Ibid., IV., 4.

Il faut que vous soyez ‖ ins*truit* | même avant *tous.*
Ibid., IV., 2.

⌣ — | — ⌣ | ⌣ — — Eh *bien* | *qu'est-*ce? | — Ber*thaud.* ‖ Retirez-vous,
brave homme Muss., Louis., II., 6.

⌣ ⌣ — | — ⌣ — De*meurez.* — | *Grande reine,* ‖ est-ce ici votre
place? Rac., Ath., II, 4.

Les hémistiches suivants sont un peu durs, contenant des
pieds où il y a deux syllabes accentuées de suite:

— — | ⌣ ⌣ ⌣ — *Dieu, né* | dans une é*table* ‖ et mort sur une croix.
Lamart., Touss., V., 6.

— — ⌣ | ⌣ ⌣ — *Tous doivent* | à la *fois* ‖ précipiter leurs pas.
Rac., Ath., V., 1.

⌣ — — — | ⌣ ⌣ — Peuvent-ils de leur roi ‖ ven*ger seuls* | la que*relle?*
Ibid., I., 2.

⌣ — — — | ⌣ — ⌣ Ce n'est *pas Jean* | qui *peut* ‖ rétablir la balance.
Pons., Agn., I, 2.

— ⌣ | ⌣ — — — *Faites* | que *Joas meure* ‖ avant qu'il vous oublie.
Rac., Ath., V., 7.

Nos écoles aussi ‖ *valent* | qu'on ait *soin d'elles.*
Pons., Agn., I., 3.

⌣ — | ⌣ — — — *Seigneur?* | — J'enten*dais tout,* ‖ et plaignais votre
peine. Rac., Ath., II., 8.

— — ⌣ | ⌣ — — *Madame,* | *voilà donc* ‖ cet ennemi terrible?
Ibid., II., 7.

Restons Français. Je dois ‖ de *même* | fier*té d'âme.*
Pons., Agn., II., 3.

⌣ ⌣ — | ⌣ — — *Reine, Dieu* m'est témoin ... — ‖ Laisse *là* | ton
Dieu, traître. Rac., Ath., V., 5.

⌣ ⌣ ⌣ — | — — — Peu de jours se passaient ‖ qu'il n'arri*vât* | *mort
d'hommes.* Regn., les Vendang., sc. 2,

§. 123. Hémistiches de quatre accents, de deux ou trois pieds.

Les hémistiches de quatre accents sont durs et saccadés.

⌣ ⌣ — — | — — Aujour*d'hui même*! | — *Ah! ah!* ‖ Jean-sans-Terre,
à ce compte. Pons., Agn., I., 3.

⌣ — — | ⌣ — — Fran*chir tout, fouler tout*, ‖ et, pourvu qu'on arrive.
Aug., la Ciguë, I., 4.

⌣ — | — ⌣ — — Al*lons!* | — *Ah!* mau*dit soit* ‖ le jour où je lui
plus. Hug., Mar., I., 3.

⌣ — — | — ⌣ — Je *crains Dieu*, | *cher* Ab*ner*, ‖ et n'ai point d'autre
crainte. Rac., Ath., I , 1. (⌣ ⌣ — Je crains *Dieu?*)

⌣ — | — — | ⌣ — *Hélas! Dieu voit* | mon *cœur*. ‖ Plût à ce Dieu
puissant. Ibid., V., 2. (⌣ — Dieu *voit?*)

— ⌣ — | — ⌣ — *Peuple* in*grat? quoi!* tou*jours* ‖ les plus grandes
merveilles. Ibid., I., 1.

— — ⌣ | — ⌣ — *Roi, prê*tres, | *peuple*, al*lons* ‖ pleins de reconnais-
sance. Ibid., V., 7.

— — | ⌣ — | ⌣ — *Ah! dit* | *alors* | la *reine*, ‖ ah! je vous connais
bien. Pons., Agn., I., 1.

— — — | ⌣ ⌣ — Avez-vous peur des blancs? . . . ‖ *Vous, peur*
d'eux! et pour*quoi*. Lam., Touss., V., 2.

§. 124. Hémistiches de cinq accents, de deux ou trois pieds.

Les hémistiches de cinq accents sont encore plus durs.

⌣ — — | — — ⌣ En *linge*, en *aliments*, ‖ *ici, là*, | *Dieu sait où*.
Lam., Joc., prol. (⌣ — — Dieu *sait où?*)

— ⌣ — | — — — S'il t'avait en effet, ‖ *toi soldat*, | *toi né libre?*
Hug., les Burgr., I., 4. (— ⌣ — *toi* né *libre?*)

— — | ⌣ — | — — *Moi!* — *Vous*, | in*grat*, | *oui, vous*; ‖ votre audace
est extrême. Delav., la Vêpr., II., 4.

— — — | — ⌣ — *Oui! Bon! Paix!* | *Quoi?* Mon*sieur* . . . ‖ je n'ai
pas le loisir. Regn., les Mén., I., 2.

§. 125. Hémistiches de six accents, de deux ou trois pieds.

Exemple:

— — | — — | — — Tel Satan à travers ‖ *vaux, monts*, | *rocs, bois*, |
lacs, prés. Beaulaton. Trad. du Parad. perdu.

§. 126. Hémistiches d'un pied, d'un, de deux, de trois accents.

Tous les hémistiches qui ne forment qu'un seul pied, approchent du rhythme de la prose, quand même il y aurait
deux ou trois accents.

Hémistiches d'un pied, d'un accent [1]):

   ᴗ ᴗ ᴗ ᴗ ᴗ — Je leur déclare*rai* ‖ l'héritier | de leurs maîtres.

Rac., Ath., I., 2.

   Dès longtemps | votre amour ‖ pour la religi*on*

   Est traité | de révolte ‖ et de sédit*ion*. Ibid., I., 1.

Hémistiches d'un pied, de deux accents:

   — ᴗ ᴗ ᴗ ᴗ — *Non*, je ne vous veux *pas* ‖ contraindre [à l'oublier.

Ibid., II., 7.

   ᴗ ᴗ ᴗ — ᴗ — Retrouvez-vous | au temple ‖ avec le *même zèle.*

Ibid., I., 1.

   ᴗ ᴗ ᴗ ᴗ — — A déshéri*té Jean* ‖ du fief | de Normandie. Pons.,

Agn., I., 2.

Hémistiches d'un pied, de trois accents:

   — ᴗ ᴗ — ᴗ — *Li*vre en mes *faibles mains* | ses puissants | ennemis.

Rac., Ath., I., 2.

   — ᴗ ᴗ ᴗ — — *Ah!* qu'il aime*rait mieux* ‖ vous brûler! | — Çà,

vraiment. Hug., Mar., I., 1.

D'autres formes.

§. 127. **Accents fixes: 1° sur la huitième et la dou-zième syllabe. 2° sur la cinquième et la douzième syllabe.**

La Cantilène en l'honneur de Sainte Eulalie présente six dodécasyllabes ayant deux accents fixes sur la huitième syllabe et sur la douzième.

   Ne ule cose non la povret | omque pleier,

   La polle sempre non amast | lo Deo menestier (mestier?)

   E por o fut presentede | Maximiien. (Herrig, la Fr. lit., p. 27.)

Ce rhythme est peu agréable, comme sur deux hémistiches inégaux le plus long précède[2]).

P. Ackermann, p. 65. suppose une forme de l'alexandrin ayant cinq accents dont deux seraient fixes, celui de la cin-quième syllabe et celui de la rime. Il en donne le modèle:

---

1) Pour rétablir le rhythme, Quicherat recommande de donner deux accents aux mots trop longs. Voir §. 31. et §. 172.

2) Dans un appendice de mon Traité »De la Mesure des syllabes« (Bromberg, 1857) j'ai discuté la construction métrique de cette Cantilène. Voir §. 296.

> O *toi* qui m'aimas, | *reviens* et dis-*moi* toujours
> Ces chan*sons*, ces *lais*, | ces re*frains* joyeux d'amour.

Ce rhythme, imitant la césure de l'ancien trimètre ïambique, ne mérite pas le dédain de Barbieux qui (Programme, p. 16.) dit qu'il est permis de douter que cette forme trouve des partisans.

Chap. XII. Emploi.

§. 128.

Le grand vers, qui, nous l'avons vu, se trouve déjà dans le plus ancien monument de la langue d'oïl, est consacré à l'épopée, à la tragédie, à la comédie. On l'emploie plus souvent que tout autre pour la satire, l'églogue, le poème didactique, le discours en vers et l'ancien sonnet. Il sert aussi pour les stances, l'épître morale, l'élégie, l'épigramme. Voyez sur la défaveur de l'alexandrin lors de la Renaissance §. 85.

Chap. XIII. 2. Des hendécasyllabes ou vers de onze syllabes.

§. 129. Première forme. Quatre ou cinq accents. Césure à la cinquième syllabe.

Ce vers n'a point trouvé de grâce. Les vers métriques composés d'après les strophes saphiques et ayant une césure après la cinquième syllabe, sont des hendécasyllabes.

> Vous qui les ruisseaux | d'Hélicon fréquentez,
> Vous qui les jardins | solitaires hantez
> Et le fond des bois, | curieux de choisir
> L'ombre et le loisir. Rapin.

Le vers de onze syllabes paraît encore dans une ode de Brienne de Loménie et dans quelques couplets de Maynard, de Motin, de Sarrasin (XVIIe siècle), de Désaugiers, de Béranger. J'ai cité deux vers de ce dernier §. 42.; en voici deux autres.

> *Non, non,* ce n'est *point* | comme à l'Académie. L'Académie.
> *Ah!* pour étou*ffer* | n'étou*ffons* que de *rire.* Les Gourmands.

Ackermann recommande le vers de onze syllabes coupé à la cinquième syllabe et pourvu de quatre ou cinq accents comme propre à l'imitation de l'octave italienne.

> Chrétiens, écoutez | l'histoire glorieuse,
> Tancrède, Aladin, | le Christ et son berceau.
> Les barons d'Europe, | et leurs bandes pieuses
> Et la sainte croix | plantée au saint tombeau. Début de la Jér.
> dél., traduit par Ackermann.

§. 130. D'autres formes. Césures à la VIᵉ syllabe, à la IVᵉ et à la VIᵉ ou à la VIIᵉ syllabe.

On trouve quelques vers de onze syllabes avec césure après la sixième syllabe, dans Voiture, dans Boisrobert, dans l'opéra de Daphné par La Fontaine.

> Mais je ne l'aime plus | comme je l'aimois. Boisrobert.

Ackermann dit qu'un accent fixe pourrait aussi se placer sur la quatrième syllabe, et un autre sur la sixième, ou bien sur la septième syllabe.

> Ah! si j'avais, | ami, | ton glaive d'acier.

Chap. XIV. 3. Des décasyllabes ou vers de dix syllabes.

Première forme.

§. 131. Accents fixes. Césure à la quatrième syllabe.

Ordinairement, le décasyllabe a deux accents fixes: l'un sur la quatrième syllabe, l'autre sur la dixième syllabe. L'accent fixe du milieu est marqué par une césure, c'est-à-dire par la fin d'un pied.

> Languissant, faible | et courbé sous les maux.

En général, tout ce qui a été dit sur la césure de l'alexandrin, s'applique aussi à la césure du décasyllabe.

§. 132. Coupes après la IIᵉ, la VIᵉ, la VIIᵉ, la VIIIᵉ syllabe.

Nous n'exigeons point que le repos après la quatrième

syllabe soit toujours ou le seul repos du vers ou le repos
principal. Voici des exemples d'autres coupes:

> Les goûts, | les ris, l'aimable liberté. —
> J'ai consumé mes jours | dans les travaux. —
> Pas n'est besoin, je pense, | de décrire
> Quel fut le prix de tant de soins? | L'envie. Gress. Verv.

Des pauses après la I^e, la IIIe, la Ve et la IXe syllabe
sont contraires à la nature du rhythme; car elles isoleraient
des syllabes détachées (la I^e, la IVe, la Ve, la Xe) et produiraient des pieds monosyllabes.

§. 133. Enjambement.

Le second accent fixe est celui de la rime. L'enjambe-
ment doit être évité. (Voir l'enjambement des alexandrins.)
L'enjambement de quatre syllabes est fréquent dans Marot,
Voltaire, Gresset.

> Que des douceurs, excepté *quelques mots*
> *De médisance*, et tels propos de filles. Gress., Verv., ch. II.

§. 134. Accents mobiles: deux ou trois. Nombre des pieds: trois, quatre, cinq.

Outre les deux accents fixes, le décasyllabe en a deux ou
trois mobiles [1]). Le nombre des pieds est de trois, ou de
quatre ou de cinq.

§. 135. Décasyllabes de quatre accents.

Décasyllabes de quatre accents, de trois pieds:

$\overset{\bullet}{-} \smile \smile - \| - \smile - | \smile \smile \smile -$ Mais des enfants l'amour est le partage. Rac., Ath., I., 4.

$- \smile \smile - \| \smile \smile - | \smile \smile -$ Est, au printemps, la fraîcheur du matin.
Ibid., III., 7.

Décasyllabes de quatre accents, de quatre pieds:

$- \smile | \smile - \| \smile \smile \smile - | \smile -$ Femmes y sont qui font venir l'envie.
La Font., Cont., I., 2.

$\smile - | \smile - \| \smile - \smile | \smile \smile -$ Ainsi l'on vit l'aimable Samuel. Rac.,
Ath., II., 9.

---

1) Quicherat, p. 183., a tort de n'accorder que trois accents à ce
vers

‿— | ‿— ‖ ‿‿— | ‿‿— D'un joug cruel il sauva nos aïeux.
Ibid., I., 4.

‿— | ‿— ‖ ‿‿‿— | ‿— Des mers pour eux il ent'rouvrit les
eaux. Ibid., I., 4.

‿‿‿— ‖ ‿— | ‿— | ‿— Que du Seigneur la voix se fasse en-
tendre. Ibid., III., 7.

Quand deux accents se suivent immédiatement, il vaut
mieux, pour la cadence, qu'ils soient séparés par une pause
que renfermés dans un pied.

‿‿‿— ‖ — ‿— ‿ | ‿— Et que ce Dieu daigne instruire lui-
même. Ibid., II., 9.

‿‿— — ‖ ‿‿— | ‿‿— L'aquilon souffle, et vos toits sont brûlés.
Bér., la Sainte alliance.

§. 136. Décasyllabes de cinq accents.

Il n'y a que deux formes de décasyllabes de cinq accents
dans lesquelles deux syllabes accentuées ne se suivent pas immédiatement.

— ‿ | ‿— ‖ ‿— | ‿— | ‿— Gloire, vertu, grandeur, espoir, fierté.
Bér., la Déesse.

‿— | ‿— ‖ ‿— | ‿— | ‿— Heureux le peuple! heureux le roi
lui-même. Rac., Esth., III., 3.

Autrement, pour donner cinq accents au décasyllabe, il
est nécessaire de rapprocher deux syllabes accentuées. La
dureté du rhythme qui en résulte est adoucie quand les deux
syllabes sont séparées par la césure ou par la coupe entre
deux pieds.

— ‿‿— ‖ — ‿— | ‿‿— Dieu tout-puissant, sont-ce là les pré-
mices. Rac., Ath., III., 8.

‿— | ‿— ‖ — ‿ | — ‿‿— Français, Anglais, Belge, Russe ou
Germain. Bér., la s. all.

‿— | ‿— ‖ — ‿‿— | ‿— Rions, chantons, dit cette troupe impie.
Rac., Ath., II., 9.

— ‿‿— ‖ — ‿— | ‿‿— Rassurez-vous: char, autel, fleurs, jeu-
nesse. Bér., la Déesse.

— — | ‿— ‖ ‿‿— ‿ | ‿— Oui, libre enfin que le monde respire.
Bér., la s. all.

‿— | ‿— ‖ ‿‿— — | ‿— D'un globe étroit divisez mieux l'es-
pace. Ibid.

§. 137. Décasyllabes de plus de cinq accents.

Plus de cinq accents rendent le décasyllabe saccadé.
Six accents:

◡ — ◡ — ‖ ◡ — — | — ◡ — Épaules, nez, mentons, pieds, jambes,
bras. Volt., la Puc., IV.

Sept accents:

◡ — | ◡ — ‖ — — | — — ¦ ◡ — Craignit qu'on mist ras, jus, bat,
mat, l'empire. Rabel. T. I. Ch., 2.

§. 138. Décasyllabes de moins de quatre accents.

Moins de quatre accents font retomber le décasyllabe dans
le rhythme de la prose.

◡ — | ◡ — ‖ ◡ ◡ ◡ ◡ — D'où vient, mes sœurs, que, pour nous
protéger, Rac., Ath., III., 8.

— ◡ ◡ — ‖ ◡ ◡ ◡ ◡ — Lors sortiriez de désolation. C, Marot,
Élég., XIX.

◡ ◡ ◡ — ¦ ◡ — | ◡ ◡ ◡ — Et du méchant l'abord contagieux.
Rac., Ath., II., 9.

◡ ◡ ◡ — ‖ ◡ ◡ — ¦ ◡ ◡ — Et la lumière est un don de ses mains.
Ibid., I., 4.

◡ ◡ ◡ — ‖ ◡ ◡ ◡ — | ◡ — Que de raisons, quelle douceur extrême.
Ibid., I., 4.

◡ ◡ ◡ — ‖ ◡ ◡ ◡ ◡ — — Ces malheureux, qui de ta cité sainte.
Ibid., II., 9.

◡ ◡ ◡ — ‖ ◡ ◡ ◡ ◡ — Tous les exploits, toutes les aventures.
Volt., la Puc., XV.

Seconde forme.

**§. 139. Césure après la cinquième syllabe. Quatre
ou cinq accents.**

Des décasyllabes coupés régulièrement après la cinquième
syllabe et munis ordinairement de quatre ou cinq accents se
trouvent dans la Cantilène en l'honneur de Sainte Eulalie, dans
le Roman de la Violette, dans Despériers, dans Régnier Desmarets, dans Mme Desbordes - Valmore, dans Béranger (le Juge
de Charenton), dans Alfred de Musset (Chanson, IV. Idel.,p. 584.),
dans Delavigne (la Fille du Cid, I., 2.).

Buona pulcella | fut Eulalia. Cantilène.
Quand devant son trône | il m'a vu paraître:
Que veut un ingrat, | m'a crié ton maître.

J'ai *dit:* Cet in*grat* | vous *offre* aujourd'*hui*
Les *forts* et châ*teaux* | con*quis* par sa *lance:*
Il vous *offre* aus*si* | les *clefs* de Va*lence,*
Où mille dan*gers* | vont fondre sur *lui.* Delavigne.

Barbieux (Antib., Césure) dit que ces vers s'appellent vers
en tarantara.

Troisième forme.

§. 140. Césure après la sixième syllabe. Quatre ou cinq accents.

Nous rencontrons des décasyllabes coupés régulièrement
après la sixième syllabe et pourvus de (trois) quatre ou cinq
accents dans la Cantilène précitée, dans un couplet du Roman
de la Violette, dans quelques vers de Nanine, comédie de Voltaire. Le rhythme en est plutôt choquant qu'agréable: c'est
ce qui arrive toutes les fois que le plus grand de deux hémistiches inégaux précède:

Ne por or, ned ar*gent* | ne para*menz.* Cantilène.
Il est *si* sé*rieux!* | — Si *plein* d'ai*greur!* ...
Il ne re*pose point,* | car je l'en*tends* ...
Eh *bien!* qu'est-ce, cou*sine?* | — *Ah!* ma cou*sine* ...
Avec un *jeune Turc* | qui s'enfer*mait.* Voltaire.

§. 141. Emploi.

Moins majestueux que le grand vers, le décasyllabe, appelé par les auteurs du XVIe siècle *vers commun* à cause de
son usage fréquent, a sur lui l'avantage d'un mouvement plus
vif, et est sauvé de la monotonie par l'inégalité de ses deux
hémistiches. Il se trouve déjà dans la Cantilène en l'honneur
de Sainte Eulalie, et fut souvent employé dans les épopées du
XIIe et du XIIIe siècle, encore par Ronsard dans la Franciade.
On l'appela, par cette raison, *vers héroïque.* Il convient beaucoup mieux à la poésie familière et légère, aux épîtres, aux
contes, aux ballades, aux rondeaux, aux élégies, aux épigrammes,
aux rondeaux, aux satires, aux sonnets. Quelques poèmes
didactiques du XVIIIe siècle sont écrits en cette mesure. Vol-

taire l'a aussi employée dans plusieurs comédies: mais Molière avait adopté et consacré pour ce genre le vers alexandrin.

Chap. XV. 4. Des ennéasyllabes ou vers de neuf syllabes.

§. 142. Emploi.

Le vers de neuf syllabes est peu usité: il paraît très-harmonieux à Quicherat. On le trouve particulièrement dans des pièces destinées à la musique.

§. 143. Première forme. Césure à la troisième syllabe. Trois ou quatre accents. Trois ou quatre pieds.

Le vers de neuf syllabes est ordinairement coupé à la troisième syllabe[1]): il a trois ou quatre accents; trois ou quatre pieds.

Trois accents, trois pieds:

˘ ˘ — ‖ ˘ — | ˘ ˘ ˘ — Mais l'époux est triste et catarrheux.
Bér., le Carillonneur.

˘ ˘ — ‖ ˘ — ˘ | ˘ ˘ — Des destins la chaîne redoutable. Volt.

˘ ˘ — ‖ ˘ ˘ — | ˘ ˘ — Préludons sur un ton plus heureux.
Bér., le Car.

˘ ˘ — ‖ ˘ ˘ — ˘ | ˘ — Aux maris j'en demande pardon. Ibid.

˘ ˘ — ‖ ˘ ˘ ˘ — | ˘ — Je crois bien que notre grand vicaire.
Ibid.

Quatre accents, trois ou quatre pieds:

— ˘ — ‖ ˘ ˘ — | ˘ ˘ — N'est-ce pas mon voisin le banquier?
Ibid.

˘ — — ‖ ˘ ˘ — | ˘ ˘ — Sonnons fort, je boirai de son vin. Ibid.

˘ — — ‖ ˘ ˘ — ˘ | ˘ — Allons voir sur les herbes nouvelles.
Malherbe.

˘ ˘ — ‖ — ˘ — | ˘ ˘ — Les cadeaux mènent vite une affaire.
Bér., le Car.

˘ ˘ — ‖ — ˘ | ˘ — ˘ — Tous les vents tiennent leurs bouches
closes. Malherbe.

˘ ˘ — ‖ ˘ — | ˘ — | ˘ — Depuis peu, ma fille a su lui plaire.
Bér., le Car.

---

1) Béranger, dans un poème composé d'ennéasyllabes de la première forme a une fois négligé la césure et remplacé l'accent tonique par un accent d'appui:

Notre *gouverneur* a, je le *pense*. Le Carillonneur.

Plus de quatre accents rendent le vers dur:

⏑⏑– ‖ –⏑– | ⏑–‑– Hâte-toi, j'aime encor, le temps presse.
Chanson citée par Marmontel. (⏑⏑– le temps presse?)

Moins de trois accents approchent le vers de la prose:

⏑⏑– ‖ ⏑⏑⏑⏑⏑– Ce n'est point comme à l'Académie. Bér.,
l'Acad.

§. 144. Seconde forme. Césure à la quatrième syllabe. Trois ou quatre accents. Trois pieds.

Sedaine a fait quelques ennéasyllabes coupés à la quatrième syllabe, ayant trois ou quatre accents, trois pieds:

> Je n'aimais *pas* ‖ le ta*bac* | beau*coup*:
> J'en pre*nais peu*, ‖ sou*vent*] point du *tout*:
> Mais mon ma*ri* ‖ me dé*fend* | ce*la*.

Chap. XVI. 5. Des octosyllabes ou vers de huit syllabes.

§. 145. Emploi. Enjambement.

L'octosyllabe est un des plus anciens mètres: il n'est point soumis à la règle de la césure. On le trouve employé dans les romans de gestes et dans les fabliaux. Exclu aujourd'hui du genre héroïque, il se prête à différents tons: il sert à l'épître, à la poésie descriptive, à l'ode, aux stances, à l'élégie, au conte, à la chanson, à l'épigramme, au rondeau. Il semble moins convenir à la ballade et au sonnet. Le mot de la rime ne doit pas être étroitement uni avec celui qui commence le vers suivant, comme on le voit dans cet exemple:

> Car d'être mis au catalogue
> *Des poètes*, ah! ce n'est pas. Marot.

§. 146. Trois accents; deux, trois pieds.

Le vers de huit syllabes a trois ou quatre accents; plus habituellement trois; il a deux, trois pieds.

Trois accents.

–⏑ | –⏑ | ⏑⏑⏑– Faites libre toute pensée. Hugo, à la j. Fr.
–⏑ | ⏑– | ⏑⏑⏑– Trouve d'obstacle à ses desseins! Rac.,
Ath., II., 9.

‿‿‿‿− | ‿‿− Quand sur ton sommet enflammé. Ibid., I., 4.

−‿ | ‿‿− | ‿‿− Cherchent les abris des buissons. Bernis.

‿− | ‿−‿ | ‿‿− En vain l'injuste violence. Rac., Ath., I., 4.

‿−‿ | ‿− | ‿‿− Menace Zéphyr étonné. Bernis.

‿− | ‿‿− | ‿‿− Chantons, publions ses bienfaits. Rac.,
Ath., I., 4.

‿− | ‿‿‿− | ‿− Son nom ne périra jamais. Ibid., I., 4.

‿‿− | ‿−− | ‿‿− Sentira son âme embrasée. Ibid., III., 7.

‿‿− | ‿‿− | ‿− Venait-il ébranler la terre? Ibid., I., 4.

‿‿‿− | ‿−− Respecteroit nos jeunes fleurs. Bernis.

‿‿‿− | ‿− | ‿− Qui de bonne heure entend sa voix. Rac.,
Ath., II., 9.

Quand il y a deux accents consécutifs, l'oreille est moins flattée.

‿−− | ‿‿‿‿− Le nom d'homme est votre conquête. Lam.,
Touss., I., 1.

‿‿− | −‿‿‿− Il disait: Gens de la chaumière. Millevoye,
Priez pour moi.

‿‿‿− | −‿ | ‿− Un prosateur blâme ses vers. Constance
princ. de Salm, Boutade.

§. 147. Quatre accents. Deux, trois, quatre pieds.

Quatre formes d'octosyllabes à quatre accents sont possibles, sans que les accents se heurtent l'un l'autre. Le vers peut avoir deux, trois, quatre pieds.

−‿−‿ | −‿−− Là des hommes, là des héros. Lam., Touss., I., 1.

−‿− | ‿‿−‿− Chères sœurs, n'entendez-vous pas. Rac.,
Ath., IV., 6.

−‿‿−, ‿− | ‿− Vous qui priez, priez pour moi. Millevoye,
Priez pour moi.

−‿‿‿− | −‿− Vous, mes Pénates, vous mes Dieux. Bernis.

‿− | ‿− | ‿− | ‿− Mon Dieu, qui peut troubler ta paix?
Rac., Ath., III., 9.

Exemples d'octosyllabes dans lesquels deux syllabes accentuées sont réunies:

‿−− | ‿‿− | ‿− Chacun court encenser l'autel. Rac., Ath., II., 9.

‿‿− | ‿− | ‿−− De tout temps le monde a vu don. La Font.,
Cont., III., 13.

§. 148. Plus de quatre accents.

Le rhythme est saccadé, quand il y a plus de quatre accents dans un vers de huit syllabes:

‿ ‿ – | ‿ – | – ‿ – Cerfs, moutons, coursiers, daims, taureaux.
Flor., Fabl., III., 7.

§. 149. Deux accents: deux pieds.

Les vers de huit syllabes qui n'ont que deux accents, retombent dans la prose.

– ‿ | ‿ ‿ ‿ ‿ – Riche de votre indépendance. Bér., les cons.
de Lise.

‿ – | ‿ ‿ ‿ ‿ – On crie à l'affectation. Constance princ. de
Salm, Boutade.

‿ – ‿ | ‿ ‿ ‿ – N'importe que l'inquiétude. Bernis.

‿ ‿ – ‿ | ‿ ‿ ‿ – Ces trompettes et ce tonnerre. Rac., Ath., I,, 4.

‿ ‿ ‿ – | ‿ ‿ ‿ – Il leur dispense avec mesure. Ibid., I., 4.

‿ ‿ ‿ – ‿ | ‿ ‿ – Et que l'haleine tempérée. Bernis.

‿ ‿ ‿ ‿ – | ‿ ‿ – A tous ses attraits périlleux. Rac., Ath., II.,9.

§. 150. Un accent, un pied.

Molière, Psyché II., 3. a fait un octosyllabe d'un pied:

‿ ‿ ‿ ‿ ‿ ‿ – De cette insensibilité?

Chap. XVII. 6. Des heptasyllabes ou vers de sept syllabes.

§. 151. Trois accents; deux ou trois pieds.

Le vers de sept syllabes qui convient à l'épître familière, au conte, à l'ode, à la chanson et qui condamne l'enjambement, de même que l'octosyllabe, a régulièrement trois accents[1]), deux ou trois pieds. Il est très ancien et se trouve déjà dans les chansons de Thibaut, de Froissart, d'Alain Chartier. Voici un exemple d'enjambement:

Le tonnerre ayant pour guide
Le père même *de ceux*
Qu'il menaçoit de ses feux   La Font., Fabl., VIII., 20.

Trois accents: deux ou trois pieds.

- ‿ – | – – | ‿ – ‿ Triste reste de nos rois. Rac., Ath., IV., 6.

– ‿ ‿ – | ‿ ‿ – O bienheureux mille fois. Ibid., II., 9.

– ‿ ‿ ‿ – | ‿ – Vient, dans un séjour affreux. Chaulieu.

‿ – | ‿ – | ‿ - ‿ – Heureux, heureux mille fois. Rac., Ath., II., 9.

---

1) Quicherat, p. 193., n'en exige que deux.

⌣ — | ⌣ ⌣ — | ⌣ — Pourquoi fuyez-vous l'usage? Ibid., II., 9,

⌣ ⌣ — | ⌣ — | ⌣ — Comme un vieux lion abaisse. Vigny, la Tra-
versée.

Le vers devient dur quand il y a deux accents de suite: cela est plus supportable quand les deux syllabes appartiennent à deux pieds.

⌣ ⌣ — | — ⌣ | ⌣ — Les pêcheurs couvrent la terre. Rac., Ath., II., 9.

⌣ ⌣ ⌣ — | — ⌣ — Que l'élément triste et froid. Vigny, la Trav.

⌣ — — | ⌣ ⌣ ⌣ — O vous, rois, qu'il voulut faire. La Font.,
Fabl., VIII., 20.

⌣ — | ⌣ ⌣ ⌣ — — Ainsi qu'une forêt sombre. Vigny, la Traversée.

§. 152. Plus de trois accents.

Plus de trois accents rendent le vers dur:

— ⌣ — | ⌣ — | ⌣ — N'es-tu plus le Dieu jaloux? Rac., Ath., IV., 6.

§. 153. Deux accents, deux pieds.

Mètres de prose:

⌣ — ⌣ | ⌣ ⌣ ⌣ — Mon peuple de matelots. Vigny, la Trav.

⌣ ⌣ — | ⌣ ⌣ ⌣ — S'arme-t-il pour nous défendre? Rac., Ath., III., 8.

⌣ ⌣ ⌣ — | ⌣ ⌣ — A la lueur des étoiles. Vigny, la Trav.

⌣ ⌣ ⌣ ⌣ — | ⌣ — Elle déploya ses voiles. Ibid.

§. 154. Un accent, un pied.

Mètre de prose:

⌣ ⌣ ⌣ ⌣ ⌣ — De la restauration. Bér., la Mort de Trestaillon.

Chap. XVIII. 7. Des hexasyllabes ou vers de six syllabes.

§. 155. Trois accents.

Le vers de six syllabes que la poésie légère n'emploie guère, selon Quicherat, à cause de sa ressemblance avec l'hémistiche de l'alexandrin, se joint ordinairement à de plus grands vers, mais il se trouve aussi tout seul dans le genre lyrique. On le lit déjà dans la Cantilène. Il a deux ou trois accents, plus souvent trois: deux ou trois pieds.

Trois accents: il n'existe que trois formes où deux accents ne se suivent pas immédiatement.

$\smile\smile- | \smile\smile-$ Oh! bien loin de la voie. Hugo, la Prière pour tous.

$-\smile\smile- | \smile-$ O dangereuse erreur. Rac., Ath., II., 9.

$\smile- | \smile- | \smile-$ Chemine où Dieu t'envoie. Hugo, la Prière.

$\smile- | -\smile | \smile-$ Enfant! garde ta joie! Ibid.

$\smile\smile- | -\smile-$ Bien souvent Dieu repousse. Ibid.

$--\smile | \smile\smile-$ Lis! garde ta blancheur. Ibid.

$\smile- | \smile\smile--$ Amis, que faut-il faire. Désaug., Il faut boire.

§. 156. Deux accents; un pied, deux pieds.

Deux accents:

$-\smile\smile\smile-$ Reste à la solitude! Hugo.

$\smile-\smile | \smile\smile-$ A l'ombre salutaire. Rac., Ath., IV., 6.

$\smile\smile- | \smile\smile-$ Une impie étrangère. Ibid., II.. 9.

$\smile\smile\smile- | --$ Et ne l'aimer jamais. Ibid., I., 4.

§. 157. Quatre accents.

Le vers suivant a un accent de trop.

$--\smile | -\smile-$ Vous, pauvres pleins d'envie. Bér., Rog. Bont.

§. 159. Un accent, un pied.

Mètre de prose:

$\smile\smile\smile\smile-$ De ma philosophie. Bér., Rog. Bont.

Chap. XIX. 8. Des pentasyllabes ou vers de cinq syllabes.

§. 159. Deux accents; un pied, deux pieds.

Ce vers qui se trouve tantôt seul, (Alain Chartier, Martial, Crétin, J. Marot, Deshoulières, Bernard, Bernis) tantôt joint à des mètres plus longs, a ordinairement deux accents, deux pieds.

$-\smile\smile\smile-$ L'ombre est adoucie. Lamart., hymne du matin.

$\smile-\smile | \smile-$ Chaque être s'écrie. Ibid.

$\smile\smile- | \smile-$ Sous ses pieds sacrés. Ibid.

§. 160. Trois accents, deux pieds.

$-\smile | -\smile-$ Monte, flotte et nage. Ibid.

$\smile- | \smile--$ La terre encor sombre. Ibid.

§. 161. Quatre accents, deux pieds.

$-- | -\smile-$ Tout vit, tout s'écrie. Ibid.

§. 162. Un accent, un pied.

◡ ◡ – ◡ – Comme un pavillon
    Dans son tourbillon. Ibid.

Chap. XX. 9. Des tétrasyllabes ou vers de quatre syllabes.

§. 163. Deux accents; un, deux pieds.

Ce vers qui est rarement employé seul (Crétin; les deux Marot; Bernard, le Hameau; Parny) a ordinairement deux accents, un ou deux pieds.

– ◡ ◡ – Semble un grelot. Hugo, les Djinns.
◡ – | ◡ – D'un cœur qui t'aime. Rac., Ath., III., 8.

Il ne faut pas que les accents se suivent comme dans:

◡ ◡ – – Sur un pied danse. Hugo, les Djinns.

§. 164. Un accent, un pied.

Mètre de prose:

◡ ◡ ◡ – Dans les ténèbres —
    Qu'on ne voit pas. Hugo, les Djinns.

Chap. XXI. 10. Des vers de moins de quatre syllabes.

§. 165. Trisyllabes ou vers de trois syllabes.

Les vers de moins de quatre syllabes qui ne peuvent pas renfermer une symétrie accentale, ne sont destinés qu'à être mêlés à des vers plus longs. Néanmoins les poètes les ont quelquefois employés pour former des stances entières ou de petites pièces. C'est ce qu'ont fait, pour le vers de trois syllabes, Bertaut, Scarron, Servière, C. Marot, Épistres, p. 164., et V. Hugo, les Djinns.

Il y a deux formes tolérables de ce vers.

◡ ◡ – Sur le bord. Hugo, les Djinns.
– ◡ – Naît un bruit. Ibid.

§. 166. Bisyllabes ou vers de deux syllabes.

Il y a deux formes de ce vers, dont Servière a fait des couplets, et dont Hugo a fait deux stances dans les Djinns:

⏑ — Et port
— — Murs, ville.

§. 167. Vers monosyllabiques ou vers d'une syllabe.

Un poète du XVIIIe siècle a mis la Passion en vers d'une syllabe, dont voici un échantillon:

De
Ce
Lieu
Dieu
Sort
Mort:
Sort
Fort
Dur,
Mais
Très
Sûr.

Nous avons déjà dit qu'un temps fort supposant un temps faible, on ne peut imaginer un pied, ni, à plus forte raison, un vers de moins de deux syllabes. Mais, entre des mètres à plusieurs accents on peut introduire le mètre uniaccental, mètre composé d'une syllabe forte: car la fin du vers est nécessairement suivie d'une pause qui équivaut à une syllabe atonique.

Appendice. Chap. XXII. Des vers mesurés.

§. 168. Impossibilité des vers mesurés, c'est-à-dire adaptés au système quantitaire des Grecs et des Romains.

Nous avons vu que l'élément rhythmique des vers français consiste dans une relation proportionnelle et une succession harmonieuse de syllabes accentuées et de syllabes inaccentuées. C'est donc une tentative bien déraisonnable, qui a été faite plusieurs fois, que de construire des vers français d'après les règles des vers grecs et latins. Ces vers sont fondés sur des fixations de quantité tout-à-fait arbitraires. Il est incontestable que la langue française a des syllabes manifestement longues (*pâte, trô*ne), et des syllabes manifestement brèves (*patte,* cou*ronne*), mais il n'est guère possible de déterminer la quantité de toutes les syllabes (p. ex., celle de la première syllabe de *couronne, accable*). De là vient qu'il n'y a pas deux grammairiens dont les règles ne se contredisent.

§. 169. Hexamètres, Distiques, Phaleuces mesurés.

Les premiers essais de vers *mesurés* (ce fut ainsi que les poètes nommèrent ces vers) datent du XVIᵉ siècle. Pasquier attribue à Jodelle les deux premiers vers mesurés faits en français.

> Phébus, Amour, Cypris veut sauver, nourrir et orner
> Ton vers, cœur et chef, d'ombre, de flammes, de fleurs.

Avant lui, Mousset traduisit en vers hexamètres l'Iliade et l'Odyssée. La traduction n'existe plus, mais d'Aubigné en rapporte le début.

> Chante, Déesse, le cœur furieux et l'ire d'Achillès,
> Pernicieuse qui fut, etc.

Nicolas Denisot composa quelques vers phaleuces hendécasyllabes en 1555, en l'honneur du Monophile de Pasquier.

> Or quant est de l'amour amy de vertu
> Don céleste de Dieu, je t'estime heureux, etc.

Pasquier lui-même écrivit des élégiaques. Voici les deux premiers vers d'une longue pièce:

> Rien ne me plaît, sinon de te chanter et servir et orner,
> Rien ne te plaît mon bien, rien ne te plaît que ma mort.

Turgot publia en 1778 une traduction de quelques livres de l'Énéide en vers soi-disant hexamètres.

> Déjà Didon, la superbe Didon, brûle en secret. Son cœur
> Nourrit le poison lent qui la consume et court de veine en veine.

§. 170. Vers mesurés rimés.

Le public ne goûtant guère ces jeux d'esprit, les vers mesurés endossèrent le costume français et empruntèrent la rime. Cette innovation est due à Claude Butet.

Ex.:

> Muse, reine d'Hélicon, fille de Mémoire, ô *déesse*.
> O des poètes l'appui, favorise ma *hardiesse*, etc. Baïf.

On appela ces vers baïfins. Le système, même avec cet ornement, ne faisait pas fortune. Le P. Rapin plaça la rime au milieu du vers, à l'instar des vers latins dits léonins.

> Henriette est mon *bien*; de sa bonté l'ombre je sens *bien* :
> Mais elle y joint la *rigueur*, dont elle abat ma *vigueur*, etc.

§. 171. Strophes saphiques. Vers ioniques.

La strophe saphique fut alors fort à la mode. Nous en possédons quelques-unes de Claude Butet, de Passerat, de Ronsard, de Rapin.

> Belle, dont les yeux doucement m'ont tué
> Par un doux regard qu'au cœur ils m'ont rué,
> Et m'ont en un roc insensible mué
> En mon poil grison. Ronsard.

Jean Passerat a fait un poème en vers ioniques :

> Ce petit dieu, colère archer, léger oiseau,
> A la parfin ne me laissa que le tombeau,
> Si du grand feu que je nourris ne s'amortit la vive ardeur.

§. 172. Mètres anciens possibles par la substitution de l'accent à la quantité.

Les tentatives de vers mesurés cessèrent avec Malherbe pour échouer encore une fois au XVIIIe siècle (Turgot). S'il est impossible de calquer des lignes françaises sur des mètres anciens à l'aide de la quantité, on ne saurait de même soutenir qu'il soit tout-à-fait impossible de transporter en français des mètres latins à la manière des Allemands, en substituant l'accent à la quantité.

A la mémoire de Fr. Schiller, Mr. François Sabatier-Ungher a traduit Wilhelm Tell dans le mètre de l'original

(Kœnigsberg, 1859). Dans la préface, l'auteur, pour subvenir à la pauvreté ou plutôt à la timidité de la langue française, recommande aux poètes de se servir de la langue toute vivante du peuple où ils trouveraient des richesses qui manquent à la langue poétique, de naïves beautés: il prétend que la rime qui convient bien à la poésie lyrique et didactique et aux parties lyriques du drame, est impropre au dialogue dramatique. (»Autant le monologue réflectif de l'âme qui s'interroge, se répond à elle-même dans un épanchement lyrique s'accommode de la rime, autant le dialogue irréfléchi d'individualités diverses et opposées, qui se heurtent, et se combattent en quelque sorte, semble la repousser.« »La rime découvre trop le poète sous le masque des personnages.«) Quoi qu'il en soit, l'auteur ne prétend pas introduire une réforme dans le vers dramatique, mais, au lieu d'habiller Tell à la française, voulant le montrer dans son costume national, il a dû s'abstenir de l'alexandrin rimé, et imiter le vers ïambique. Voici comment il s'y est pris. Chaque mot n'ayant qu'un seul accent tonique, le rhythme serait souvent rompu. C'est ce qui l'a obligé à donner deux accents aux mots polysyllabes en accentuant encore des syllabes où entrent des voyelles sonores, surtout si celles-ci sont accompagnées de consonnes qui en fassent ressortir l'énonciation (recómmandáble). Parce que ce sont des bourgeois et des paysans que Schiller met en scène, il a suivi les habitudes de la prononciation familière en ne tenant que fort rarement compte des liaisons et des diérèses et en se permettant l'hiatus. Comme les ïambes de Schiller ne sont pas strictement réguliers, il a tâché de reproduire ces irrégularités; mais il a aussi pris quelques licences sans l'autorisation du poète: il a plusieurs vers à six pieds, beaucoup de trochées, d'anapestes, de dactyles. Pour les passages rimés du Tell, il a voulu se conformer au procédé des Allemands: il n'observe pas plus la concordance des consonnes qui précèdent la syllabe d'appui que celle des consonnes muettes qui la suivent. Les rimes riches sont monotones selon lui. Voici des échantillons de ces vers:

Le chasseur des Alpes (I., 1.).

Tonnez, ô montagnes, chancelle, ô sentier!
Bravant le vertige va l'arbalétrier.
Par les champs de glace
il passe hardi;
là, rien qui fleurisse,
là, rien ne verdit,
De brumes flottantes un vaste océan
dérobe à ses yeux les cités des vivants;
par les trous des nuages
il voit l'univers,
là-bas, sous les ondes
les champs toujours verts.

Staouffacher (II., 2.).

Non, le pouvoir des tyrans a ses bornes.
Quand l'opprimé ne trouve plus justice,
quand son fardeau devient trop lourd — il tourne,
rempli d'espoir, son âme vers le ciel,
et là reprend ses droits, droits éternels,
qui sont et restent inaliénables,
indestructibles comme les étoiles. —
C'est l'âge de nature qui revient
où l'homme en l'homme trouve un ennemi. —
Moyen dernier, quand il n'en est plus d'autre
qui puisse aller, le fer lui fut donné. —
Nous défendrons le plus précieux des biens
contre la force. — Oui, nous combattons
pour le pays, nos femmes et nos enfants!

Il y a deux difficultés surtout qui s'opposent à l'emploi d'un rhythme régulier: ce sont les mots polysyllabes et la foule de monosyllabes inaccentués. Pour les polysyllabes, il n'y a en effet d'autre moyen que de leur donner deux accents: c'est ce que Quicherat recommande sans rien dire sur la place du second accent. Ackermann suppose l'accent d'appui affectant, selon lui, les syllabes radicales, et constituant, en seconde ligne, des temps forts à côté de l'accent tonique, qui affecte les finales. Chez Sabatier, ce n'est pas l'étymologie, mais la valeur rela-

tive des syllabes qui attire l'accent. Comme Ackermann lui-
même trouve que la prépondérance de l'élément latin n'a pas
permis à l'élément germanique de se développer en toute liberté et que ses règles sur la place de l'accent d'appui, lesquelles d'ailleurs nous n'avons trouvées que chez lui, nous
semblent plutôt provenir d'une théorie assez ingénieuse que
dérivées de l'observation de phénomènes incontestables, nous
aimons mieux adopter l'expédient de Sabatier. Le vers
ïambique:

> qui sont et restent inaliénables.

montre qu'il a non seulement doublé, mais triplé l'accent. — La
seconde difficulté semble être moins surmontable. Que faire
de ces monosyllabes inaccentués consécutifs sans l'aide desquels
on ne peut guère construire de phrase française un peu plus
longue? Faut-il les accentuer aussi quand le rhythme l'exige?
Va encore pour les prépositions (*pour, vers*) et les conjonctions
(*quand, si*) et peut-être pour les pronoms et les articles ayant
une voyelle sonore (*lui, les*), mais les monosyllabes *de, que, le,
me, te,* etc.! Ils rompent à tout moment le rhythme ïambique:
ils l'ont fait aussi chez Sabatier, abstraction faite des dactyles
et des anapestes:

> c'est l'âge *de* nature qui revient.

Nous dirons donc que la langue française ne comporte pas
de rhythme régulier, du moins dans un ouvrage de longue haleine, comme le drame, l'épopée: qu'elle peut tout au plus
produire des vers qui ïambisent, c'est-à-dire ont quelque analogie avec les ïambes. Mais pour des pièces plus courtes une
versification exacte pourrait bien engendrer quelque chose de pa-
reil à la versification allemande (Poésies de Fournel, Paris, 1848),
même sans user de toutes les licences que prend Mr. Sabatier,
qui, d'ailleurs, proteste de n'avoir pas voulu faire des vers français, et dont les efforts de donner à ses compatriotes une meilleure idée du génie poétique de Schiller que cela ne se ferait par
une traduction prosaïque, méritent nos applaudissements sincères.
Si Mr. Sabatier veut que les poètes enrichissent le langage poé-

tique par la langue du peuple, il faut remarquer que ce principe vrai, mais sujet à de fâcheuses interprétations, a été il y a longtemps proclamé par le romantisme qui a brisé les fers d'un classicisme froid et compassé. Ce que Mr. Sabatier dit sur l'impropriété de la rime au drame a, sans doute, une grande apparence de vérité: mais que serait ce qu'un vers français ordinaire privé de la rime: ne doit-elle pas suppléer à ce qui manque à la régularité du rhythme? Quant à l'imitation de la prononciation familière, nous concédons volontiers que les règles actuelles de la rime, de l'hiatus et de la valeur de l'e muet sont inconséquentes et capricieuses (nous en avons déjà parlé relativement à la rime; pour l'hiatus, il en sera encore question) et qu'il faudrait les réformer. Mais négliger en poésie les liaisons — c'est-à-dire compter arbitrairement les syllabes finales muettes terminées par une consonne et ne pas les compter —, négliger entièrement la règle de l'hiatus, négliger la rime riche: c'est, selon notre avis, jeter l'or avec les crasses. Un système semblable a été employé dans une espèce de poésie légère et populaire: mais il ne convient certainement pas au drame, quand même ce sont des paysans et des bourgeois qui parlent. Mr. Sabatier croit imiter en cela Schiller: mais je demande à un Allemand quelconque si le langage poétique du Tell ne s'élève point au-dessus du langage vulgaire. Quant à la rime riche que Mr. Sabatier accuse d'être monotone, il remarque lui-même que la rime suffisante, la plupart des finales étant muettes, réduit la rime très-souvent à une simple assonance. Nous autres Allemands, nous pouvons bien mieux nous contenter de la rime suffisante, parce que nos finales sont sonores et variées.

D. DES STANCES.

Chap. XXIII. Des Stances en général.

§. 173. Répétition du même vers ou de la même paire de vers.

Les vers d'un poème peuvent être arrangés d'une manière régulière ou d'une manière irrégulière ou libre. Il y a trois classes d'arrangement régulier, deux classes d'arrangement irrégulier.

Arrangement sujet à une règle:

a) Le poème répète le même vers d'un bout à l'autre. Cela se voit dans la plupart des tragédies et des comédies, dans les épopées, les satires, les épîtres. Les rimes sont plates.

b) Le poème répète la même paire de vers. C'est une forme assez rare, dont il y a un exemple dans les Odes de Ronsard (XIX.):

> Jeune beauté, mais trop outrecuidée
> Des présens de Vénus,
> Quand tu voirras ta peau toute ridée
> Et tes cheveux chenus, etc.

Les rimes sont croisées.

§. 174. Stances régulières. (Strophes. Couplets.)

c) Le poème est composé de *stances* régulières, c-à-d. de plusieurs suites de vers qui se ressemblent l'une à l'autre et dont chacune forme d'ordinaire un sens complet et un total de rimes. Dans l'ode, les stances se nomment *strophes* et *couplets* dans la chanson. Les stances sont régulières:

1° lorsque chacune a le même nombre de vers;

2° lorsque chaque vers correspondant a le même nombre de syllabes;

3° lorsque chaque stance a le même entrelacement de rimes;

4° lorsque chacune commence et finit par des rimes d'un genre opposé.

10

Malherbe proscrivit la longue période lyrique et ordonna
aux poètes, sous prétexte de faire mieux sentir la cadence, de
terminer le sens avec chaque strophe. Puisque cette règle observée rigoureusement gêne le mouvement de la pensée et in-
terrompt le cours de la période lyrique, les poètes, surtout les
poètes romantiques à l'exemple de Chénier, se sont permis de
ne pas toujours l'observer, et en continuant le sens d'une strophe
à l'autre, ils ont trouvé quelquefois de beaux effets (Herrig et
Burguy, p. 500.). Il ne faut donc pas que les stances soient
toujours terminées par un repos complet marqué par un
point. Quelquefois une simple suspension suffit; ce qui a lieu
surtout lorsqu'on annonce un discours, lorsqu'on fait une énu-
mération, lorsqu'on introduit une longue phrase subordonnée,
commençant ordinairement par *si* ou *lorsque*. Ainsi nous voyons dans Rousseau:

> Déesse des héros, qu'adorent en idée
> Tant d'illustres amans, dont l'ardeur hasardée
> Ne consacre qu'à toi ses vœux et ses efforts;
> Toi qu'ils ne verront point, que nul n'a jamais vue,
> Et dont pour les vivans la faveur suspendue
> Ne s'accorde qu'aux morts;
>
> Vierge non encor née, en qui tout doit renaître, etc.

dans A. de Chénier (A Ch. Corday):

> Quoi! tandis que partout, ou sincères ou feintes,
> Des lâches, des pervers les larmes et les plaintes
> Consacrent leur Marat parmi les immortels;
> Et que, prêtre orgueilleux de cette idole vile,
> Des fanges du Parnasse un impudent reptile
> Vomit un hymne infâme au pied de ses autels;
>
> La vérité se tait! —

Il n'y a que les tercets qui ne forment jamais, et les quatrains qui ne forment pas toujours un total de rimes. — Nous
ajoutons aux poèmes composés de stances les petites poésies
qui ne consistent qu'en un seule stance.

§. 175. Nombre de vers.

Les stances ont ordinairement ou quatre vers (*quatrain*),
ou cinq vers (*quintil*), ou six vers (*sixain*) ou sept vers (*sep-*

tain), ou huit vers (*huitain* ou *octave*), ou neuf vers (*neuvain*), ou dix vers (*dizain*). Les autres genres de stances sont beaucoup plus rares. Les stances de trois vers (*tercet*), très fréquentes en italien, n'ont pas été adoptées par l'usage, comme trop courtes pour former un entrelacement de rimes. Les stances de onze vers (*onzain*), celles de douze vers (*douzain*) et, à plus forte raison, celles de plus de douze vers sont trop longues pour que l'oreille puisse bien en apprécier la cadence.

La stance de treize vers se trouve dans Raoul de Soissons (Id., E., II., p. 363.), dans quelques chansons de Marot (XII., p. 305.), de Saint-Gelais, de Panard (II. Id., p. 355.), de Béranger, quand on regarde le refrain comme partie du couplet, (l'Exilé, l'Orage, les Souvenirs du peuple, Jean de Paris), dans Nanna de Delavigne (Herrig, p. 577.). La stance de quatorze vers est dans Thibaut (*Messire Guiz, moult me sied la partie*), dans Béranger (le Retour dans la patrie, les Contrebandiers). La stance de quinze vers se lit dans le même poète (le bon Ménage). La stance de seize vers a été laissée par Martial de Paris, celle de dix-huit vers par Rabelais, celle de vingt par J. Marot.

§. 176. Stances isomètres. Mélange de mètres.

Ou les stances répètent le même vers d'un bout à l'autre (stances *isomètres*), ou elles présentent le mélange de deux mètres différents. Il existe entre les différents mètres des concordances naturelles que l'oreille apprécie. En général, deux mètres qui ne diffèrent que d'une syllabe ne peuvent s'entrelacer. Le mètre le plus court semble boiter désagréablement. Malherbe (p. 215.) entremêle d'une manière peu harmonieuse des vers de six syllabes parmi des vers de cinq:

> Que n'êtes vous lassées,
> Mes tristes pensées
> De troubler ma raison?
> Et faire avecque blâme
> Rebeller mon âme
> Contre sa guérison.

10*

Les vers de sept ont une marche sautillante qui leur est propre, et ils veulent être isolés. Les vers qui s'entremêlent avec le plus de grâce sont les vers de douze syllabes et ceux de huit ou ceux de six. Le vers de dix ne se joint pas bien au vers de douze.

Les plus célèbres poètes lyriques, Malherbe et Rousseau, n'ont pas employé plus de deux mètres dans une stance, et leur exemple a consacré cette méthode, qui d'ailleurs est ratifiée, dit Quicherat, par le jugement de l'oreille.

Mais du temps de Henri IV et de Louis XIII, les poètes alliaient assez souvent trois mètres dans une stance. Le mélange de mètres est très-commun dans les pièces destinées à être chantées.

§. 177. Entrelacement de rimes.

Les stances ont nécessairement les rimes croisées et les rimes redoublées. Quelquefois deux rimes plates sont mêlées à des rimes croisées. La règle générale de la succession des rimes doit y être respectée (§. 78.). Anciennement, il n'en était pas ainsi. Jusqu'à Malherbe, la nécessité des rimes croisées ne fut pas reconnue. Les rimes plates étaient admises concurremment.

Ex.:

> Ce petit enfant Amour
> Cueilloit des fleurs à l'entour
> D'une ruche où les avettes
> Font leurs petites logettes. Ronsard.

Même Delille a suivi une fois cet exemple, depuis bien longtemps abandonné. Les rimes plates se trouvent aussi dans Béranger.

Les anciens poètes offrent aussi des stances monorimes et des stances qui n'ont que des rimes masculines différentes, ou des rimes féminines différentes.

Ex.:

> Evangéliste, apôtre, martyr et confesseur,
> Por Dieu je t'offrirai de la mort le presseur,

Or vous, y gardez bien, qui êtes successeur,
Qu'on n'a pas paradis sans martyre pluseur. Rutebeuf.

> Les douces dolors
> Et li mal plaisant
> Qui vienent d'amors
> Sont dols et cuisants;
> Et qui fait fol hardement,
> A paines aura secors,
> J'en fis un, dont la pavors
> Me tient ou cors, ke je sens. Thibaut. (Idel., E., II., p. 21.)

Dans les chansons de Béranger, nous rencontrons aussi quelquefois deux rimes différentes du même genre placées l'une à côté de l'autre.

Ex.:

> Je suis devin, mes chers amis;
> L'avenir qui nous est permis
> Se découvre à mon art subtil.
> Ainsi soit-il! Bér., Ainsi soit-il.

§. 178. Rime du dernier vers d'une stance et du premier de la stance suivante.

1° En conséquence de la règle générale sur la succession des rimes, une stance ne doit pas se terminer par une rime de même nature que celle qui commence la stance suivante; ou ce qui revient au même, une stance ne doit pas commencer et finir par des rimes de même nature. Comme les stances se terminent mieux par une rime masculine, repos naturel à l'oreille, elles commencent par une rime féminine. C'est Rousseau qui a établi cette règle. Malherbe ne la viole que rarement. Les disciples de Malherbe ne l'observent pas encore. Boileau l'ignore; La Fontaine a péché une seule fois contre cette règle; aussi Lamotte y manque quelquefois.

Dans les Couplets destinés à la musique on peut ne pas l'observer. Dans Béranger, les Enfants de la France, le premier couplet finit par:

> Honneur aux enfants de la *France!*

et le second commence:

> De tes grandeurs tu sus te faire *absoudre.*

2° La règle sur le retour de la même rime exposée
§. 77. défend que la rime qui termine une stance offre une
consonnance à peu près semblable à la rime du vers suivant,
comme si une stance finissait par le mot *imprévu*, et que la
suivante commençât par le mot *vue*.

§. 179. Vers libres.

Nous avons dit qu'il y a deux classes de poèmes sans arrangement réglé des vers. 1° Les vers *libres* sont des vers
où le poète peut mêler les rimes à son gré, et donner à chaque
vers tel nombre de syllabes qu'il juge à propos, sous la con-
dition expresse de produire un ensemble bien cadencé, d'observer la règle générale de la succession des rimes, de ne pas
allier des mètres discordants (§. 176.). La fable de La Fontaine, citée §. 81., peut servir de modèle.

§. 180. Stances irrégulières.

2° Quand les vers libres d'un poème se divisent en plusieurs stances, c.-à-d. suites de vers formant un sens complet
et un total de rimes, mais qui ne se ressemblent pas l'une à
l'autre, on dit qu'il est composé de *stances irrégulières*.

Le nombre de vers, comme dans les stances régulières, y
excède rarement la douzaine, mais le mélange des mètres y
est aussi illimité que dans les vers libres.

Racine, Esther, I., 5.:

> Arme-toi, viens nous défendre:
> Descends, tel qu'autrefois la mer te vit descendre.
> Que les méchants apprennent aujourd'hui
> A craindre ta colère.
> Qu'ils soient comme la poudre et la paille légère
> Que le vent chasse devant lui.

Les stances irrégulières des poètes romantiques du XIXe
siècle ne mêlent d'ordinaire que deux mètres à l'exemple des
stances régulières.

La règle de la succession des rimes n'est pas rarement
violée dans les chœurs de Racine:

Une autre.

Ainsi l'on vit l'aimable Samuel
Croître à l'ombre du tabernacle:
Il devint des Hébreux l'espérance et l'oracle.
Puisses-tu, comme lui, consoler *Israël!*

Une autre chante.

O bienheureux mille *fois*, etc. Ath., II., 9.

Je n'ai pas trouvé que 'les poètes romantiques aient pris cette liberté.

Comme une stance ne ressemble pas à l'autre, il est permis de commencer et de finir une stance par une rime du même genre, pourvu que la stance suivante commence par un genre de rimes opposé. La Messénienne de Cas. Delavigne intitulée *A Napoléon* commence ainsi:

De lumière et d'*obscurité*,
De néant et de gloire étonnant assemblage,
Astre fatal aux rois comme à la liberté;
Au plus haut de ton cours porté par un orage,
Et par un orage emporté,
Toi qui n'as rien connu, dans ton sanglant passage,
D'égal à ton bonheur que ton *adversité*;

Dieu mortel, sous les pieds les monts courbant leurs *têtes*, etc.

Chap. XXIV. 1. Des Tercets.

§. 181. Mesure: a) Isomètres.

Malgré[1]) quelques tentatives faites au XVIe siècle pour introduire les tercets dans la poésie des stances régulières, ils n'ont pas trouvé beaucoup de faveur: ils sont plus fréquents dans les stances irrégulières. Quant à la mesure, ils sont presque toujours isomètres.

---

1) En traitant les stances, nous ne regarderons que les stances régulières: car les stances irrégulières rentrent presque dans les vers libres. Nous n'y recourrons que là où les exemples de stances régulières nous manquent, et nous mettrons les exemples pris dans les stances irrégulières entre deux parenthèses.

Décasyllabes. Ex.:

> Après les vents, après le triste orage,
> Après l'hiver, qui de ravines d'eaux
> Avait noyé les bœufs du labourage:
>
> Voici venir les ventelets nouveaux
> Du beau printemps. Déjà dedans leur rive
> Se vont serrer les éclaircis ruisseaux. Baïf.

Le Maire, Saint-Gelais, Desportes. (Quich., p. 549.)

Octosyllabes. Ex.:

> Le souverain en équité
> Mettra partout tranquillité;
> Car vouloir en a et puissance.
>
> On lui dira la vérité;
> Faire n'y faut difficulté:
> Je le prends sur ma conscience. Henri Baude.

Heptasyllabes. Ex.:

> Quel bonheur! quelle victoire!
> Quel triomphe! quelle gloire!
> Les Amours sont désarmés.
>
> Jeunes cœurs, rompez vos chaînes,
> Cessons de craindre les peines
> Dont nous sommes alarmés. Rousseau.

Passerat (Quich., p. 550.).

Pentasyllabes. Ex.:

> Ici la beauté,
> Esclave et sans armes
> Dompte la fierté.
>
> Ici la beauté
> Venge par ses charmes
> Sa captivité. La Motte, Opéra.

§. 182. b) Mélange de mètres.

[Le mélange de deux mètres se trouve dans les stances irrégulières d'Esther de Racine, Acte I.

Tout le Chœur.

> Le Dieu que nous servons est le Dieu des combats:
> Non, non, il ne souffrira pas
> Qu'on égorge ainsi l'innocence.

Une Israélite, seule.
Hé quoi! dirait l'impiété
Où donc est-il ce Dieu si redouté
Dont Israël nous vantait la puissance?]

§. 183. Entrelacement de rimes régulier.

Comme trois vers ne suffisent pas à un entrelacement de rimes, il est de rigueur que, dans les tercets, deux stances s'allient pour former un ensemble de rimes. Les meilleures formes sont [1]):

$f\,f\,m \mid f^3\,f^2\,m$ Rousseau, Cantate §. 181.
[$m\,m\,f \mid m^2\,m^2\,f$ Racine, Esther §. 182.]

§. 184. Entrelacement de rimes irrégulier.

Souvent, dans les anciens poètes, l'entrelacement des rimes s'étend au delà de deux stances.

$f\,m\,f \mid m\,f^2\,m$ §. 181., Baïf.
$f\,f^2\,f \mid f^2\,f^3\,f^2 \mid f^3\,f^4\,f^3$ Le Maire. St.-Gelais (Quich., p. 549.).

Notez dans la dernière forme l'usage exclusif de rimes féminines. On désapprouvera encore le rapprochement de deux rimes différentes du même genre dans les formes suivantes:

a) entre le premier et le second tercet:

$f\,m\,f \mid f^2\,m\,f^2$ Desportes (Quich., p. 549.).

b) entre le second et le troisième tercet:

$m\,f\,m \mid m\,f\,m \mid m^2\,f^2\,m^2 \mid m^2\,f^2\,m^2$ §. 181., La Motte (Quich., p. 220.).

Les rimes masculines sont redoublées dans La Motte. Passerat a redoublé les rimes féminines (Quich., p. 550.):

$f\,m\,f \mid f\,m\,f$.

---

1) Pour n'avoir pas besoin de faire imprimer des stances entières qui ne servent qu'à démontrer l'entrelacement de rimes, nous ne ferons que citer l'endroit où elles se trouvent, en désignant par m, f la première paire de rimes masculines ou féminines, par m^2, f^2 la seconde paire, et ainsi de suite.

Chap. XXV. 2. Des Quatrains.

§. 185. Mesure: a) Isomètres.

Le quatrain peut employer des vers de même mesure:

des vers de douze:

> Et j'ai dit dans mon cœur: Que faire de la vie?
> Irai-je encor, suivant ceux qui m'ont devancé,
> Comme l'agneau qui passe où sa mère a passé
> Imiter des mortels l'immortelle folie? Lamart., Nouv. Méd. XIX.

Basselin, les Pots et les Tonneaux (Herrig, p. 69.).

des décasyllabes:

> O mes amis, que ce banquet m'enchante!
> J'aime ces jeux, ce désordre et ces cris;
> Des vins fumans la pourpre étincelante,
> Ces fruits épars et ces joyeux débris. Cas. Delav., A mes amis.

des vers de huit:

> Tu nous rends nos derniers signaux:
> Le long du bord le cable crie;
> L'ancre s'élève et sort des eaux,
> La voile s'ouvre; adieu, patrie! Delav., le Voyageur.

des vers de sept:

> Le petit enfant Amour
> Cueilloit des fleurs à l'entour
> D'une ruche, où les avettes
> Font leurs petites logettes. Ronsard, Odes, p. 129.

des vers de six:

> Je sais trop, dieu terrible,
> Quels sont tous mes forfaits.
> Serez-vous inflexible,
> Vous qui nous avez faits? Le Franc, Hymne (II. Id., p. 345.).

des vers de cinq:

> O jour de colère,
> Terribles momens!
> O jour de misère,
> De pleurs, de tourmens! Le Franc, Hymne (II. Id., p. 345.)

Mme Desbordes-Valmore, Qu'en avez-vous fait? (Ébener, Alb. poét.)

§. 186. b) Mélange de deux mètres: 1) Vers alexandrins et décasyllabes.

[12. 10. 12. 12. Rac., Esth., II., 9.]

10. 10. 12. 12. Desbordes-Valmore, Souvenir (Ében., Alb. poét.).

12. 10. 12. 10. Racine (Quich., p. 223.).

12. 10. 10. 10. Rac., Esth., I., 5.

Ex.:

> Nous t'implorons, Seigneur; tes bontés sont nos armes;
> De tout péché rends-nous purs à tes yeux;
> Fais que, t'ayant chanté dans ce séjour de larmes,
> Nous te chantions dans le repos des cieux. Rac.

§. 187. 2) Alexandrins et octosyllabes.

Le mélange des alexandrins avec les octosyllabes est plus fréquent et plus harmonieux que le mélange des alexandrins avec les décasyllabes.

Il se fait de toutes les manières possibles:

8. 12. 12. 12. Volt. (II. Id., p. 490.).

12. 8. 12. 12. Id. (Ibid., p. 491.)

12. 12. 8. 12. Corn. (Quich., p. 225.).

12. 12. 12. 8. Rouss. (Ibid., p. 223.).

8. 8. 12. 12. Je ne sais si cette forme existe.

8. 12. 8. 12. Rouss. (Quich., p. 224.); Chênedollé, le Voyag. (IV. Id., p. 187.). La forme la plus usitée.

8. 12. 12. 8. Le Brun. Corn. (Quich., p. 224.).

12. 8. 8. 12. Corn. (Ibid., p. 225.); Bouflers (II. Id., p. 607.).

12. 8. 12. 8. Rouss. (Quich., p. 224.); Grécourt (II. Id., p. 357.).

12. 12. 8. 8. Corn. (Quich., p. 225.); Deshoul. (II. Id., p. 262.); Volt. (II. Id., p. 491.); Bouflers (Ibid., p. 607.).

8. 8. 8. 12. Le Brun (Quich., p. 225.).

8. 8. 12. 8. Volt. (II. Id., p. 491.).

8. 12. 8. 8. Le Brun (Quich., p. 225.; IV. Id., p. 14.).

12. 8. 8. 8. Corn. (Quich., p. 225.).

Ex.:

Peuples, élevez vos concerts: .
Poussez des cris de joie et des chants de victoire:
Voici le roi de l'univers
Qui vient faire éclater sa puissance' et sa gloire. Rouss.

§. 188. 3) Alexandrins et heptasyllabes.

Le mélange des alexandrins et des heptasyllabes est bien rare. Ex.:

Il descend ce cercueil; et les roses sans taches
Qu'un père y déposa, tribut de sa douleur,
Terre, tu les portas, et maintenant tu caches
        Jeune fille et jeune fleur. Chateaubriand, Stances sur
        la mort d'Élisa Mercœur (Herrig, p. 517.).

§. 189. 4) Alexandrins et hexasyllabes.

12. 6. 12. 12. Malherbe (Quich., p. 226.).

12. 12. 12. 6. Malherbe, Ode (Herrig, p. 157.); Rouss. (Quich., p. 226.); Vigny, le Combat (Herrig, p. 565.); Hugo, le Retour de l'Emp.

12. 6. 12. 6. Basselin, A son nez (Herrig, p. 68.); Ronsard (p. 71.); Malherbe, A du Périer (II. Id., p. 24.); Valincour, Épître (Ibid., p. 265.); Hugo, Canaris.

6. 6. 6. 12. Le Franc (Quich., p. 226.).

Les formes les plus usitées sont la seconde et la troisième. En voici des exemples:

Ainsi près d'Aboukir reposait ma frégate;
A l'ancre dans la rade, en avant des vaisseaux,
On voyait de bien loin son corset d'écarlate
        Se mirer dans les eaux. Vigny.

Mais elle étoit du monde où les plus belles choses
        Ont le pire destin;
Et, rose, elle a vécu ce que vivent les roses,
        L'espace d'un matin. Malherbe.

§. 190. 5) Alexandrins et tétrasyllabes.

[Les alexandrins et les tétrasyllabes sont entremêlés dans les stances irrégulières de Mlle Cotte, La jeune fille mourante (Paris, T. XII.).

Ainsi chantait Iphis: sa lyre languissante
Murmurait . . . s'éteignait . . . comme un écho lointain;
Et sa muse expira sur sa lèvre expirante,
    Le lendemain!]

§. 191. 6) Alexandrins et trisyllabes.

V. Hugo a accouplé les alexandrins et les vers de trois
syllabes dans:

La pauvre fleur disait au papillon céleste:
    — Ne fuis pas.
Vois comme nos destins sont différents. Je reste,
    Tu t'en vas!

et dans le petit poème intitulé: *Envoi à . . .*

§. 192. 7) Décasyllabes et octosyllabes.

Corn. (Quich., p. 224.):

Depuis qu'un malheureux adieu
Rendit vers vous ma flamme criminelle,
Tout l'univers, prenant votre querelle,
Contre moi conspire en ce lieu.

§. 193. 8) Décasyllabes et heptasyllabes.

[Chateaubriand, Moïse (Kaum., p. 175.), dans des stances
irrégulières:

Imitons dans nos concerts
Le pélican des déserts;
Jacob, ta gloire est passée,
Et de ton Dieu la clémence est lassée.]

§. 194. 9) Décasyllabes et hexasyllabes.

10. 10. 10. 6. Delille (Quich., p. 226.).
[10. 10.   6. 6. Rac., Esth., II., 9.]
    Ex.:

Heureux celui qui près de toi soupire;
Qui sur lui seul attire ces beaux yeux,
Ce doux regard et ce tendre sourire!
    Il est égal aux dieux. Delille.

§. 195. 10) Décasyllabes et tétrasyllabes.

10. 10. 10. 4. Basselin (Id., E. II., p. 145.); Martial d'Auv.
    (Ibid., p. 172.).

Ex.:
Que Noé fut un patriarche digne!
Car ce fut luy qui nous planta la vigne,
Et beut premier le jus de son raisin.
O le bon vin! Basselin.

§. 196. 11) Octosyllabes et hexasyllabes.

8. 6. 8. 6. Fournel.

Ex.:
Le ciel est bleu, la plaine est verte,
A quoi rêvent ces fleurs?
Comme un œil chacune est ouverte,
Comme un bel œil en pleurs. Fournel.

§. 197. 12) Octosyllabes et tétrasyllabes.

8. 8. 8. 4. Béranger, Ainsi soit-il, cité §. 177.
8. 4. 8. 4. Garnier (Quich., p. 552.).

Ex.:
Comment veut-on que maintenant,
Si désolées,
Nous allions la flûte entonnant
Dans ces vallées? Garnier.

§. 198. 13) Heptasyllabes et pentasyllabes.

5. 5. 7. 7. Froissart, Virelai (Herrig, p. 63.).
[7. 5. 7. 5. Le Franc, Hymne (II. Id., p. 346.).]

Ex.:
On dit que j'ay bien maniere
D'estre orguillousette;
Bien affiert à estre fiere
Jeune pucelette. Froissart.

§. 199. 14) Heptasyllabes et tétrasyllabes.

7. 4. 7. 4. Baïf (Quich., p. 552.).

Ex.:
Bien plus tes yeux m'ont épris,
Qui de leur flamme
Éblouissant mes esprits,
Brûlent mon âme. Baïf.

§. 200. 15) Hexasyllabes et tétrasyllabes.

6. 6. 6. 4. Ronsard (p. 122.).
6. 4. 6. 4. Hugo.

Ex.:
Puisqu'ici bas toute âme
Donne à quelqu'un
Sa musique, sa flamme
Ou son parfum. Hugo.

§. 201. c) Mélange de trois mètres.

Le mélange de trois mètres convient surtout aux stances irrégulières et aux poèmes qui n'ont qu'une stance. En voici des exemples:

[12. 10. 8. 12. Rac., Esth., I., 2.]
 12. 12. 8. 10. Corn. (Quich., p. 266.).
[12. 8. 12. 7. Lamart., Hymne du soir.]
  8. 8. 12. 6. Motin (Quich., p. 266.).
  8. 12. 8. 4. Lemerc., Ghazel (IV. Id., p. 310.).

§. 202. Entrelacement de rimes régulier.

Ordinairement les rimes sont croisées: c'est la meilleure forme des quatrains.

f m f m §. 188., Chateaubr.
m f m f §. 185., Vers de huit syllabes.

Quelquefois la seconde forme des rimes croisées est employée de sorte que deux stances forment un total de rimes:

m f f m | *f² m² m² f²* Chaulieu (Quich., p. 222.); Lamart.,
        Souvenir.
f m m f | *m² f² f² m²* Rousseau (Quich., p. 222.); Chaulieu,
        sur Fontenal (II. Id., p. 246.); La-
        mart., le Soir.

§. 203. Entrelacement de rimes irrégulier.

Il existe un ancien genre de poésie qui fut fort en vogue jusqu'à Marot: ce sont des récits appelés *dicts* ou *dictiés*, pour lesquels on mettait d'ordinaire en usage une stance de quatre alexandrins monorimes, citée déjà §. 177.

Béranger a employé deux paires de rimes masculines plates

dans *Ainsi soit-il*, cité §. 177.: m m m^2 m^2; C. Marot, Ch. XXI., p. 319. deux paires de rimes masculines croisées: m m^2 m^2 m.

Les anciens poètes se servent des rimes plates: f f m m §. 195.; Malherbe (Quich., p. 578.).

Nous trouvons ces rimes encore dans Delille (Quich., p. 271.). m m f f §. 185., vers de sept syllabes. —

La suite de trois rimes pareilles se lit dans Garnier: m m m f | m^2 m^2 m^2 f

C. Marot, Ch. V., p. 301. a distribué ainsi les rimes: f m m f, Lamotte: m f f m (Quich., p. 577.), en employant les mêmes rimes dans chaque stance.

L'entrelacement des rimes s'étend au-delà de deux stances:

1° dans une stance commune à la fin du XVI° siècle. Elle commençait par trois rimes pareilles, puis venait une succession non interrompue de quatre vers monorimes:

S'ébahit-on si je suis éplorée?
S'ébahit-on si je suis décolorée,
Voyant celui qui m'a tant honorée
 Être à la mort.
O Seigneur Dieu, tire son pied du bord
D'obscure tombe; ou bien, pour mon support,
Avecques lui fais moi passer le port
 Du mortel fleuve. C. Marot, p. 262.

2° dans des stances où les deux formes de rimes croisées sont mêlées: m f m f | m^2 f^2 f^2 m^2 | f^3 m^3 m^3 f^3 Volt. (Quich., p. 223.).

Chap. XXVI. 3. Des Quintils.

§. 204. Mesure: a) Isomètres.

Le plus ordinairement, le quintil est isomètre. Alexandrins:

Dors-tu?... réveille-toi, mère de notre mère!
D'ordinaire en dormant ta bouche remuait;
Car ton sommeil souvent ressemble à ta prière.
Mais, ce soir, on dirait la madone de pierre;
Ta lèvre est immobile et ton souffle est muet. Hugo, La Grand' mère.

Décasyllabes:

> Lorsque l'ennui pénètre dans mon fort,
> Priez pour moi: je suis mort, je suis mort!
> Quand le plaisir à grand coups m'abreuvant
> Gaîment m'assiége et derrière et devant,
> Je suis vivant, bien vivant, très-vivant! Bérang., le Mort vivant.

Marot (Quich., p. 228.); Rousseau, Circé (II. Id., p. 311.).

Octosyllabes:

> Murmure autour de ma nacelle,
> Douce mer, dont les flots chéris,
> Ainsi qu'une amante fidèle,
> Jettent une plainte éternelle
> Sur ces poétiques débris. Lamart., Adieux à la mer.

Ronsard, p. 139.; Chapelle (Quich., p. 227.); Voltaire (Ibid., p. 228.); Hugo, la Fiancée du Timbalier, la Prière V.; Béranger, la Prisonnière.

Heptasyllabes:

> Mon Choiseul, lève tes yeux,
> Ces mesmes flambeaux des cieux,
> Ce Soleil et ceste Lune,
> C'estoit la mesme commune
> Qui luisoit à nos ayeux. Ronsard, Odes, p. 145.

Alain Chartier (Quich., p. 554.); Baïf (Ibid., p. 228.); Ronsard, p. 112.; Chaulieu (Ibid., p. 227.).

Hexasyllabes:

> Disciples d'Épicure,
> Suivons, sans déroger,
> Cette loi que nature
> Sait si bien propager:
> Il faut boire et manger. Désaugiers.

Hugo, la Prière IX.

Pentasyllabes:

> Lis que fait éclore,
> Le frais arrosoir!
> Ambre que Dieu dore!
> Souffle de l'aurore,
> Haleine du soir! Hugo, la Prière VII.

§. 205. b) Mélange de deux mètres: 1) Alexandrins et octosyllabes.

Le mélange des alexandrins et des octosyllabes est très-fréquent.

[12. 8. 12. 12. 12. Le Brun, Ode à l'immort.]

[12. 12. 12. 8. 12. Delavigne, A Napol.]

12. 12. 12. 12. 8. Rousseau (Quich., p. 228.); Tastu, Dimanche (Detroit I., p. 78.); Hugo, la Fille d'O-Taïti.

8. 12. 12. 8. 12. Le Brun (Quich., p. 229.).

[8. 12. 12. 12. 8. Le Brun, Ode à l'immort.]

[12. 8. 8. 12. 12. Delav., la Mort de J.]

12. 8. 12. 12. 8. Hugo (Quich., p. 230.); Lamart., le Génie dans l'obscur.

12. 12. 12. 8. 8. M. Deshoul. (Quich., p. 229.).

[8. 12. 8. 8. 12. Le Brun, Ode à l'immort.]

[8. 12. 8. 12. 8. Lamart., Hymne du Soir.]

[8. 12. 12. 8. 8. Guiraud, le petit Sav.]

12. 8. 12. 8. 8. La Motte (Quich., p. 230.).

[12. 12. 8. 8. 8. Le Franc, Hymne (II. Id., p. 345.).]

8. 8. 8. 8. 12. Le Brun (Quich., p. 230.); Soumet, la pauvre Fille.

[8. 8. 12. 8. 8. Lamart., Hymne de la nuit; Delav., la Mort. de J.]

[8. 12. 8. 8. 8. Rac., Ath., II., 9.]

[12. 8. 8. 8. 8. Id., Esth., I., 5.]

En voici un modèle:

O! dis-moi, tu veux fuir? et la voile inconstante
Va bientôt de ces bords t'enlever à mes yeux?
Cette nuit j'entendais, trompant ma douce attente,
Chanter les matelots qui remplissaient leur tente:
    Je pleurais à leurs cris joyeux! Hugo, la Fille d'O-T.

§. 206. 2) Alexandrins et heptasyllabes.

[12. 12. 12. 7. 7. Lamart., Hymne du matin:

Vous qui des ouragans laissiez flotter l'empire,
Et dont l'ombre des nuits endormait le courroux
Sur l'onde qui gémit, sous l'herbe qui soupire,
    Aquilons, autans, zéphire,
    Pourquoi vous éveillez-vous?]

§. 207. 3) Alexandrins et hexasyllabes.

12. 12. 6. 12. 12. Chassignet (Quich., p. 230.).
12. 12. 12. 12. 6. Hugo, A une femme.
12. 12. 12. 6. 6. Le Brun (Quich., p. 230.).
6. 6. 6. 6. 12. Le Franc (Ibid., p. 231.).

Ex.:

> Enfant! si j'étais roi, je donnerais l'empire,
> Et mon char, et mon sceptre, et mon peuple à genoux,
> Et ma couronne d'or, et mes bains de porphyre,
> Et mes flottes à qui la mer ne peut suffire,
> > Pour un regard de vous. Hugo, A une femme.

§. 208. 4) Décasyllabes et tétrasyllabes.

10. 10. 10. 10. 4. Delav., la Mort du bandit; Desbordes, Romance (IV. Id., p. 471. et p. 578.).
10. 10. 10. 4. 4. Hugo.

Ex.;

> Oh! quand je dors, viens auprès de ma couche,
> Comme à Pétrarque apparaissait Laura,
> Et qu'en passant ton haleine me touche … —
> > Soudain ma bouche
> > S'entrouvrira. Hugo.

§. 209. 5) Octosyllabes et hexasyllabes.

8. 8. 6. 8. 6. Baïf (Quich., p. 554.).

Ex.:

> Et puisque tu veux m'avouer,
> Jamais je ne puisse louer
> > Autre nom sur ma corde;
> Jamais, pour autre chant jouer
> > Mon doux luth ne s'accorde! Baïf.

§. 210. 6) Octosyllabes et tétrasyllabes.

8. 8. 8. 8. 4. Cl. Marot, Pseaume V., p. 622.
4. 8. 8. 8. 4. Delille (Quich., p. 554.).

Ex.:

> Sur Antigone
> Œdipe s'appuyait jadis:
> Comme lui, sans yeux, sans couronne,
> De mon destin je m'applaudis
> > Près d'Antigone. Delille,

§. 211. 7) Heptasyllabes et pentasyllabes.

7. 7. 7. 7. 5. Bérang., Bon vin.

Ex.:
> L'Amour, l'Amitié, le vin,
> Vont égayer ce festin;
> Nargue de toute étiquette!
> Turlurette, turlurette
> Bon vin et fillette! Bérang.

§. 212. 8) Heptasyllabes et trisyllabes.

7. 3. 7. 7. 3. C. Marot, Étrennes, p. 415.

Ex.:
> Dix et huit ans je vous donne,
> Belle et bonne:
> Mais à votre sens rassis,
> Trente cinq ou trente six
> J'en ordonne. C. Marot.

§. 213. 9) Hexasyllabes et dissyllabes.

6. 2. 6. 6. 6. Voiture.

Ex.:
> En vous, belle Julie,
> S'allie
> La grâce et la bonté,
> Et la vertu remplie
> D'attraits et de beauté. Voiture.

§. 214. c) Mélange de trois mètres.

12. 8. 12. 8. 6. La Motte (Quich., p. 267.).
12. 12. 8. 12. 7. La Fare (Ibid., p. 267.).
8. 3. 4. 8. 8. Bérang., les Bohémiens.

§. 215. Entrelacement de rimes régulier.

L'une des deux rimes est triple, tandisque l'autre n'est que double. Les trois rimes ne doivent pas se placer de suite.

f m f m m §. 204., Vers de six.
f m m f m Rouss., Circé (II. Id., p. 311.).
f m f f m §. 205., Hugo.
f f m f m §. 213., Voiture.
m m f m f §. 209., Baïf; C. Marot, Chans. XXIII., p. 10.

[*m f m m f* Delav., A. Napol.]

[*m f f m f* Rac., Esth., I., 2.]

m f m f f?

§. 116. Entrelacement de rimes irrégulier.

Béranger, le mort vivant (§. 204., Vers de dix) a fait des quintils de rimes masculines: *m m m² m² m²*. Dans chaque stance *m* est la syllabe *ort*, *m²* la syllabe *vant*.

Alain Chartier (Quich., p. 554.) a composé des quintils dont toutes les rimes sont féminines: *f f f f f² | f² f² f² f² f*.

C. Marot, Chanson XIX., p. 308. a ainsi entremêlé les rimes féminines: *f f f² f² f*.

Dans les poésies antérieures à Rousseau, dans les stances irrégulières, et dans les chansons de Béranger, nous rencontrons souvent des quintils qui commencent et finissent par le même genre de rimes:

m m f f m §. 204., Vers de sept.

m f m f m Bérang., la Prisonnière.

m f f m m Cl. Marot, Pseaume XIV., p. 637.

f f m m f §. 212., C. Marot; Id., Chans. VI., p. 302.; XX., p. 209.

f m f m f § 210., Delille.

f m m f f Cl. Marot, Pseaume V., p. 622.; [Guiraud, le petit Sav.]

On trouve aussi quelquefois la suite de trois rimes pareilles :

m m f f f §. 211., Bérang.

m f f f m Malleville (Quich., p. 553.).

[*f m m m f* Lamart., Hymne du Soir.]

Chap. XXVII. 4. Des Sixains.

§. 217. Mesure: a) Isomètres.

La stance de six vers, appelée *sixain*, est celle que les poètes français ont le plus mis en usage.

Le sixain composé de six alexandrins était fort usité à la fin du XVIe siècle et dans le XVIIe:

> Escoute, Du Bellay, ou les Muses ont peur
> De l'enfant de Vénus, ou l'aiment de bon cœur,
> Et tousjours pas à pas accompagnent sa trace:
> Car celui qui ne veut les Amours desdaigner,
> Toutes à qui mieux mieux le viennent enseigner,
> Et sa bouche mielleuse emplissent de leur grâce. Ronsard, Odes,
>   p. 110.

Racan, la Retraite; A. Chénier, Ode à Ch. Corday; Hugo, Novembre; La Prière pour tous I., II., IV., VI.

Décasyllabes:

> Si je ne loge en ces maisons dorées
> Au front superbe, aux voutes peinturées
> D'azur, d'émail et de mille couleurs:
> Mon œil se plait aux trésors de la plaine
> Riche d'œillet, de lis, de marjolaine.
> Et du beau teint des printanières fleurs. Desportes.

Octosyllabes. Cette strophe est très-usitée.

> En vain mille jaloux esprits,
> Molière, osent avec mépris
> Censurer ton plus bel ouvrage:
> Sa charmante naïveté
> S'en va pour jamais d'âge en âge
> Divertir la postérité. Boileau, Stances à Molière.

Ronsard, p. 17., p. 33., p. 88.; Racan (Quich., p. 232.); Moncrif, Chanson (II. Id., p. 335.); Bérang., Requête, Complainte.

Heptasyllabes:

> Don Rodrigue est à la chasse.
> Sans épée et sans cuirasse,
> Un jour d'été, vers midi,
> Sous la feuillée et sur l'herbe
> Il s'assied, l'homme superbe,
> Don Rodrigue le hardi. Hugo, Rom. maur.

Ronsard, p. 9.; Volt. (Quich., p. 232.).

Hexasyllabes:

> En mon triste et doux chant
> D'un ton fort lamentable,
> Je jette un œil touchant
> De perte irréparable,

Et en soupirs cuisants
Je passe mes beaux ans. Marie Stuart, Sur la mort de Franç. I.
(Herrig, p. 144.).
Ronsard, p. 144.; Bérang., la Liberté.

§. 218. b) Mélange de deux mètres: 1) Alexandrins et décasyllabes.

Le mélange des alexandrins et des décasyllabes est rare.
[12. 12. 12. 12. 12. 10. Rac., Esth., III., 9.]
12. 12. 10. 12 12. 10. Malherbe (Quich., p. 233.).

Ex.:
C'est assez que, cinq ans, ton audace effrontée
Sur des ailes de cire aux étoiles montée,
Princes et rois ait osé défier:
La fortune l'appelle au rang de ses victimes;
Et le ciel, accusé de supporter tes crimes,
Est résolu de se justifier. Malherbe.

§. 119. 2) Alexandrins et octosyllabes.

[12. 12. 8. 12. 12. 12. Lamart., Hymne du soir.]
12. 12. 12. 12. 8. 12. Hugo, le Baptème IV., Grenade, Hymne aux morts de Juillet, la Fée et la Péri III.
12. 12. 12. 12. 12. 8. Rouss. (Quich., p. 233.); Hugo, Grenade, Napoléon II [III], à la Colonne VII.; Lamart., le Poète mour. Forme très-usitée.
12. 8. 12. 12. 12. 8. Le Brun (Quich., p. 234.).
12. 12. 8. 12. 8. 12. Deshoul. (Ibid., p. 233.).
12. 12. 8. 12. 12. 8. Gilbert (Ibid., p. 233.); Hugo, les deux Iles, IV., Moïse sur le Nil, Enthousiasme, l'Enfant, Adieux de l'hotesse, Que t'importe.
12. 12. 12. 8. 8. 12. D'Aubigny fils (Quich., p. 234.).
12. 12. 12. 8. 12. 8. Volt. (Ibid., p. 234.).
12. 12. 12. 12. 8. 8. Malherbe (Ibid., p. 233.); Desbordes, la Veillée (IV. Id., p. 579.); Hugo,

l'Arc de triomphe, les deux Iles III., la Fée III.

8. 8. 8. 12. 12. 12. Malherbe (Quich., p. 234.).

8. 8. 12. 8. 12. 12. Desmarets (Ibid., p. 235.).

[8. 8. 12. 12. 12. 8. Rac., Esth. II., 9.; Chateaubr., Moïse.]

8. 12. 8. 12. 8. 12. J. Chénier, la Solitude de Saint-Maur.

8. 8. 8. 8. 12. 12. Rouss., Ode (II. Id., p. 303.). Modèle très-usité.

8. 8. 8. 12. 12. 8. Malherbe (Quich., p. 235.).

8. 8. 12. 8. 8. 12. La Motte (Ibid., p. 235.); Gressèt, sur la Médiocrité (II. Id., p. 415.).

8. 8. 12. 12. 8. 8. Benserade (Quich., p. 236.).

8. 12. 8. 8. 8. 12. Le Brun (Ibid., p. 236.).

[12. 8. 8. 12. 8. 8. Lamart., Hymne du soir.]

12. 12. 8. 8. 8. 8. Hugo, à mes Odes.

8. 8. 8. 8. 8. 12. La Motte (Quich., p. 236.).

12. 8. 8. 8. 8. 8. Racine (Ibid., p. 236.).

Ex.:

La coupe de mes jours s'est brisée encor pleine;
Ma vie en longs soupirs s'enfuit à chaque haleine;
Ni larmes ni regrets, ne peuvent l'arrêter;
Et l'aile de la mort, sur l'airain qui me pleure,
En sons entrecoupés frappe ma dernière heure:
    Faut-il gémir? faut-il chanter?... Lamart., le Poète mour.

Seigneur, dans ton temple adorable
Quel mortel est digne d'entrer?
Qui pourra, grand Dieu, pénétrer
Ce sanctuaire impénétrable,
Où tes saints inclinés, d'un œil respectueux,
Contemplent de ton front l'éclat majestueux. Rouss., Ode.

§. 220. 3) Alexandrins et heptasyllabes.

[7. 7. 7. 7. 7. 12. Le Franc, Hymne (II. Id., p. 346.).

Ex.:   Non, le désespoir offense
Un Dieu tendre et plein d'amour,
Tout annonce sa clémence;
Il attend votre retour,
Il diffère sa vengeance
Jusqu'au dernier instant de votre dernier jour, Le Franc.]

§. 221. 4) **Alexandrins et hexasyllabes.**

12. 12. 6. 12. 12. 12. Malherbe (Quich., p. 237.).

12. 12. 12. 6. 12. 12. Malherbe (Ibid., p. 237.).

12. 12. 12. 12. 6. 12. Rouss., (Ibid., p. 237.); Thom., Ode sur le temps (II. Id., p. 371.); Le Brun (IV. Id., p. 12.). Modèle très-usité.

12. 12. 12. 12. 12. 6. Rouss. (Quich., p. 236.); Lamart., le Chrét. mour., le Chant du sacre. Modèle assez usité.

12. 6. 12. 12. 6. 12 Malherbe (Quich., p. 238.).

12. 12. 6. 12. 6. 12. Malherbe (Ibid., p. 238.).

12. 12. 6. 12. 12. 6. Basselin, Insipidité de l'eau (Herrig, p. 68.); Ronsard, p. 19.|; Rouss., Ode à Mr. le Comte du Luc; Barbier, Nisa; Hugo, le Repas libre, Lorsque l'enfant paraît, la Prière X, Mazeppa, à la Colonne I. Modèle fort pratiqué.

12. 12. 12. 6. 6. 12. D'Aubigny fils (Quich., p. 238.).

12. 12. 12. 6. 12. 6. Malherbe (Ibid., p. 238.).

12. 12. 12. 12. 6. 6. Malh., Paraphrase du Pseaume CXLV. (II. Id., p. 24.); Rouss. (Quich., p. 238.); Chênedollé, Isaïe (IV. Id., p. 188.); Lamart., Chant du sacre. Modèle très-usité.

12. 12. 6. 6. 12. 6. Malherbe (Quich., p. 239.).

12. 12. 12. 6. 6. 6. Volt., Odes VII et IX; Fréd. le Gr., Ode aux Pruss. (Herrig, p. 486.).

12. 12. 6. 6. 6. 6. Le Franc (Quich., p. 239.).

Exemples des formes les plus usitées:

Quiconque, dans son vol, ose imiter Pindare,
Sur des ailes de cire, ambitieux Icare,
Va chercher follement sa perte dans les airs;
Bientôt, précipité de la voûte céleste,
Son audace funeste
N'enrichit d'un vain nom que l'abîme des mers. Le Brun, Imit. d'Hor.

Qu'entends-je? autour de moi l'airain sacré résonne!
Quelle foule pieuse en pleurant m'environne?
Pour qui ce chant funèbre et ce pâle flambeau?
O mort! est-ce ta voix qui frappe mon oreille
Pour la dernière fois? Eh quoi! je me réveille
       Sur le bord du tombeau! Lamart., le Chrét. mour.

Tel que le vieux pasteur des troupeaux de Neptune,
Protée, à qui le ciel, père de la fortune,
      Ne cache aucuns secrets,
Sous diverse figure, arbre, flamme, fontaine
S'efforce d'échapper à la vue incertaine
      Des mortels indiscrets. Rouss., Ode.

N'espérons plus, mon âme, aux promesses du monde,
Sa lumière est un verre, et sa faveur une onde,
Que toujours quelque vent empêche de calmer,
Quittons ces vanités, lassons-nous de les suivre;
      C'est Dieu qui nous fait vivre,
      C'est Dieu qu'il faut aimer. Malh., Paraphr. du Ps. CXLV.

§. 222. 5) Décasyllabes et octosyllabes.

Le mélange des décasyllabes et des octosyllabes est bien rare.
8. 8. 10. 8. 10. 10. Bérang., Brennus.

  Ex.:

      Brennus disait aux bons Gaulois:
      Célébrez un triomphe insigne!
Les champs de Rome ont payé mes exploits,
      Et j'en rapporte un cep de vigne:
Grâce à la vigne, unissons pour toujours
L'honneur, les arts, la gloire et les amours. Bérang.

§. 223. 6) Décasyllabes et hexasyllabes.

10. 10. 10. 10. 10. 6. Richard I (Herrig, p. 42.).
10. 10. 6. 10. 10. 6. Ronsard, Am. de Mar., p. 34. L'école
      de Ronsard affectionna cette stance.
  Ex.:

      Quand j'estois libre, ains qu'une amour nouvelle.
      Ne se fust prise en ma tendre mouëlle,
        Je vivois bien heureux:
      Comme à l'envy les plus accortes filles
      Se travailloient par leurs flammes gentilles
        De me rendre amoureux. Ronsard.

§. 224.   8) Décasyllabes et pentasyllabes.

10. 10. 10. 10. 5. 5. Hugo, A L.

Ex.:

> Toute espérance, enfant, est un roseau.
> Dieu dans ses mains tient nos jours, má colombe;
> Il les dévide à son fatal fuseau,
> Puis le fil casse et notre joie en tombe;
> Car dans tout berceau
> Il germe une tombe. Hugo.

§. 225.   8) Décasyllabes et tétrasyllabes.

10. 10. 1. 4. 10. 10. La Fare, Chanson (II. Id., p. 250.).
10. 10. 4. 10. 10. 4 Marot, Élég. XVIII.; Tastu, les Feuilles
de Saule (IV. Id., p. 582.)

Ex.:

> Fils de Vénus, vos deux yeux débandez,
> Et mes écrits lisez et entendez,
> Pour voir comment
> D'un déloyal servie me rendez.
> Las! punissez-le, ou bien lui commandez
> Vivre autrement. Marot.

§. 226.   9) Octosyllabes et hexasyllabes.

8. 8. 8. 8. 8. 6. C. Marot, Pseaume XLIII., p. 665.
8. 6. 8. 6. 8. 8. St.-Amant (Quich., p. 557.).
8. 8. 6. 8. 8. 6. Basselin (Id., E., II., p. 150.); Ronsard (Quich.,
p. 557.).

Ex.:

> Qui est comme moy bon beuveur,
> Ne craint tant trouver un robeur
> Comme un mauvais beuvrage.
> Car d'un robeur on se défend;
> Mais celui qui mauvais vin prend,
> Bien tost perd tout courage. Basselin.

§. 227.   10) Octosyllabes et tétrasyllabes.

8. 8. 4. 8. 8. 4. C. Delav., le Chien du Louvre.

Ex.:

> C'était le jour de la bataille;
> Il s'élança sous la mitraille;

Son chien suivit.
Le plomb tous deux vint les atteindre;
Est-ce le maître qu'il faut plaindre?
Le chien suivit. C. Delav.

§. 228. 11) Octosyllabes et trisyllabes.

8. 3. 8. 3. 8. 8. St. Gelais (Quich., p. 558.).

Ex.:
Je ne sais plus ce qu'il me faut,
Froid ou chaud;
Je ne dors plus ni je ne veille:
C'est merveille
De se voir sain et langoureux.
Je crois que je suis amoureux. St.-Gelais.

§. 229. 12) Octosyllabes et dissyllabes.

8. 8. 8. 8. 8 2. Beuzeville, Consolations de l'orphelin (Détroit,
I., p. 81.).

8. 8. 8. 2. 8. 2. Chateaubr., Romance (IV. Id., p. 233.).

Ex.:
Combien j'ai douce souvenance
Du joli lieu de ma naissance!
Ma sœur, qu'ils étaient beaux les jours
De France!
O mon pays, sois mes amours
Toujours! Chateaubr.

§. 230. 13) Heptasyllabes et trisyllabes.

7. 3. 7. 3. 7. 7. Thibaut (Quich., p. 558.).

7. 3. 7. 7. 3. 7. Ronsard, p. 39.; Marot, Pseaume XXXVIII.,
p. 662.; Du Bellay (Quich., p. 559.); Hugo
(Ibid., p. 559.). C'est le modèle le plus fréquent de cette combinaison.

7. 7. 3. 7. 7. 3. Heures de Nostre Dame (Quich., p. 558.).

7. 3. 7. 3 7. 3. Christine (Ibid., p. 558.).

3. 3. 7. 3. 3. 7. Cl. Marot (Ibid., p. 559.); Henri IV. (Id., E. I.,
p. 216.).

Ex.:
Et cependant des campagnes
Ses compagnes

Prennent toutes le chemin.
Voici leur troupe frivole
Qui s'envole
En se tenant par la main. Hugo.

§. 231. 14) Heptasyllabes et dissyllabes.

7. 2. 7. 7. 2. 7. Fournel.

Ex.:

Cueillons cette fleur si belle,
Si frêle,
Qu'embaume une odeur de miel;
Un sylphe aux ailes dè mouche
S'y couche
Et dort, comme on dort au ciel! Fournel.

§. 232. c) Mélange de trois mètres.

[12. 8. 8. 10. 8.   8. Lamart., Hymne de la nuit].
 8. 8. 8. 12. 6. 8. Maynard (Quich., p. 267.).
12. 12. 6. 8. 8. 12. D'Aubigny père (Ibid.).
 8. 8. 6. 12. 8. 8. Racan (Ibid.).
 8. 8. 6. 12. 12. 6. Boisrobert (Ibid., p. 268.).
 8. 6. 12. 12. 8. 12. Tristan (Ibid.).
 8. 8. 12. 12. 12. 6. Anonyme (Ibid.).
 8. 8. 12. 12. 6. 12. Racan (Ibid.).
 8. 8. 9. 8. 8. 7. Bérang., la double Chasse.

§. 223. Entrelacement de rimes régulier.

Le sixain prend le plus souvent un repos après le troisième
vers, de sorte qu'il se divise en deux tercets: le premier vers
rime avec le second, le quatrième avec le cinquième, le troisième avec le sixième:

$f\ f\ m\ |\ f'^2\ f'^2\ m$ §. 217. Décasyllabes.
$m\ m\ f\ |\ m^2\ m^2 f$ §. 217., Alexandrins.

Plus rarement, on le divise en un quatrain et un distique
(réunion de deux vers).

$f\ m\ m\ f\ |\ m^2\ m^2$ Malherbe (Quich., p. 272.); §. 219., Rouss.

Quelquefois le sixain se fait sur deux rimes:

f f m f m m §. 229., Chateaubr.

f m f f m m C. Marot, Pseaume XLIII., p. 665.

f m f m f m Volt.; Rouss. (Quich., p. 232.); La Motte (Ibid., p. 236.).

[*f m m f f m* Lamart., Hymne de la nuit.].

m f m f m f §. 224., Hugo.

f m f m m m Bérang., la Liberté, p. 303.

§. 234. Entrelacement de rimes irrégulier.

Marot (Quich., p. 557.) a une stance de rimes masculines, $m\ m\ m^2\ m\ m\ m^2$, Christine (Ibid., p. 558.) une stance de rimes féminines: $f\ f\ f^2\ f^2\ f$.

C. Marot a une stance où deux rimes masculines différentes se succèdent: $f\ m\ f\ m\ m^2\ m^2$ Ps. XXXIII., p. 709. La même succession de rimes nous frappe dans Bérang., la Requête.

Les rimes plates se trouvent dans St.-Gelais et dans Ronsard, dans Passerat, dans Desportes:

$m\ m\ f\ f\ m^2\ m^2$ §. 228., St.-Gelais; Passerat (Quich.. p. 578.).

$f\ f\ m\ m\ f^2\ f^2$ [Ronsard p. 142.]; Desportes (Quich., p. 577.).

On rencontre aussi, surtout dans les vieux poètes, des stances qui commencent et finissent par le même genre de rimes: $m\ m\ f\ m^2\ f\ m$ Malherbe (Quich., p. 237. et 238.); Desmarets (Ibid., p. 235.); §. 217., Boileau.

$m\ f\ m\ f\ m^2\ m^2$ §. 217., Marie Stuart; St.-Amant (Quich., p. 557.); §. 222., Béranger. — Dans Ronsard, p. 17. deux stances forment un total de rimes:

$$m\ f\ m\ f\ m^2\ m^2$$
$$f^2\ m^3\ f^2\ m^3\ f^4\ f^4.$$

f m f m m f Thibaut (Quich., p. 558.); La Fare (II. Id., p. 250.).

$f\ f\ m\ |\ f^2\ m\ f^2$ Racan (Quich., p. 575.); Maynard (Ibid., p. 576.); Godeau (Ibid.).

Chap. XXVIII. 3. Des Septains.

§. 235. Mesure: a) Isomètres.

Le septain est le plus fréquemment isomètre.
Alexandrins:

> Oh! qu'il est saint et pur le transport du poète,
> Quand il voit en espoir , bravant la mort muette,
> Du voyage des temps la gloire revenir!
> Sur les âges futurs, de sa hauteur sublime
> Il se penche, écoutant son lointain souvenir;
> Et son nom, comme un poids jeté dans un abîme,
> Éveille un écho faible au fond de l'avenir. Hugo, (Quich., p. 241.).

Marot, chanson XXXII.

Décasyllabes:

> D'où vient cela, Seigneur, je te supply,
> Que loin de nous te tiens, les yeux couverts?
> Te caches-tu pour nous mettre en oubly,
> Mêmes au temps qui est dur et divers ?
> Par leur orgueil sont ardens les pervers
> A tourmenter l'humble, qui peu se prise:
> Fais que sur eux tombe leur entreprise! C. Marot, Chanson II.,
> p. 300.

Chans. du XIIe siècle (Quich., p. 560.); Thibaut (Herrig, p. 43.);
Marot, Chans. XIV., XV.

Octosyllabes:

> Quand mon cœur s'abreuve de joie,
> Pourquoi suis-je prêt à pleurer?
> La prairie au loin se déploie
> Sous le vent qui vient l'effleurer.
> Quel éclat dans cette verdure!
> C'est un hymne de la nature . . . .
> Pourquoi suis-je prêt à pleurer? Druineau, la jeune Fille dans
> les prés (Detroit, III., p. 279.).

Cette stance est fort ancienne, comme celle des décasyllabes.
Christine (Quich., p. 560.); Ronsard; Rousseau; Gresset; Hugo
(Quich., p. 240.).

Heptasyllabes:

> O fontaine Bellerie,
> Belle fontaine chérie

De nos Nymphes, quand ton eau
Les cache au creux de ta source
Fuyantes le Satyreau,
Qui les pourchasse à la course
Jusqu'au bord de ton ruisseau. Ronsard, p. 99.

Thibaut (Quich., p. 560.).

§. 236. b) Mélange de deux mètres: 1) Alexandrins et octosyllabes.

8. 12. 12. 12. 12. 12. 12. Parny, les Paradis (IV. Id., p. 47.).
[12. 12. 12. 12. 8. 12. 12. Delav., à Napol.]
12. 12. 12. 12. 12. 12. 8. Hugo (Quich., p. 242.).
8. 12. 12. 12. 8. 12. 12. Lainez, les Pressoirs (II. Id., p. 255.).
[12. 12. 12. 8. 12. 12. 8. Delav., à Napol.]
[12 12. 12. 12. 8. 12. 8. Id., le Départ.]
[12. 12. 12. 12. 12. 8. 8. Id., Tyrtée aux Grecs.]
[8. 12. 12. 8. 8. 12. 8. Soumet, la pauvre Fille.]
12. 8. 8. 8. 12. 12. 8. Rouss. (Quich., p. 241.).
8. 8. 8. 12. 8. 8. 12. La Motte (Ibid.).
8. 8. 8. 8. 8. 8. 12. Rouss. (Ibid.).

Ex.:

O pourquoi n'ai-je pas de mère?
Pourquoi ne suis-je pas semblable au jeune oiseau
Dont le nid se balance aux branches de l'ormeau?
Rien ne m'appartient sur la terre.
Je n'ai pas même de berceau,
Et je suis un enfant trouvé sur une pierre
Devant l'église du hameau. Soumet.

§. 237. 2) Alexandrins et heptasyllabes.

[7. 7. 7. 12. 12. 12. 12. Lamart., Hymne du soir.
Ex.:

Jusqu'au retour de l'aurore
Sur mon front je garde encore
La majesté du saint lieu ;
Et comme après Sina, de toi l'âme encor pleine,
Ton prophète n'osait descendre dans la plaine,
Je crains de profaner par la parole humaine
Mes sens encor frappés du souffle de mon Dieu! Lamart.]

§. 238. 3) Alexandrins et hexasyllabes.

12. 12. 12. 6. 6. 6. 6. Lamart. (Quich., p. 242.).

Ex.:

La terre ne sait pas la loi qui la féconde:
L'Océan, refoulé sous mon bras tout-puissant,
Sait-il comment, au gré du nocturne croissant,
De sa prison féconde
La mer vomit son onde,
Et des bords qu'elle inonde
Recule en mugissant? Lamart.

§. 239. 4) Décasyllabes et heptasyllabes.

10. 10. 10. 7. 7. 10. 10. Thibaut (Herrig, p. 43.).

Ex.:

Puisqu'il m'estuet de ma dolour chanter,
Et en chantant dire ma mesestance,
On ne doit pas à mon chant demander
Qu'il ait envoiseure;
Ainz chant selonc l'aventure,
Si con cil qui ne puet merci trouver
Et qui en soi n'a maiz point de fiance. Thibaut.

Le quatrième vers doit être écrit: *que il ait envoiséüre.*

§. 240. c) Mélange de trois mètres.

[12. 8. 12. 10. 12. 12. 12. Delav., la Mort de J. d'Arc.]
[8. 12. 12. 12. 7. 7. 12. Lamart., Hymne du matin.]
8. 8. 8. 6. 8. 6. 5. Désaug., les Inconvénients de la
fortune.
7. 7. 7. 7. 4. 4. 8. Bérang., l'Homme rangé.

§. 241. Entrelacement de rimes régulier.

Cette stance qui présente ordinairement trois rimes différentes dont l'une est triplée, est composée ou d'un quatrain et
d'un tercet:

$f\ m\ f\ m\ |\ f^2\ f^2\ m$ §. 235., Octosyllabes; Gress. (Quich., p. 240.).
Rouss., La Motte (Ibid., p. 241.).
$f\ m\ m\ f\ |\ m^2\ f^2\ m^2$ Rouss. (Ibid., p. 240. et 241.).

$m\ f\ m\ f\ |\ m^2\ m^2\ f$. Rons., p. 233. (la seconde stance: $f\ m\ f\ m$ $f^2\ f^2\ m$.)

[$m\ f\ f\ m\ |\ f^2\ m\ f^2$ Delav., à Napol.]

ou d'un tercet et d'un quatrain:

$f\ f\ m\ |\ f^2\ m\ f^2\ m$ §. 235., Alexandrins; Ronsard.

$f\ f\ m\ |\ f^2\ f^2\ f^2\ m$ §. 237., Lamart., Hugo (Quich., p. 240.).

Quelquefois le septain se fait sur deux rimes:

$f\ m\ f\ m\ m\ f\ m$ C. Marot, Chans. XL., p. 317.

$f\ m\ m\ f\ m\ f\ m$ §. 236., Soumet.

$f\ m\ m\ f\ f\ f\ m$ §. 238., Lamart.

§. 242. Entrelacement de rimes irrégulier.

Martin Lefranc a composé des septains monorimes.

Notre §. 235. montre une stance de Marot qui présente deux rimes masculines différentes qui se suivent immédiatement: $m\ m^2\ m\ m^2\ m^2\ f\ f$.

Quelques poèmes composés d'une seule stance et quelques stances irrégulières offrent des septains qui commencent et finissent par le même genre de rimes. Il faut alors, dans les stances irrégulières, que la stance prochaine commence par le genre opposé:

$m\ f\ f\ m\ |\ f^2\ f^2\ m$ Hugo (Quich., p. 242.).

$m\ m\ f\ f\ |\ m^2\ f\ m^2$ Lainez, les Pressoirs.

[$m\ f\ f\ m\ |\ f\ f\ m$ Delav., le Départ.]

[$m\ f\ m\ f\ |\ m\ f\ m$ Id., à Napol.]

[$m\ m\ f\ |\ m^2\ f\ f\ m^2$ Ibid.]

Chap. XXXIX. 6. Des Huitains.

§. 243. Mesure: a) Isomètres.

La stance de huit vers (*huitain, octave*) et surtout celle de huit octosyllabes est très-ancienne dans la poésie française. Aujourd'hui, on ne l'emploie guère que dans les chansons.

Quelquefois on la composait entièrement d'alexandrins, dit

Quicherat. Je n'en ai pu trouver d'exemple: en général les couplets composés d'alexandrins ne doivent pas dépasser six vers.

Décasyllabes:

> Voyez, amis, cette barque légère
> Qui de la vie essaie encore les flots:
> Elle contient gentille passagère.
> Ah! soyons-en les premiers matelots.
> Déjà les eaux l'enlèvent au rivage
> Que doucement elle fuit pour toujours.
> Nous qui voyons commencer le voyage,
> Par nos chansons égayons-en le cours. Bér., le Commenc. du v.

Bérang., le vieux Célibat, le bon Vieillard, la Fille du peuple; Hugo, les Djinns.

Octosyllabes:

> Dans la solitaire bourgade,
> Rêvant à ses maux tristement,
> Languissait un pauvre malade
> D'un long mal qui va consumant.
> Il disait: »Gens de la chaumière,
> Voici l'heure de la prière
> Et les tintemens du beffroi:
> Vous qui priez, priez pour moi. Millevoye, Romance (IV., Id.,
> p. 321.).

Deschamps, Ballades (Herrig, p. 67. et 68.); Ronsard, p. 100.; Rouss. (Quich., p. 243.); Lamotte (Ibid.); Hugo (Ibid., p. 244), les Djinns; Désaug., mes Châteaux (IV. Id., p. 354.).

Heptasyllabes:

> Que ne suis-je la fougère,
> Où sur le soir d'un beau jour
> Se repose ma bergère
> Sous la garde de l'Amour!
> Que ne suis-je le Zéphire
> Qni rafraîchit ses appas,
> L'air que sa bouche respire,
> La fleur qui naît sous ses pas. Riboutté, Chans (II. Id., p. 584).

Le Brun (Quich., p. 243.); Bérang., la double Ivresse, le Maître d'école, la Chatte; Hugo, les Djinns.

Hexasyllabes:

> Aux gens atrabilaires
> Pour exemple donné
> En un temps de misères
> Roger Bontemps est né.

Vivre obscur à sa guise,
Narguer les mécontens;
Eh gai! c'est la devise
Du gros Roger Bontemps. Bérang., Rog. Bont.

Bérang., ma Vocation; Désaug., le premier et le dernier Age (IV. Id., p. 358.); Hugo, la Captive, les Djinns.

Pentasyllabes:

L'ombre s'évapore
Et déjà l'aurore
De ses rayons dore
Les toits d'alentour.
Les lampes pâlissent,
Les maisons blanchissent,
Les marches s'emplissent,
On a vu le jour. Désaug., Tableau de Par. (Detroit
III., p. 253.).

Hugo, Dans l'alcôve sombre, les Djinns.

Tétrasyllabes, Trisyllabes, Dissyllabes:

Les djinns funèbres:
Fils du trépas,
Dans les ténèbres
Pressent leurs pas;
Leur essaim gronde:
Ainsi, profonde,
Murmure une onde
Qu'on ne voit pas.

Ce bruit vague
Qui s'endort,
C'est la vague
Sur le bord!
C'est la plainte
Presque éteinte
D'une sainte
Pour un mort.

On doute
La nuit ....
J'écoute: —
Tout fuit,
Tout passe;
L'espace
Efface
Le bruit. Hugo, les Djinns.

C. Marot, Építr., p. 164 — 166.; Delav., la Brigantine (Herrig, p. 577.).

§. 244. Mélange de deux mètres: 1) Alexandrins et
octosyllabes.

[8. 12. 12. 12. 12. 12. 12. 12. Cotte, la jeune Fille mour.
(Par. T. XII.)]

[12. 8. 12. 12. 12. 12. 12. 12. Delav. le Départ.]

12. 12. 8. 12. 12. 12. 12 12. Bouflers, de l'Amitié (II. Id.,
p. 607.).

[12. 12. 12. 12. 12. 12. 8. 12. Delav., à Napol.]

12. 12. 12. 12. 12. 12. 12. 8. Lamart., Hommage à l'acad.
(Par., T. VIII., p. 272.).

[12. 8. 12. 12. 12. 12. 12. 8. Cotte, la jeune Fille mour.]

[12. 12. 8. 8. 12. 12. 12. 12. Delav., la Vie de J. d'Arc.]

[12. 12. 8. 12. 12. 12. 12. 8. Delav., Tyrtée.]

12. 12. 12. 8. 12. 12. 8. 12. Gilbert (Quich., p. 246.).

[12. 12. 12. 12. 8. 12. 8. 12. Delav., le Départ.]

[8. 12. 12. 12. 8. 8. 12. 12. Parny, le Paradis (IV. Id.,
p. 48.).]

[12. 8. 12. 8. 12. 12. 12. 8 Cotte, la jeune Fille mour.]

12. 8. 12. 12. 8. 8. 12. 12. Corn., le Cid, V., 2.

[12. 12. 12. 8. 12. 8. 8. 12. Desb.,Pagan.(Büchn., p.356.).]

[12. 12. 12. 8. 12. 12. 8. 8. Delav., le Départ.]

8. 8. 8. 8. 12. 12. 12. 12. Corn., Médée, IV., 5.

[12. 8. 8. 12. 12. 12. 8. 8. Delav., Tyrtée.]

[12. 8. 12. 8. 8. 12. 8. 12. Parny, les Paradis.]

[12. 8. 12. 12. 8. 12. 8. 8. Delav., à Napol.]

12. 12. 8. 8. 8. 8. 12. 12 Le Brun, Ode (Kaum., p. 86.).

12. 12. 8. 12. 8. 8. 8. 12. Quinault, Morphée au sommeil
(II. Id., p. 177.).

[12. 12. 12. 12. 8. 8. 8. 8. Desbord., Pagan.]

8. 8. 8. 12. 12. 12. 8. 8. Habert (Quich., p. 245.).

12. 8. 8. 8. 12. 12. 8. 8. Deshoul. (II. Id., p. 262.).

12. 8. 12. 8. 8. 12. 8. 8. Corn. (Quich., p. 245.).

8. 12. 12. 8. 8. 8. 8. 8. Lemerc, Mavrogène (IV. Id.,
p. 307.).

8. 8. 8. 8. 8. 8. 12. 8. Godeau (Quich., p. 245.).

Ex.:

T'écouterai-je encor, respect de ma naissance,
    Qui fais un crime de mes feux?
T'écouterai-je, amour, dont la douce puissance
Contre ce fier tyran fait révolter mes vœux?
    Pauvre princesse, auquel des deux
    Dois-tu prêter obéissance?
Rodrigue, ta valeur te rend digne de moi;
Mais pour être vaillant tu n'es pas fils de roi. Corn., le Cid, V., 2

§. 245. 2) Alexandrins et hexasyllabes.

12. 12. 12. 6. 12. 12. 12. 12. Régnier (Quich., p. 246.)
12. 12. 12. 12. 12. 12. 12. 6. Tastu, le Serment (Kaum.,
               p. 433.).
[12. 12. 12. 6. 12. 12. 12. 6. Delav., la Vie de J. d'Arc.]
12. 12. 12. 12. 12. 6. 12. 6. Desportes (Quich., p. 246.).
[12. 6. 6. 12. 12. 12. 6. 6. Lamart., Hymne de la nuit.]

Ex.:

Ils étaient là tous trois! A travers les nuages,
La lune révélait sur leurs mâles visages
D'un héroïque espoir les présages vainqueurs:
Sous leurs habits grossiers battaient de nobles cœurs.
Un serment généreux sort de leurs bouches pures,
Et l'écho menaçant, par l'écho répété,
Redit de monts en monts, avec de sourds murmures:
    Liberté! liberté. Tastu, le Serment.

§. 246. 3) Hendécasyllabes et heptasyllabes.

7. 7. 7. 7. 7. 7. 11. 7. Bérang., le Jour des morts.

Ex.:

    Amis, entendez les cloches,
    Qui, par leurs sons gémissans,
    Nous font de bruyans reproches
    Sur nos rires indécens.
    Il est des âmes en peine,
    Dit le prêtre intéressé:
C'est le jour des morts, mirliton, mirlitaine;
    Requiescant in pace! Bérang.

§. 247. 4) Décasyllabes et octosyllabes.

10. 10. 10. 10. 10. 10. 8. 10. Bérang., le Vin.

10. 10. 10. 10. 10. 10. 10. 8. Id., le Censeur; la Décsse.
10. 10. 10. 10. 10. 10. 8. 8. Id., les Enf. de la Fr.
 8. 8. 8. 8. 10. 10. 10. 10. Id., le Prisonnier.
10. 8. 10. 8. 8. 8. 10. 10. Id., mon Habit.
10. 8. 10. 8. 10. 8. 10. 8. Id., la pauvre Femme.
 8. 8. 8. 8. 10. 10. 10. 8. Id., la Nature.
10. 8. 10. 8. 8. 8. 10. 8. Id., mes Cheveux.
 8. 8. 8. 8. 8. 8. 8. 10. Id., les Hirondelles.

Ex. :

Captif au rivage du Maure,
Un guerrier, courbé sous ses fers,
Disait: Je vous revois encore,
Oiseaux ennemis des hivers.
Hirondelles, que l'espérance
Suit jusqu'en ces brûlans climats,
Sans doute vous quittez la France.
De mon pays ne me parlez-vous pas? Bérang., les Hirond.

§. 248. 5) Décasyllabes et hexasyllabes.

10. 10. 10. 10. 10. 10. 10. 6. Châtel. de Coucy (Id., E., II.,
p. 126.); Bérang., le Dieu d.
b. g., la sainte Alliance.
10. 10. 10. 6. 10. 10. 10. 6. Du Bellay (Quich., p. 565.).

Ex. :

J'ai vu la Paix descendre sur la terre,
Semant de l'or, des fleurs et des épis.
L'air était calme, et du dieu de la guerre
Elle étouffait les foudres assoupis.
»Ah! disait-elle, égaux par la vaillance,
»Français, Anglais, Belge, Russe ou Germain,
»Peuples, formez une sainte alliance,
»Et donnez-vous la main.« Bérang., la s. All.

§. 249. 6) Ennéasyllabes et octosyllabes.

9. 8. 9. 9. 8. 8. 8. 8. Bérang., la Bacchante.
8. 8. 8. 8. 8. 8. 8. 8. 9. Id., à Arnault.

Ex. :

Cher amant, je cède à tes désirs;
De champagne enivre Julie.
Inventons, s'il se peut, des plaisirs,
Des amours épuisons la folie.

Verse-moi ce joyeux poison; (¹)
Mais surtout bois à ta maîtresse:
Je rougirais de mon ivresse,
Si tu conservais ta raison. ' Bérang., la Bacch.

§. 250. 7) Octosyllabes et heptasyllabes.

8. 8. 8. 8. 8. 8. 8. 7. Bérang., le Contrat.
7. 7. 7. 8. 8. 8. 7. 7. Id., les petits Coups.
7. 7. 7. 7. 7. 7. 8. 8. Id., les Billets d'ent.; le vieux Ménétr.;
        Adieux à des amis.

Ex.:

D'ici faut-il que je parte;
Mes amis, quand loin de vous
Je ne puis voir sur la carte
D'asile pour moi plus doux!
Même au sein de notre ivresse,
Dieu! je crois être à demain.
Fouette, cocher! dit la Sagesse;
Et me voilà sur le chemin. Bérang., Adieux.

§. 251. 8) Octosyllabes et hexasyllabes.

8. 6. 8. 6. 8. 6. 8. 6. Bérang., les Marionnettes.
8. 8. 8. 8. 6. 6. 6. 6. Du Bellay (Quich., p. 565.); Béranger,
        la Fortune.

Ex.:

Les marionnettes, croyez-moi,
Sont les jeux de tout âge.
Depuis l'artisan jusqu'au roi,
De la ville au village,
Valets, journalistes, flatteurs,
Dévotes et coquettes,
'Ah! sans compter nos grands acteurs,
Combien de marionnettes! Bérang., les Marionn.

§. 252. 9) Octosyllabes et pentasyllabes.

5. 8. 5. 8. 5. 8. 5. 8. Bernis, Romance (II. Id., p. 459.).
8. 8. 8. 8. 5. 5. 5. 5. Bérang., ma Grand' mère.

Ex.:

Écoutez l'histoire
Du beau Mysis et de Zara:
Jamais leur mémoire
Chez les amans ne périra.

Venez tous m'entendre,
Vous que l'Amour daigne inspirer;
Quand on est bien tendre,
On a du plaisir à pleurer. Bernis.

§. 253. 10) Octosyllabes et tétrasyllabes.

8. 8. 8. 8. 8. 8. 8. 4. Bérang., le Bonheur.
8. 8. 8. 4. 8. 8. 8. 4. Id., Vieux habits.
8. 4. 8. 4. 8. 4. 8. 4. Moncrif, les constants Amours (II. Id., p. 336.).

Ex.:

Pourquoi rompre leur mariage,
Méchans parens?
Ils auroient fait si bon ménage,
A tous momens.
Que sert d'avoir bague et dentelle
Pour se parer?
Ah! la richesse la plus belle
Est de s'aimer. Moncrif.

§. 254. 11) Heptasyllabes et hexasyllabes.

7. 7. 7. 7. 7. 7. 6. 7. Bérang., Margot.
6. 7. 6. 7. 7. 7. 7. 7. Id., la Bout. volée.
7. 7. 7. 7. 6. 7. 6. 7. Id., le Voisin.
7. 7. 7. 7. 7. 7. 6. 6. Id., Plus de pol.; l'Ermite.

Ex.:

Ma mie, ô vous que j'adore,
Mais qui vous plaignez toujours
Que mon pays ait encore
Trop de part à mes amours;
Si la politique ennuie,
Même en frondant les abus,
Rassurez-vous, ma mie,
Je n'en parlerai plus. Bérang., Plus de pol.

§. 255. 12) Heptasyllabes et pentasyllabes

7. 5. 7. 5. 7. 7. 7. 5. Hugo (Quich., p. 566.).
5. 5. 5. 5. 7. 7. 7. 7. Thibaut (Id., E., II., p. 21.).
7. 5. 7. 5. 7. 5. 7. 5. Bérang., la Restauration.
Une stance de Thibaut a été transcrite §. 177.

§. 256.   13) Heptasyllabes et trisyllabes.

7. 7. 3. 7. 7. 7. 3. 7. De Croy (Quich., p. 566.).

7. 7. 7. 7. 3. 3. 3. 7. Nodier, le Retour au village (IV. Id., p. 491.).

Ex.:

Je vais revoir mon village,
Les lieux que j'ai tant chéris,
Et la montagne sauvage,
Et les églantiers fleuris:
   Douce trève
   Qu'un long rève
   Qui s'achève
Laisse encor à mes esprits. Nodier.

§. 257.   14) Heptasyllabes et tétrasyllabes.

6. 6. 6 6. 4. 6. 6. 6. Gilles Durant (Quich., p. 566.).

6. 6. 6. 6. 6. 4. 6. 4. Henri IV, à Gabrielle (Detroit, III., p. 14.).

6. 6. 6. 6. 4. 4. 4. 6. Bérang., le Soir.

Ex.:

Charmante Gabrielle!
Percé de mille dards,
Quand la gloire m'appelle
Sous les drapeaux de Mars,
Cruelle départie!
   Malheureux jour!
Que ne suis-je sans vie
   Ou sans amour. Henri IV.

§. 258.   c) Mélange de plus de deux mètres.

1) Mélange de trois mètres.

8. 8. 8. 8. 12. 12. 12. 6. Du Bellay (Quich., p. 267.).

10. 4. 6. 6. 6. 6. 6. 10. Bérang., la bonne Fille.

7. 6. 7. 6. 7. 6. 9. 6. Id., la jeune Muse.

6. 6. 6. 6. 6. 7. 6. 9. Id., la Rèverie.

8. 8. 6. 8. 8. 4. 4. 6. Id., l'Enrhumé.

6. 6. 2. 6. 6. 2. 8. 8. Basselin (Id., E., II., p. 148.).

8. 8. 8. 8. 8. 8. 3. 2. Millevoye, la Fleur du Souvenir (Göbel, Vol. XIII., p. 56.).

7. 7. 7. 7. 4. 5. 5. 4. Bérang., les Gueux.

5. 5. 5. 5. 1. 6. 1. 6. Id., la Musique.

2) Mélange de quatre mètres.

8. 8. 8. 8. 8. 4. 6. 9. Bérang., les Clefs du paradis.

8. 3. 3. 5. 8. 5. 5. 7. Id., les cinquante Écus.

§. 259. Entrelacement de rimes régulier.

Dans l'octave qui est pour l'ordinaire composée de deux quatrains, les rimes s'alternent pour la plupart.

Quatre rimes: a) croisées et croisées.

$f\ m\ f\ m\ |\ f^2\ m^2\ f^2\ m^2$ §. 243., Décasyllabes. Arrangement de rimes ordinaire.

$f\ m\ m\ f\ |\ m^2\ f^2\ f^2\ m^2$ Bérang., les Parques. Arrangement assez fréquent.

[$m\ f\ f\ m\ |\ f^2\ m^2\ m^2\ f^2$ Delav., à Napol.]

$m\ f\ m\ f\ |\ m^2\ f^2\ m^2\ f^2$ §. 251., Bérang.

b) croisées et plates.

$f\ m\ f\ m\ |\ f^2\ f^2\ m^2\ m^2$ Thibaut; §. 243., Octosyllabes.

$m\ f\ m\ f\ |\ m^2\ m^2\ f^2\ f^2$ Bérang., Margot.

c) plates et croisées.

$f\ f\ m\ m\ |\ f^2\ m^2\ f^2\ m^2$ §. 245., Tastu.

$m\ m\ f\ f\ |\ m^2\ f^2\ m^2\ f^2$ Régnier (Quich., p. 246.).

Trois rimes (croisées): a) deux féminines, une masculine.

$f\ m\ f\ m\ |\ m\ f^2\ f^2\ m$ Lamotte (Ibid., p. 243.).

$m\ f\ f\ m\ |\ m\ ^2\ m\ f^2$ C. Marot, Chans. XXXIX., p. 316.

$f\ m\ f\ m\ |\ f^2\ f^2\ f^2\ m$ §. 243., Hugo; §. 256., Nodier.

$f\ f\ f\ m\ |\ f^2\ f^2\ f^2\ m$ §. 243., Pentasyllabes.

b) Deux masculines, une féminine.

$m\ f\ m\ f\ |\ m^2\ m^2\ m^2\ f$ Hugo (Quich., p. 566.).

$m\ m\ m\ f\ |\ m^2\ m^2\ m^2\ f$ Du Bellay (Id., p. 565.).

$f\ m\ f\ m\ |\ m\ f\ m^2\ m^2$ §. 244., Corn.

$f\ m\ m\ f\ |\ m^2\ f\ m^2\ m^2$ Bérang., le Voisin.

Deux rimes (croisées):

[$f\ f\ m\ m\ |\ f\ f\ f\ m$ Lamart., Hymne de la nuit.

$f\ m\ f\ m\ |\ f\ m\ f\ m$ Lay de la Dame de Fayel (Quich., p. 564.).

Les huitains suivants sont encore composés sur deux rimes,

mais sans pause ou du moins sans pause régulière après le quatrième vers:

[$f\ m\ f\ f\ m\ m\ f\ m$ Le Brun, Ode (Kaum., p. 86).]

$f\ m\ f\ m\ m\ m\ f\ m$ Chât. de Coucy (Id., E., II., p. 126.)

$m\ f\ m\ m\ m\ f\ m\ f$ Désaug., nos Chât. (IV. Id., p. 354.).

§. 260. Entrelacement de rimes irrégulier.

Il se trouve des octaves composées de rimes masculines:

$m\ m^2\ m\ m^2\ |\ m^2\ m\ m\ m^2$ §. 255. (177.), Thibaut.

$m\ m\ m\ m^2\ |\ m\ m\ m\ m^2$ Lemaire (Quich., p. 562.).

de rimes féminines:

$f\ f\ f\ f^2\ |\ f\ f\ f\ f^2$ De Croy (Ibid., p. 566.).

Il y a des huitains qui présentent deux rimes différentes du même genre qui se suivent l'une l'autre:

a) masculines:

$f\ m\ f\ m\ |\ m\ m^2\ m\ m^2$ Villon (Quich., p. 561.).

$f\ m\ f\ m\ |\ m^2\ f^2\ f^2\ m^2$ Gilles Durant (Ibid., p. 566.).

$m\ f\ m\ m\ |\ m^2\ f\ m^2\ m^2$ Bérang., le Maître d'éc.

$m\ m^2\ m\ m^2\ |\ m^2\ f\ m^2\ f$ C. Marot, Chans. VII., p. 302.; VIII., p. 303.; XVIII., p. 308.

b) féminines:

$m\ f\ m\ f\ |\ f^2\ m^2\ f^2\ m^2$ Bérang., les petits Coups.

Octaves où les rimes sont plates:

$f\ f\ m\ m\ |\ f^2\ f^2\ m^2\ m^2$ Bérang., Vieux habits.

$m\ m\ f\ f\ |\ m^2\ m^2\ f^2\ f^2$ Rons., p. 91.; H. Estienne (Quich., p. 578.).

Dans la stance d'Estienne il n'y a pas de pause après le quatrième vers.

Huitains qui commencent et finissent par le même genre de rimes:

a) par une rime masculine:

(quatre rimes) $m\ f\ m\ f\ |\ m^2\ f^2\ f^2\ m$ §. 249., Bérang.; Chaulieu (Quich., p. 577.).

[$m\ f\ f\ m\ |\ f^2\ m^2\ f^2\ m^2$ Delav., Tyrtée; le Départ.]

(trois rimes) $m\ f\ m\ f\ |\ f\ m^2\ f\ m^2$ Voiture (Quich., p. 562.); C.
Marot, Chans. XLII., p. 318.;
Bérang., le Soir de noces.

$m\ f\ .m\ f\ m\ f\ m^2\ m^2$ Thibaut (Quich., p. 563.). Ce modèle imité
par l'Arioste et le Tasse a été abandonné
par les poètes français modernes.

(deux rimes) $m\ f\ m\ f\ |\ f\ m\ m\ m$ Bérang., le Bonheur.

b) par une rime féminine:

(quatre rimes) $f\ m\ f\ m\ |\ f^2\ m^2\ m^2\ f^2$ Bérang., les Enf. de la Fr.

$f\ m\ m\ f\ |\ m^2\ f^2\ m^2\ f^2$ Quinault, Morphée (II. Id., p. 177.).

(trois rimes) $f\ m\ f\ m\ |\ m\ f^2\ m\ f^2$ Al. Chartier (Quich., p. 561.);
Ronsard, p. 100.; C. Marot,
Chans. III., p. 301.

$f\ m\ f\ f\ m\ m\ f^2\ f^2$ J. Marot (Quich., p. 564.).

Chap. XXX. 7. Des Neuvains.

§. 261. Mesure: a) Isomètres.

Le *neuvain*, en vers isomètres, a été connu des vieux poètes
français.

[Alexandrins:

<blockquote>
Que sur l'airain funèbre on grave des combats, |
Des étendards anglais fuyant devant tes pas,
Dieu vengeant par tes mains la plus juste des causes.
Venez, jeunes beautés: venez, braves soldats:
Semez sur son tombeau les lauriers et les roses!
Qu'un jour le voyageur, en parcourant ces bois,
Cueille un rameau sacré, l'y dépose et s'écrie:
»A celle qui sauva le trône et la patrie,
Et n'obtint qu'un tombeau pour prix de ses exploits!« Delav.,
la Mort de J. d'Arc.]
</blockquote>

Chaulieu (Quich., p. 249.).

Décasyllabes:

<blockquote>
En dimenche, le tiers jour de décembre,
L'an mil trois cent avec soixante et huit,
Fut à Saint-Pol nez, dedans une chambre,
Charles li rois, trois heures puis minuit,
</blockquote>

.Fils de Charles cinquième de ce nom,
Roi des Français, de Jehane de Bourbon,
Roine à ce temps couronnée de France,
Le premier jour de l'avent qui fut bon:
Par ce sçaura chacun cette naissance. Eust. Deschamps (Quich.
  p. 567.)

Chaulieu (Ibid., p. 249.).

Octosyllabes:

Ce matin, je ne sais comment,
Je vois d'Amours ma chambre pleine;
J'étais couché, sans mouvement.
Il est mort, disaient-ils gaîment;
De l'inhumer prenons la peine.
Lors je maudis entre mes draps
Ces dieux que j'aimais tant à suivre.
Amis, si j'en crois ces ingrats,
Plaignez-moi, j'ai cessé de vivre. Bérang., Mon enterrement.

Thibaut (Quich., p. 566.); Rouss. (Ibid., p. 247.); Volt. (Ibid.,
p. 248.).

Heptasyllabes:

Soit lointaine, soit voisine,
Espagnole ou Sarrasine,
Il n'est pas une cité
Qui dispute, sans folie,
A Grenade la jolie,
La pomme de la beauté,
Et qui, gracieuse, étale
Plus de pompe orientale
Sous un ciel plus enchanté. Hugo, Grenade.

Gresset (Quich., p. 247.); Hugo (Ibid., p. 248.; p. 250.).

Pentasyllabes:

Le plus beau des mois
Remplit notre attente:
La terre est riante;
Déjà dans les bois
Le rossignol chante;
Déjà les moutons
Paissent les herbettes,
Et font mille bonds
Au son des musettes. Deshoul. (Quich., p. 249.).

Hugo (Ibid., p. 250.).

§. 262. b) Mélange de deux mètres: 1) Alexandrins
et octosyllabes.

[12. 12. 8. 12. 12. 12. 12. 12. 12. Delav., la Vie de J. d'Arc.]
12. 12. 12. 12. 12. 12. 12. 12. 8. Lamart., la Marseill. de
la paix.
[12. 12. 12. 12. 8. 12. 12. 8. 12. Id., Hymne du matin.]
[12. 8. 12. 12. 8. 12. 12. 12. 8. Delav., à Napol.]
[12. 8. 12. 12. 12. 8. 12. 12. 8. Id., le Départ.]
12. 8. 12. 12. 12. 12. 8. 8. 12. Deshoul, Réflex. (II. Id.,
p. 262.).
[12. 12. 8. 8. 12. 12. 12. 12. 8. Delav., à Napol.]
[8. 8. 8. 8. 12. 8. 12. 12. 12. Le Brun, Ode à l'imm.
(Kaum., p. 85.).]
[8. 8. 8. 12. 12. 12. 12. 8. 8. Ibid.]
8. 8. 8. 8. 8. 8. 8. 8. 12. Rouss. (Quich., p. 249.).

Ex.:

Et pourquoi nous haïr et mettre entre les races
Ces bornes ou ces eaux qu'abhorre l'œil de Dieu?
De frontières au ciel voyons-nous quelques traces?
Sa voûte a-t-elle un mur, une borne, un milieu?
Nations! mot pompeux pour dire barbarie!
L'amour s'arrête-t-il où s'arrêtent vos pas?
Déchirez ces drapeaux; une autre voix vous crie:
L'égoïsme et la haine ont seuls une patrie,
La fraternité n'en a pas! Lamart., Marseill. de la paix.

§. 263. 2) Décasyllabes et octosyllabes.

8. 8. 8. 8. 8. 8. 10. 10. 10. Bérang., le Trembleur.
8. 8. 8. 8. 8. 8. 10. 10. 8. Id., l'Indépendant.
8. 8. 8. 8. 10. 8. 10. 8. 8. Id., les Cartes.

Ex.: Dupont, que vient-on de m'apprendre?
Quoi? l'on tourmente vos amis!
J'ai des précautions à prendre:
Vous le savez, je suis commis.
Dès qu'une amitié m'embarrasse,
Soudain les nœuds en sont rompus.
Bien mieux que vous je sais garder ma place.
Mon cher Dupont, je ne vous connais plus.
Dupont, Dupont, je ne vous connais plus. Bérang., le Trembl.

§. 264. 3) Décasyllabes et heptasyllabes.

7. 7. 7. 7. 7. 7. 7. 10. 7. Bérang., Si j'étais petit oiseau.

Ex.:

Moi, qui même auprès des belles
Voudrais vivre en passager,
Que je porte envie aux ailes
De l'oiseau vif et léger!
Combien d'espace il visite!
A voltiger tout l'invite:
L'air est doux, le ciel est beau.
Je volerais vite, vite, vite,
Si j'étais petit oiseau. Bérang., Si j'étais, etc.

§. 265. 4) Décasyllabes et tétrasyllabes.

10. 10. 10. 10. 4. 10. 10. 10. 10. Christine (Quich., p. 567.).

Ex.:

Bon jour, bon an, bon mois, bonne nouvelle!
Ce premier jour de la première année
Vous envoit Dieux, ma chère Demoiselle:
De mon penser si soyez étrennée
De toute joye.
A vos souhaits Dieu pri qu'il vous envoye
Tous les plaisirs, tout gracieux rével;
Quanque vouldriez, vous consente et octroye
Ce plaisant jour, premier de l'an nouvel. Christine.

§. 266. 5) Octosyllabes et tétrasyllabes.

8. 8. 8. 8. 8. 8. 4. 8. 8. Béranger, l'Habit de cour.
8. 8. 8. 8. 8. 8. 4. 8. 8. Id., Parny.

Ex.:

Ne répondez plus de personne;
Je veux devenir courtisan.
Fripier, vite, que l'on me donne
La défroque d'un chambellan:
Un grand prince à moi s'intéresse:
Courons assiéger son séjour.
Ah! quel beau jour!
Je vais au palais d'une altesse,
Et j'achète un habit de cour. Bérang., l'Habit de cour.

§. 267. 6) Heptasyllabes et trisyllabes.

7. 7. 7. 7. 7. 5. 5. 7. 7. Désaug., le Pour et le Contre (IV.,
Id., p. 356.)

Ex.:

> Venir au monde tout nu,
> Rêver ou fortune ou gloire,
> Partir comme on est venu,
> Voilà toute notre histoire . . . .
> Mourons, mes amis, mourons!
> Dans la vie
> Tout ennuie;
> Mourons, mes amis, mourons
> Le plus tôt que nous pourrons. Désaug.

§. 268. c) Mélange de plus de deux mètres.

1) Mélange de trois mètres:

[12. 12. 12. 8. 12. 12. 12. 12. 6. Delav., la Mort de J. d'Arc.]
 8. 8. 8. 8. 10. 10. 10. 10. 9. Bérang., mon Ame.
10. 10. 10. 10. 8. 8. 8. 8. 4. Id., l'Ombre d'Anacr.
 9. 9. 9. 9. 9. 3. 6. 9. 9. Id., le Carillonneur.
 8. 8. 8. 8. 8. 3. 4. 8. 8. Id., les Chantres de par.
 7. 7. 7. 7. 7. 7. 6. 7. 8. Id., le bon Français.
 7. 5. 7. 5. 7. 7. 5. 2. 5. Id., la Gaudriole.

2) Mélange de quatre mètres:

8. 8. 8. 8. 8. 8. 10. 11. 9. Bérang., l'Acad.; les Gourm.
8. 7. 8. 7. 8. 9. 8. 4. 4. Id., les Filles.
8. 8. 3. 8. 4. 6. 8. 4. 6. Id , l'Opinion.
7. 7. 7. 7. 6. 3. 4. 6. 7. Id., la Censure.

§. 269. Entrelacement de rimes régulier.

Le neuvain qui offre presque toujours quatre rimes, se divise ordinairement en un quatrain et un quintil ou, si l'on veut, un tercet et un distique, de manière qu'il ressemble à un dizain écourté. Il manque une rime dans le dernier tercet.

$f\ m\ f\ m \mid f^2 f^2 m^2 f^2 m^2$ Rousseau, Gresset (Quich., p. 247.);

Rouss (Ibid., p. 249.); §. 264., Bér.

$f\ m\ f\ m \mid f^2 m^2 f^2 f^2 m^2$ §. 262., Lamart.

$f\ m\ f\ m \mid f^2 m^2 m^2 f^2 m^2$ §. 266., Bérang.

$f\ m\ f\ m \mid f^2 m^2 f^2 m^2 m^2$ §. 263., Bérang.

$m\ f\ f\ m \mid f^2 f^2 m^2 m^2 f^2$ Hugo (Quich., p. 248.).

$f\ m\ m\ f \mid m^2 f^2 m^2 f^2 m^2$ Volt. (Quich., p. 248.).

Le neuvain peut aussi avoir un repos après le cinquième vers et finir par un quatrain :

$f\ m\ m\ f\ m\ |\ f^2\ m^2\ f^2\ m^2$ Chaulieu (Quich., p. 249.).

$m\ f\ f\ m\ f\ |\ m^2\ f^2\ m^2\ f^2$ §. 261., Pentasyllabes.

$m\ f\ m\ m\ f\ |\ m^2\ f^2\ m^2\ f^2$ §. 261., Octosyllabes.

$[m\ f\ m\ f\ m\ |\ f^2\ m^2\ m^2\ f^2$ Delav., à Napol.]

Il peut aussi se diviser en trois tercets :

$[\ f\ f\ m\ |\ f^2\ f^2\ m\ |\ f^3\ f^3\ m$ §. 261., Heptasyllabes; Hugo, Grenade.

$m\ m\ f\ |\ m^2\ f\ m^2\ |\ f^2\ m^2\ f^2$ Delav., le Départ.]

Rarement cette strophe n'a que trois rimes différentes :

$[f\ m\ f\ m\ |\ f^2\ m\ f^2\ f^2\ m$ Lamart., Hymne du matin.]

$f\ m\ f\ f\ m\ |\ f^2\ m\ f^2\ m$ Deshoul., Réflex.

§. 270. Entrelacement de rimes irrégulier.

Parfois il arrive que deux rimes différentes du même genre se suivent immédiatement.

a) deux rimes masculines :

$f\ m\ f\ m\ m^2\ m^2\ f^2\ m^2\ f^2$ §. 261., Décasyllabes.

$f\ m\ f\ m\ |\ m^2\ m^2\ m^3\ m^3\ m^3$ Bérang., le bon Français.

b) deux rimes féminines :

$f\ f^2\ f\ f^2\ f^3\ f^3\ m\ f^3\ m$ §. 265., Christine.

On rencontre surtout dans les stances irrégulières des neuvains qui commencent et finissent par le même genre de rimes :

a) par une rime masculine :

$m\ f\ m\ f\ |\ m^2\ f^2\ f^2\ m^2\ m^2$ §. 267., Désaug.

$[m\ m\ f\ m\ f\ |\ m^2\ f^2\ f^2\ m^2$ §. 261., Alexandrins.]

b) par une rime féminine :

$[f\ m\ m\ |\ f\ f\ m^2\ |\ f^2\ m^2\ f^2$ Delav., à Napol.]

$[f\ m\ m\ f\ m\ |\ f^2\ m^2\ m^2\ f^2$ Delav., le Départ.]

$f\ m\ m\ f\ |\ m^2\ m^2\ f^2\ m^2\ f^2$ Sarrasin (Quich., p. 248. et p. 576.).

Chap. XXXI. 8. Des Dizains.

§. 271. Mesure: a) Isomètres.

Selon Quicherat, l'invention du *dizain* est due à Ronsard.
Les stances isomètres de dix alexandrins ou de dix décasyllabes, qui ont de la lourdeur, sont tombées en désuétude; la
strophe isomètre de dix octosyllabes ou de dix heptasyllabes
est la plus fréquente et la plus majestueuse.

Alexandrins:

> Veux-tu de ton esprit bannir l'inquiétude,
> Et goûter la douceur d'une solide paix?
> Finis le trouble importun des superbes palais,
> Et, pour vivre avec Dieu, cherche la solitude.
> C'est là que, renonçant à tous les vains plaisirs,
> Son amour éternel remplira tes désirs,
> Et de tes passions viendra calmer l'orage;
> Ton corps sera son temple et ton cœur son autel,
> Ta vertu son miroir, ton âme son image
> Et ses yeux te verront comme un ange mortel. Arnaud d'Andilly
>   (Quich., p. 567.).

Cas. Delav., Trois jours de Chr. Col.

Décasyllabes:

> Dans ce Paris plein d'or et de misère,
> En l'an du Christ mil sept cent quatre-vingt,
> Chez un tailleur, mon pauvre et vieux grand-père,
> Moi, nouveau né, sachez ce qui m'advint.
> Rien ne prédit la gloire d'un Orphée
> A mon berceau, qui n'était pas de fleurs;
> Mais mon grand-père, accourant à mes pleurs,
> Me trouve un jour dans les bras d'une fée.
> Et cette fée, avec de gais refrains,
> Calmait le cri de mes premiers chagrins. Bérang., le Tailleur et
>   la fée.

Marot; Millevoye, l'Arabe (IV. Id., p. 318.).

Octosyllabes:

> Insensé le mortel qui pense!
> Toute pensée est une erreur:
> Vivez, et mourez en silence;
> Car la parole est au Seigneur.
> Il sait pourquoi flottent les mondes;
> Il sait pourquoi coulent les ondes,

> Pourquoi les cieux pendent sur nous,
> Pourquoi le jour brille et s'efface,
> Pourquoi l'homme soupire et passe:
> Et vous, mortels, que savez-vous? Lamart., la Sagesse.

Théoph. (Quich., p. 252.); Malherbe (Ibid., p. 254.); Bois-Robert (Ibid., p. 255.); St.-Amant (Ibid., p. 253.); Rousseau (Ibid., p. 251. et p. 253.); Lamotte, Astrée (II. Id., p. 327.); Berquin, Romance I (Ibid., p. 514.); Lamart., le Passé; Hugo, les deux Iles; à la Colonne II, III; le Retour de l'emp.

Heptasyllabes:

> En qui respandit le Ciel
> Une musique immortelle,
> Comblant leur bouche nouvelle
> Du jus d'un Attique miel:
> Et à qui vrayment aussi
> Les vers furent en souci,
> Les vers dont flattez nous sommes,
> Afin que leur doux chanter
> Peust doucement enchanter
> Le soin des Dieux et des hommes. Ronsard, Épode, p. 77.

Malherbe (Quich., p. 254.); Racine (Ibid., p. 255. et p. 256.); Boileau, Ode sur la prise de Namur; Campistron, Ode (II. Id., p. 269.): Rouss. (Quich., p. 251.).

Hexasyllabes:

> L'hiver à qui la glace
> Hérissoit les cheveux,
> Enfin, selon nos vœux,
> Au printemps a fait place.
> Ces mots audacieux,
> Qui presque dans les cieux
> Semblent porter leurs têtes,
> De vert sont revêtus
> Et des coups des tempêtes
> Ne sont plus combattus. Maynard (Quich., p. 252.).

§. 272. b) Mélange de deux mètres. 1) Alexandrins et octosyllabes.

[12. 12. 12. 12. 12. 12. 8. 12. 12. 12. Desbord., Pagan.]
12. 12. 12. 12. 12. 12. 12. 12. 12. 8. Deshouliers (Quich., p. 261.).

[12. 12. 12. 12. 12. 8. 12. 12. 8. 12. Delav., la Mort de J. d'Arc.]

[12. 8. 12. 12. 12. 12. 12. 12. 8. 8. Id., Tyrtée.]

12. 12. 12. 8. 12. 12. 8. 12. 12. 8. Deshouliers (Quich., p. 260.).

12. 12. 12. 12. 8. 12. 8. 8. 12. 12. Desbordes, le vieux Crieur (Büch., p. 350.).

[8. 8. 8. 12. 12. 12. 12. 8. 12. 12. Delav., la Mort.]

[8. 12. 8. 12. 12. 12. 8. 12. 12. 8. Id., à Napol.]

12. 8. 8. 12. 12. 8. 12. 12. 12. 8. Testu (Quich., p. 260.).

[12. 8. 12. 8. 12. 12. 8. 12. 12. 8. Lamart., Hymne du soir.]

[12. 12. 8. 12. 12. 12. 8. 8. 12. 8. Delav., le Départ.]

[12. 12. 12. 8. 8. 12. 12. 12. 8. 8. Ibid.]

12. 12. 12. 8. 12. 8. 8. 12 12. 8. Hugo (Quich., p. 261.).

8. 8. 8. 8. 12. 12. 12. 12. 8. 12. Racine (Ibid., p. 259.).

8. 8. 12. 12. 12. 8. 8. 12. 8. 12. Frénicle (Ib., p. 260.).

8. 12. 8. 12. 12. 8 8. 12. 12. 8. Nodier, la Napoléone.

12. 12. 12. 12. 12. 8. 8. 8. 8. 8. Corn., Poly., IV., 2.

8. 8. 8. 8. 8. 8. 12. 12. 12. 12. Chapelain (Quicherat, p. 259.).

8. 8. 12. 12. 8. 8. 12. 12. 8. 8. Chênedollé, Michel-Ange; Bossuet (IV. Id., p. 184. et p. 190.).

[8. 12. 8. 8. 12. 8. 12. 8. 8. 12. Soumet, la pauvre Fille.]

12. 12. 12. 12. 8. 8. 8. 8. 8. 8. Pièce anonyme du XVII° siècle (Quich., p. 259.).

8. 8. 12. 8. 8. 8. 8. 12. 8. 12. Pièce anonyme du XVII° siècle (Ibid., p. 258.).

8. 8. 8. 8. 8. 8. 8. 8. 12. 12. Gilbert (Ibid., p. 257.).

8. 8. 8. 8. 8. 8. 8. 12. 8. 12. Touvant (Ib., p. 258.).

8. 8. 8. 8. 8. 8. 12. 8. 12. 8. Lamotte (Ibid.).

8. 8. 8. 8. 8. 8. 8. 8. 8. 12. Godeau. (Ibïd., p. 257.).

Ex.:

Que le vulgaire s'humilie
Sur les parvis dorés du palais de Sylla,
Au-devant des chars de Julié,
Sous le sceptre de Claude et de Caligula;
Ils régnèrent en dieux sur la foule tremblante.
Leur domination sanglante
Accabla le monde avili;
Mais les siècles vengeurs ont maudit leur mémoire,
Et ce n'est qu'en léguant des forfaits à l'histoire
Que leur règne échappe à l'oubli. Nodier, la Napol.

§. 273.   2) **Alexandrins et heptasyllabes.**

12. 12. 12. 12. 7. 7. 7. 7. 7. 7. Volt., Ode XII.

Ex.:

Lorsqu'en des tourbillons de flamme et de fumée
Cent tonnerres d'airain, précédés des éclairs,
De leurs globes brûlants renversent une armée;
Quand de guerriers mourans les sillons sont couverts,
Tous ceux qu'épargna la foudre,
Voyant rouler dans la poudre
Leurs compagnons massacrés,
Sourds à la pitié timide,
Marchent d'un pas intrépide
Sur leurs membres déchirés. Volt.

§. 274.   3) **Alexandrins et hexasyllabes.**

12. 12. 12. 12. 12. 12. 12. 12. 12. 6. Adam (Quich., p. 262.).

[12. 12. 12. 12. 12. 6. 12. 12. 6. 12. Delav., Tyrtée.]

12. 12. 12. 12. 12. 12. 6. 6. 6. 12. Lainez, Chans. (II. Id.,

p. 254.)

Ex.:

Un ruisseau m'endormoit en tombant dans la Seine:
Mille oiseaux m'éveilloient, et ranimoient ma veine:
Une Aurore naissante éclairoit un chemin,
D'où le Zéphire et Flore avec leur douce haleine
Faisoient neiger sur moi la rose et le jasmin:
J'aperçus tout-à-coup la beauté que j'adore;
J'oubliai les ruisseaux,
Je n'ouis plus d'oiseaux,
Je ne vis plus de Flore,
De roses, de jasmins, de Zéphir ni d'Aurore. Lainez.

§. 275. 4) Décasyllabes et heptasyllabes.

10. 10. 10. 10. 10. 7. 10. 10. 10. 10. Deschamps, Ballade
(Herrig, p. 67.).

Ex.:
Estoc d'oneur. et arbres de vaillance,
Cuer de lyon esprins de hardement,
La flour des preux et la gloire de France,
Victorieux et hardi combatant,
Saige en voz fois et bien entreprenant,
Souverain homme de guerre,
Vainqueur de gens et conquereur de terre,
Le plus vaillant qui oncques füst en vie,
Chascun pour vous doit noir vestir et querre:
Plourez, plourez, flour de chevalerie! Deschamps.

§. 276. 5) Décasyllabes et pentasyllabes.

10. 10. 10. 10. 5. 5. 5. 5. 5. 5. Rons. (Quich., p. 569.).

Ex.:
Descends du ciel, Calliope, et repousse
Tous les ennuis de moi, ton nourrisson,
Soit par ton luth ou soit par ta voix douce,
Et mes soucis charme par tes chansons.
Par toi je respire,
Par toi je désire
Plus que je ne puis;
C'est toi, ma princesse,
Qui me fais sans cesse
Fol comme je suis. Ronsard.

Quich. a écrit le dernier vers: *Fol comme suis.*

§. 277. 6) Octosyllabes et hexasyllabes.

8. 8. 8. 8. 6. 6. 6. 6. 6. 6. Du Bellay (Quich., p. 569.).

6. 6. 6. 6. 6. 6. 6. 8. 6. 6. Bérang., Ma nacelle.

Ex.:
Sur une onde tranquille,
Voguant soir et matin,
Ma nacelle est docile
Au souffle du destin.
La voile s'enfle-t-elle,
J'abandonne le bord.
Eh! vogue ma nacelle;
O doux Zéphir, sois-moi fidèle!)
Eh! vogue ma nacelle;
Nous trouverons un port. Bérang.

§. 278.   7) Octosyllabes et pentasyllabes.

8. 8. 8. 8. 8. 8. 5. 8. 5. 8. Bérang., le troisième Mari.

8. 8. 8. 8. 5. 5. 5. 5. 5. 5. Marot (Quich., p. 563.); Du Bellay
(Ibid., p. 569.).

Ex.:

Réveillez-vous chacun fidèle,
Menez en Dieu joie orendroit:
Louange est très-séante et belle
En la bouche de l'homme droit.
Sur la douce harpe,
Pendue en écharpe,
Le Seigneur louez;
De lutz, d'épinettes
Saintes chansonnettes
A son nom jouez.   Marot.

§. 279.   8) Octosyllabes et tétrasyllabes.

8. 8. 8. 8. 8. 8. 8. 4. 4. 8. Bérang., l'Age futur.

8. 8. 8. 8. 8. 8. 8. 8. 4. 4. Id., le Vilain.

8. 4. 8. 4. 8. 8. 4. 8. 8. 4. Passerat (Quich., p. 569.).

8. 8. 8. 8. 4. 4. 8. 4. 4. 8. Bérang., l'Ami Robin.

Ex.:

Eh quoi! j'apprends que l'on critique
Le de qui précède mon nom.
Êtes-vous de noblesse antique?
Moi, noble? oh! vraiment, messieurs, non.
Non, d'aucune chevalerie
Je n'ai le brevet sur vélin.
Je ne sais qu'aimer ma patrie ...
Je suis vilain et très vilain ...
Je suis vilain,
Vilain, vilain.   Bérang., le Vilain.

§. 280.   9) Octosyllabes et dissyllabes.

8. 8. 8. 8. 2. 2. 2. 2. 8. 8. C. Marot, Chans. XXIV., p. 310.
et XXV., p. 311.

Ex.:

Si vous la prenez trop jeunette,
Vous en aurez peu d'entretien;
Pour durer, prenez la brunette.
En bon point, d'asseuré maintien.

Tel bien
Vault bien
Qu'on face
La chasse
Du plaisant gibier amoureux;
Qui prend telle proye est heureux. C. Marot.

§. 281. 10) Heptasyllabes et tétrasyllabes.

7. 4. 7. 4. 7. 4. 7. 4. 4. 7. Gaces Brulez, contemporain de
Thibaut (Id.. E., II., p. 361.).

Ex.:
A l'entrant du douz termine
Du mois nouvel,
Que la flor nest en l'épine;
Et cil oisel
Chantent parmi la gaudine
Sere et bel.
Lors me rasaut amors fine
D'un trèz douz mal
Que je ne pense al
Fors là où mes cuers s'acline. Gaces Brulez.

§. 282. 11) Heptasyllabes et trisyllabes.

7. 7. 7. 3. 7. 7. 7. 7. 7. 7; Belleau (Quich., p. 570.).
7. 7. 7. 7. 7. 7. 7. 7. 3. 7. Bérang., Halte-là.

Ex.:
Comment, sans vous compromettrè,
Vous tourner un compliment?
De ne rien prendre à la lettre
Nos juges ont fait serment.
Puis-je parler de Marie?
Vatismenil dira: »Non,
»C'est la mère d'un Messie.
»Le deuxième de son nom.
»Halte-là!
»Vite, en prison pour cela.« Bérang.

§. 283. c) Mélange de plus de deux mètres.

1) Mélange de trois mètres:
[12. 12. 12. 10. 12. 12. 12. 8. 12. 12. Delav., Tyrtée.]
[12. 12. 10. 12. 12. 12. 12. 12. 8. 8. Ibid.]
12. 12. 12. 8. 12. 12. 12. 12. 12. 6. Le Brun (Quicherat,
p. 269.).

7. 7. 7. 7. 8. 10. 8. 10. 8. 10. Bérang., le Juge de Charenton.

10. 10. 10. 10. 3. 4. 10. 3. 4. 10. Id., le nouveau Diog.

8. 6. 8. 6. 7. 7. 6. 8. 6. 6. Id., le Missionn.; le Célibat.

7. 7. 7. 7. 7. 7. 3. 3. 7. 8. Id., M. Judas.

5. 8. 5. 8. 6. 6. 8. 8. 5. 6. Id., Mad. Grég.; le petit Homme rouge.

8. 6. 8. 6. 5. 5. 6. 5. 5. 6. Id., Paillasse.

6. 8. 6. 8. 5. 5. 5. 5. 6. 8. Id., le Marquis de C.

8. 6. 8. 6. 4. 4. 6. 4. 4. 6. Id., un Tour de marotte.

8. 6. 8. 6. 8. 8. 2. 8. 8. 2. Id., le Roi d'Yvetot.

7. 3. 3. 7. 7. 6. 3. 3. 6. 7. Id., les Gaulois.

6. 6. 3. 6. 6. 3. 7. 6. 3. 3. Id., On s'en fiche.

2) Mélange de quatre mètres:

8. 12. 12. 12. 12. 6. 10. 6. 10. 10. Corn., le Cid, I., 10.

8. 8. 8. 8. 8. 8. 5. 5. 12. 6. Delav., Parisienne.

6. 6. 3. 6. 6. 3. 5. 5. 6. 10. Bér., le petit Homme gris.

3) Mélange de six mètres:

10. 8. 10. 8. 7. 4. 3. 7. 2. 3. Bérang., Louis XI.

§. 284. Entrelacement de rimes régulier.

D'ordinaire, cette stance a un repos bien marqué après le quatrième vers, et un autre, plus faible, après le septième, en sorte qu'elle consiste en un quatrain et en un sixain ou plutôt en deux tercets. Marot, dans ses psaumes, marque déjà exactement ces deux repos.

Cinq rimes:

$f\, m\, f\, m \parallel f^2\, f^2\, m^2 \mid f^3\, f^3\, m^2$ §. 278., Marot; §. 276., Ronsard; §. 273., Voltaire; §. 272., Nodier; §. 271., Lamart. Cette distribution des rimes est la plus harmonieuse et la plus ordinaire.

$f\,m\,m\,f \,\|\, m^2\;m^2 f^2 \,|\, m^3 f^2\;m^3$ §. 271., Alexandrins; Hexasyl-
: labes; Racine (Quich., p. 259.).
Cette manière d'enlacer les rimes
était fort usitée au XVIIe siècle.

$m\,f\,m\,f \,\|\, m^2\;m^2 f^2 \,|\, m^3\;m^3 f^2$ Théoph. (Quich., p. 252.) [Del.,
à Napol.]. Le commencement par
une rime masculine est rare.

Quatre rimes:

$[f\,m\,f \,\|\, f^2 f\,m^2\;m^2 \,|\, f^2 f^2\;m^2$ Delav., Tyrtée.]

$m\,f\,m\,f \,\|\, f^2\;m^2 f^2 \,|\, f^2\;m^2\;m^2$ Bérang., l'ami Robin.

$f\,m\,f\,m \,\|\, f^2\;m^2 f^2 \,|\, f^2 f^2\;m^2$ §. 277., Bérang.

$f\,m\,f\,m \,\|\, f^2\;m^2 f^2 \,|\, m^2\;m^2\;m^2$ §. 279., Bérang.

$[f\,m\,m\,f \,\|\, m^2 f^2\;m^2 \,|\, m^2 f^2\;m^2$ Lamart., Hymne du soir.]

Le repos après le septième vers est négligé dans:

$f\,m\,f\,m \,|\, f^2\;m^2\;m^2\;m^2 f^2\;m^2$ Bérang., l'Age futur.

$f\,m\,f\,m \,|\, f^2\;m^2\;m^2 f^2 f^2\;m^2$ Corn., Poly., IV., 2.

Du temps de Louis XIII et de Louis XIV on partageait
assez souvent la stance de dix vers en un sixain et un quatrain:

$f\,f\,m \,|\, f^2 f^2\;m \,\|\, f^3\;m^2 f^3\;m^2$ Lamotte (Quich., p. 258.)

$f\,m\,f\,m\,f\,m \,|\, f^2\;m^2 f^2\;m^2$ Berquin, Romance (II. Id., p. 514.).

Malherbe, avant d'observer le repos du septième partageait
cette strophe ou en deux quatrains suivis d'un distique — division que nous trouvons encore après lui —:

$f\,m\,f\,m \,|\, f^2\;m^2\;m^2 f^2 \,|\, m^3\;m^3$ §. 271., Bérang., Décasyllabes.

$f\,m\,m\,f \,|\, m^2 f^2\;m^2 f^2 \,|\, m^3\;m^3$ Desbord., le vieux Crieur.

$m\,f\,m\,f \,|\, m^2 f^2 f^2\;m^2 \,|\, f^3 f^3$ Gilbert (Quich., p. 257.).

ou en un quatrain, un distique et un quatrain, rhythmes moins
nombreux:

$f\,m\,f\,m \,|\, f^2 f^2 \,|\, m^2 f^3 f^3\;m^2$ Malherbe (Quich., p. 254.).

Quelquefois cette stance a été partagée en deux quintils:

$[m\,f\,f\,m\,f \,|\, m^2 f^2\;m^2\;m^2 f^2$ Delav., le Départ.]

§. 285. Entrelacement de rimes irrégulier.

Voici des stances où deux rimes différentes du même genre
se suivent:

$f\,m\,f\,m\mid f^2\,m^2\,f^2\,m^2\mid m^3\,m^3$ §. 282., Bérang.

$m\,f\,f\,m\parallel m^2\,m^2\,f^2\mid m^3\,m^3\,f^2$ §. 271., Heptasyllabes.

$m\,f\,m\,f\mid m^2\,m^2\,m^3\,f\,m^3\,m^3$ Bérang., le trois. Mari.

Voici des dizains qui commencent et finissent par le même genre de rimes:

·a) par une rime masculine:

$m\,f\,f\,m\mid f^2\,f^2\,m^2\,f^3\,f^{\,3}\,m^2$ Malherbe (Quich., p. 575.).

$m\,f\,m\,f\mid m^2\,m^2\,f^2\,m^3\,f^2\,m^3$ Delav., Trois jours de Chr. Col.

$[m\,m\,f\mid m^2\,m^2\,f\mid f\,m^3\,f\,m^3$ Delav., le Départ.]

b) par une rime féminine:

$f\,m\,m\,f\parallel m^2\,m^2\,f^2\mid m^3\,m^3\,f^2$ Théoph. (Quich., p. 256.) mais la seconde stance commence par une rime masculine: $m\,f\,f\,m\mid f^2f^2\,m^2\mid f^3\,f^3\,m^2$. Racan (Quich., p.575.) a employé le même mètre, mais dans toutes les stances.

$[f\,m\,f\,m\mid f^2\,m^2\,m^2\,f^2\,m^2\,f^2$ Delav., la Mort.]

$f\,m\,f\,m\,f\,m\mid f\,m^2\,m^2\,f$ §. 281., Gaces Brulez. Cette stance n'a que trois rimes.

$f\,f\,m\,f\,m\mid f^2\,m^2\,m^2\,f^2\,f^2$ §. 274., Lainez. Le poème est composé d'une seule stance.

Chap. XXXII. 9. Des Onzains.

§. 286. Mesure: a) Isomètres.

Le onzain est assez rare, mais fort ancien en même temps. Il se trouve déjà dans Thibaut. Un ancien genre de poésie, nommé *Chant· royal*, prenait généralement la strophe de onze vers.

Alexandrins:

[Deux fois dans les flots purs, où tremblait sa clarté,
J'ai vu briller du ciel l'éblouissante image,
Et dans l'ombre, deux fois, la proue à son passage
Creuser en l'enflammant un sillon argenté.

Quels sont ces monts hardis, ces roches inconnues?
Leur pied se perd sous l'onde et leur front dans les nues:
C'est la Corse! ... O destin! Faible enfant sur ce bord,
Sujet à sa naissance et captif à sa mort,
Il part du sein des mers où plus tard il retombe,
Celui dont la grandeur eut, par un jeu du sort,
Une île pour berceau, pour asile et pour tombe.   Delav., le
    Départ.]

Décasyllabes:

Qui aime Dieu, son règne et son empire,
Rien désirer ne doit qu'à son honneur:
Et toutefois l'homme toujours aspire
A son bien propre, à son aise et bonheur,
Sans aviser, si point contemne, ou blesse
En ses désirs la divine noblesse.
La plus grand' part appète grand avoir;
La moindre part souhaite grand savoir;
L'autre désire être exempte de blâme;
Et l'autre quiert (voulant mieux se pourvoir)
Santé au corps et paradis à l'âme.   C. Marot, Chants, p. 246.

Octosyllabes:

Nous ne goûterons plus votre ombre,
Vieux pins, l'honneur de ces forêts,
Vous n'entendrez plus nos secrets;
Sous cette grotte, humide et sombre
Nous ne chercherons plus le frais;
Et, le soir, au temple rustique
Quand la cloche mélancolique
Appellera tout le hameau,
Nous n'irons plus à la prière
Nous courber sur la simple pierre
Qui couvre un rustique tombeau.   Lamart. (Quich., p. 263.).

Marot (Quich., p. 570.); Bérang., le Pèlerinage.

Heptasyllabes:

Les oiseaux nous ont quittés;
Déjà l'hiver qui les chasse
Étend son manteau de glace
Sur nos champs et nos cités.
A mes vitres scintillantes
Il trace des fleurs brillantes:
Il rend mes portes bruyantes,

> Et fait grelotter mon chien.
> Réveillons, sans plus attendre,
> Mon feu qui dort sous la cendre.
> Chauffons-nous, chauffons-nous bien.   Bérang., l'Hiver.

Bérang., la Mère aveugle.

Pentasyllabes:

> Que tout refleurisse
> Dans ce beau séjour,
> Jonquille et narcisse;
> Que tout rajeunisse
> Aux yeux de l'Amour;
> Que la Faveur repose
> Dans les bras du Loisir:
> Que Flore sur la rose
> Pour elle seule éclose,
> Vienne avec le plaisir
> Couronner le zéphir.   Lainez, Sur le retour du printemps
> (II. Id., p. 255.).

§. 287. b) Mélange de deux mètres: 1) Alexandrins et octosyllabes.

[12. 12. 12. 12. 8. 12. 12. 12. 12. 12. 12. Lamart., Hymne du matin.]

[12. 8. 12. 8. 12. 12. 12. 12. 12. 12. 8. Delav., le Départ.]

[12. 12. 12. 8. 12. 12. 12. 12. 12. 8. 8. Id., la Mort.]

[8. 12. 12. 8. 12. 8. 12. 12. 8. 8. 12. Ibid.]

[12. 12. 8. 12. 12. 12. 8. 8. 12. 8. 8. Id., le Départ.]

[8. 8. 8. 8. 12. 12. 8. 12. 8. 8. 8. Id., la Vie.]

8. 8. 8. 12. 8. 8. 8. 8. 8. 8. 8. Pavillon (Quich., p. 263.).

Ex.:

> [Aux yeux d'un ennemi superbe
> Le lis a repris ses couleurs;
> Ses longs rameaux courbés sous l'herbe
> Se relèvent couverts de fleurs.
> Jeanne au front de son maître a posé la couronne.
> A l'attrait des plaisirs qui retiennent ses pas
> La noble fille l'abandonne;
> Délices de la cour, vous n'enchaînerez pas
> L'ardeur d'une vertu si pure;
> Des armes, voilà sa parure,
> Et ses plaisirs sont les combats. Delav., la Vie de J. d'Arc.].

§. 288. 2) Octosyllabes et heptasyllabes.

7. 7. 7. 7. 7. 7. 7. 8. 8. 8. 8. 8. Bérang., Jeannette.

Ex.:

Tout son charme est dans sa grâce:
Jamais rien ne l'embarrasse.
Elle est bonne et toujours rit.
Elle dit mainte sottise;
A parler jamais n'apprit;
- Et cependant, quoiqu'on dise,
Ma Jeannette a de l'esprit,
Fi des coquettes maniérées!
Fi des bégueules du grand ton!
Je préfère à ces mijaurées
Ma Jeannette, ma Jeanneton. Bérang.

§. 289. 3) Octosyllabes et pentasyllabes.

8. 8. 8. 8. 8. 8. 8. 5. 5. 8. 8. Bérang., le Bedeau.

Ex.:

Pauvre bedeau, métier d'enfer!
La grand' messe aujourd'hui me damne.
Pour me régaler du plus cher,
Au bon coin m'attend dame Jeanne:
Voici l'heure du rendez-vous;
Mais nos prêtres s'endorment tous.
Ah! maudit soit notre curé!
Je vais, sacristie!
Manquer la partie.
Jeannette est prête et le vin tiré.
Ite missa est, monsieur le curé.[1)] Bérang.

§. 290. 4) Heptasyllabes et trisyllabes.

7. 7. 7. 7. 7. 7. 7. 7. 3. 3. 7. Bérang., la Muse en fuite.

Ex.:

Quittez la lyre, ô ma muse!
Et déchiffrez ce mandat.
Vous voyez qu'on vous accuse
De plusieurs crimes d'état.

---

1) Si le dernier vers est octosyllabe (dans les éditions françaises il est reculé autant que le vers précédent), *ite* est monosyllabe et *missa est* dissyllabe.

Pour un interrogatoire
Au Palais comparaissons.
Plus de chansons pour la gloire,
Pour l'amour plus de chansons!
Suivez-moi!
C'est la loi.
Suivez-moi, de par le roi. Bérang.

§. 291. 5) Hexasyllabes et trisyllabes.

3. 3. 6. 6. 6. 3. 6. 6. 6. 6. 3. Bérang., Colibri.

Ex.:

Mes amis
J'ai soumis
L'enfer à ma puissance.
De son obéissance
J'ai pour gage certain
Un lutin,
Sous forme d'oiseau-mouche
A mon chevet il couche.
Lutin doux et chéri,
Baisez-moi, Colibri,
Colibri! Bérang.

§. 292. c) Mélange de plus de deux mètres.

1) Mélange de trois mètres:

8. 8. 8. 8. 8. 8. 4. 4. 10. 8. 8. Bérang., Trinquons; Bouquet;
à mon ami Désaugiers.

8. 8. 8. 8. 8. 8. 4. 4. 6. 8. 8. Id., la Mort du roi Christ.

2) Mélange de quatre mètres:

7. 7. 7. 7. 8. 10. 8. 10. 5. 5. 10. Id., les révér. Pères.

8. 8. 6. 8. 8. 6. 8. 8. 4. 5. 6. Id., mon Curé.

8. 6. 8. 6. 8. 5. 5. 8. 3. 8. 3. Id., la Faridondaine.

§. 293. Entrelacement de rimes régulier.

Le onzain est d'ordinaire regardé comme un dizain qui a
un vers supplémentaire ou surabondant après le quatrième.
Il est divisé ou en un quintil et un sixain:

Cinq rimes:

$f\ m\ m\ f\ m\ |\ f^2\ f^2\ m^2\ f^3\ f^3\ m^2$ §. 286., Octosyllabes.

[$f\ m\ f\ m\ f\ |\ m^2\ m^2\ f^2\ m^3\ f^2\ m^3$ Delav., le Départ.]

Quatre rimes:

$f\ m\ f\ f\ m\ |\ f^2\ m^2\ f^2\ f^2\ m^2\ m^2$ §. 286., Pentasyllabes.

$f\ m\ f\ m\ f\ |\ m^2\ f^2\ m^2\ f^2\ m^2\ m^2$ Bérang., le Pèlerinage.

[$f\ m\ m\ f\ m\ |\ f^2\ m^2\ f^2\ m^2\ f^2\ m^2$ Lamart., Hymne du matin.]

$f\ m\ f\ f\ m\ |\ m\ f^2\ f^2\ m^2\ f^2\ m^2$ Marot (Quich., p. 570.). Les rimes commandent plutôt cette distribution: $f\ m\ f\ f\ m\ m\ |\ f^2\ f^2\ m^2\ f^2\ m^2$, mais le repos est après le cinquième vers.

ou en un sixain et un quintil:

[$f\ m\ f\ m\ f^2\ f^2\ |\ m^2\ f^3\ m^2\ f^3\ m^2$ Delav., le Départ.]

ou en un quatrain et un septain:

[$f\ m\ f\ m\ |\ f^2\ m^2\ f^2\ m^2\ f^3\ f^3\ m^2$ §. 287., Delav.]

[$m\ f\ f\ m\ |\ f^2\ f^2\ m^2\ m^2\ f^3\ m^2\ f^3$ §. 286., Alexandrins.]

$f\ m\ m\ f\ |\ m^2\ m^2\ f^2\ m^3\ f^2\ f^2\ m^3$ Racan (Quich., p. 571.); Pavillon (Ibid., p. 263.).

ou en un septain et un quatrain:

$f\ f\ m\ f^2\ m\ f^2\ m\ |\ f^3\ m^2\ f^3\ m^2$ §. 288., Bérang.

ou en deux quatrains et un tercet:

[$f\ f\ f\ m\ |\ f^2\ f^2\ f^2\ m\ |\ f^2\ f^2\ m$ Lamart., Hymne du matin.]

§. 294. Entrelacement de rimes irrégulier.

Martin Lefranc a écrit des onzains monorimes. §. 290. contient un onzain avec deux rimes différentes du même genre qui se suivent immédiatement:

$f\ m\ f\ m\ |\ f^2\ m^2\ f^2\ m^2\ |\ m^3\ m^3\ m^3$ Bérang.

Le onzain de Béranger, cité §. 291., n'a que des rimes plates:

$m\ m\ f\ f\ m^2\ m^2\ |\ f^2\ f^2\ m^3\ m^3\ m^3$.

Il y a aussi des onzains qui commencent et finissent par le même genre de rimes:

a) par une rime masculine:

[$m\ f\ f\ m\ f^2\ m\ f^2\ m^2\ f^3\ f^3\ m^2$ Delav., la Mort.]

$m\ f\ f\ m\ |\ f^2\ f^2\ f^2\ m^2\ |\ f^3\ f^3\ m^2$ §. 286., Heptasyllabes.

b) par une rime féminine:

$f\ m\ f\ m\ f^2\ f^2\ |\ m^2\ m^2\ f^3\ m^2\ f^3$ §. 286., Décasyllabes.

Chap. XXXIII. 10. Des Douzains.

§. 295. Mesure: a) Isomètres.

Le douzain se trouve déjà dans Thibaut et dans Rutebeuf.
Alexandrins:

C'est ainsi qu'en regrets sa douleur se déclare.
Mais bientôt, de son art employant le secours,
Pour rappeler l'objet de ses tristes amours,
Elle invoque, à grands cris, tous les dieux du Ténare,
Les Parques, Némésis, Cerbère, Phlégéton,
Et l'inflexible Hécate, et l'horrible Alecton.
Sur un autel sanglant l'affreux bûcher s'allume,
La foudre dévorante aussitôt le consume,
Mille noires vapeurs obscurcissent le jour;
Les astres de la nuit interrompent leur course:
Les fleuves étonnés remontent vers leur source;
Et Pluton même tremble en son obscur séjour. Rouss., Circé
(II. Id., p. 311.)]

Marot a composé une Ballade en stances de douze décasyllabes.
Octosyllabes:

[Non! l'avenir n'est à personne!
Sire! l'avenir est à Dieu!
A chaque fois que l'heure sonne,
Tout ici-bas nous dit adieu.
L'avenir! l'avenir! mystère!
Toutes les choses de la terre,
Gloire, fortune militaire,
Couronne éclatante des rois,
Victoire aux ailes embrasées,
Ambitions réalisées,
Ne sont jamais sur nous posées
Que comme l'oiseau sur nos toits! Hugo, Napol. II.

Racan (Quich., p. 572.); Chaulieu (Ibid., p. 263.); [Rouss.
Circé (II. Id., p. 312.)]; Duval, Chanson de Roland (Ebener,
Alb. poét.); Hugo (Quich., p. 265.).

Heptasyllabes:

La tombe dit à la rose:
— Des pleurs dont l'aube t'arrose
Que fais-tu, fleur des amours?
La rose dit à la tombe:
— Que fais-tu de ce qui tombe
Dans ton gouffre ouvert toujours?

La rose dit: — Tombeau sombre,
De ces pleurs je fais dans l'ombre
Un parfum d'ambre et de miel.
La tombe dit: — Fleur plaintive,
De chaque âme qui m'arrive
Je fais un ange du ciel! Hugo.

Ronsard (Quich., p. 571.).

Pentasyllabes:

[Sa voix redoutable
Trouble les enfers:
Un bruit formidable
Gronde dans les airs;
Une voile effroyable
Couvre l'univers;
La terre tremblante
Frémit de terreur;
L'onde turbulente
Mugit de fureur;
La lune sanglante
Recule d'horreur. Rouss., Circé.]

§. 296.   b) Mélange de deux mètres:[1]) 1) Alexandrins et octosyllabes.

12. 12.   8. 12. 12. 12. 12. 12. 12. 12. 12. 12, Nodier, le Poète malheur.

[8. 12. 12. 12. 12. 12. 12. 12. 12. 12. 12.   8. Delav., à Napol.]
[12. 12. 12. 12. 12. 12.   8. 12. 12. 12. 12. 8. Id., Tyrtée.]

---

1) Le plus ancien monument de la langue d'oïl, la Cantilène en l'honneur de Sainte-Eulalie (Herrig et Burguy, p. 26. et p. 27.), semble être composé de deux strophes (strophe et antistrophe) de douze vers et d'une épode.

La strophe et l'antistrophe semblent consister chacune en huit décasyllabes, en trois dodécasyllabes et en un décasyllabe; l'épode en trois décasyllabes et en un hexasyllabe. Pour arriver à ce résultat, il ne faut faire que quelques changements légers:

V. 5., 6., 20. au lieu de *elle*	écrire *el*;
„ 10. „ „ „ *menestier*	„ *mestier*;
„ 19. „ „ „ *enz en l' fou*	„ *el fou*;
„ 22. „ „ „ *roveret*	„ *rovret*;
„ 23. „ „ „ *domnizelle*	„ *donzelle*;
„ 25. „ „ „ *in figure de colomb*	„ *in figure colomb.*

[12. 8. 12. 12. 12. 12. 12. 12. 12. 12. 8. 8. Rouss., Circé.]
[12. 12. 8. 12. 12. 12. 12. 12. 8. 12. 8. 8. Parny, Paradis.]
8. 8. 8. 8. 8. 8. 8. 8. 8. 8. 12. 8. Scarron (Quich.,
p. 264.).

Ex.:

Lui seul, sans me l'avoir promis,
M'a conservé sa bienveillance,
Quand plusieurs de mes vieux amis
Ont eu pour moi de l'inconstance.
Lui seul d'entre les grands seigneurs
Pour la plupart de francs.pipeurs,
M'a fait du bien sans le promettre,
Sans faire sonner le tambour,
Pour en bonne estime se mettre,
Comme on fait souvent à la cour.
Mais, Muse, taisons-nous: un homme si modeste
Nous défend de dire le reste. Scarron.

§. 297. 2) Octosyllabes et hexasyllabes.

6. 8. 8. 8. 8. 8. 8. 8. 8. 8. 8. 8. Tristan (Quich., p. 264.).
8. 8. 8. 8. 8. 8. 8. 8. 8. 6. 8. 8. Bérang., Adieux de Marie
Stuart.

Ex.:

Toi que j'adoptai pour patrie,
Et d'où je crois me voir bannir,
Entends les adieux de Marie,
France, et garde son souvenir!
Le vent souffle, on quitte la plage,
Et, peu touché de mes sanglots,
Dieu, pour me rendre à ton rivage,
Dieu n'a point soulevé les flots.
Adieu, charmant pays de France,
Que je dois tant chérir!
Berceau de mon heureuse enfance,
Adieu! te quitter c'est mourir. Bérang.

La césure des décasyllabes v. 1 — 6., 13 — 18. est à la cinquième syllabe.
Le second vers qui semble s'opposer, s'accorde quand on place les mots:
Bel corps, bellezour avret anima.
La césure des autres décasyllabes est à la VIe, et celle des dodécasyllabes
à la VIIIe. — Au lieu de *coist* v. 20. je propose d'écrire *const* ou *cost*
(constat).

§. 298. 3) Octosyllabes et tétrasyllabes.

4. 4. 4. 4. 4. 4. 4. 4. 8. 8. 8. 8. Crétin (Quich., p. 572.).

8. 8. 8. 8. 8. 8. 8. 4. 4. 4. 4. 8. Bérang., le vieux Caporal.

8. 8. 8. 8. 4. 4. 4. 4. 4. 4. 4. 4. Marot.

Ex.:

> En avant! partez, camarades.
> L'arme au bras, le fusil chargé.
> J'ai ma pipe et vos embrassades;
> Venez me donner mon congé.
> J'eus tort de vieillir au service.
> Mais pour vous tous, jeunes soldats,
> J'étais un père à l'exercice.
> Conscrits, au pas;
> Ne pleurez pas,
> Ne pleurez pas;
> Marchez au pas,
> Au pas, au pas, au pas, au pas! Bérang.

§. 299. c) Mélange de plus de deux mètres.

1) Mélange de trois mètres:

[12. 12. 12. 12. 12 12. 12. 12. 8. 12. 7. 7. Lamart., Hymne de la nuit.]

8. 6. 8. 6. 8. 8. 6. 8. 8. 2. 2. 6. Bérang., Éloge de la rich.

8. 8. 8. 8. 8. 8. 8. 8. 3. 5. 8. 8. Id., les deux Sœurs.

8. 8. 8. 8. 8. 8. 8. 8. 2. 5. 8. 8. Id., la Guérison.

8. 8. 8. 8. 8. 8. 8. 8. 3. 4. 8. 8. Id., l'Enfant de bonne maison.

2) Mélange de quatre mètres:

7. 3. 7. 6. 7. 4. 7. 6. 7. 7. 7. 6. Thibaut (Quich., p. 572.).

§. 300. Entrelacement de rimes régulier.

La stance de douze vers, qui a le plus souvent cinq rimes, se coupe diversement: c'est ordinairement la stance de dix vers, à laquelle on ajoute un distique, soit après le septième vers, soit à la fin:

$f\,m\;m\,f \mid m^2\;m^2\,f^2\;(m^3\,f^2)\;m^3\,f^2\;m^3$ Chaulieu (Quich., p. 263.);

[Delav., Tyrtée].

$f\,m\,f\,m \mid f^2\,f^2\;m^2\;(f^3\;m^2)\;f^3\,f^3\;m^2$ Tristan (Quich., p. 264.).

$m\,f\,m\,f \mid m^2\;m^2\,f^2\;m^3\,f^2\;m^3 \mid f^3\,f^3$ §. 296., Scarron.

Elle se coupe aussi en un quatrain et un huitain de sorte que les rimes qui sont doublées dans le sixain de la strophe de dix vers, sont ici triplées:

$[\,f\,m\,f\,m \mid f^2\,f^2\;f^2\;m^2\,f^3\,f^3\;f^3\;m^2$ §. 295., Octosyllabes.]

Voici une autre distribution des rimes:

$f\,m\,f\,m \mid f^2\;m^2\,f^2\;m^2\;m^2\;m^2\;m^2\;m^2$ §. 298., Bérang.

Elle se coupe encore en deux sixains:

$[\,f\,m\,f\,m\,f\,m \mid f^2\;m^2\,f^2\;m^2\,f^2\;m^2$ §. 295., Pentasyllabes.]

$[\,f\,m\;m\,f\,m^2\;m^2 \mid f^2\,f^2\;m^3\,f^3\,f^3\;m^3$ §. 295., Alexandrins.]

Elle se coupe même en trois quatrains:

$f\,m\,f\,m \mid f^2\;m^2\,f^2\;m^2 \mid f^3\;m^3\,f^3\;m^3$ §. 297., Bérang.; Nodier, le Poète malheur.

Elle se coupe enfin en quatre tercets:

$[\,m\;m\,f\mid m^2\;m^2\,f\mid m^3\;m^3\,f^2 \mid m^4\;m^4\,f^2$ Lamart., Hymne du soir.]

$f\,f\,m \mid f^2\,f^2\;m \mid f^3\,f^3\;m^2 \mid f^4\,f^4\;m^2$ §. 295., Heptasyllabes.

§. 301. Entrelacement de rimes irrégulier.

On trouve des douzains qui commencent et finissent par le même genre de rimes:

a) par une rime masculine:

$[\,m\,f\,f\,m \mid m\,f^2\,f^2\;m \mid f^3\;m^2\,f^3\;m^2$ Delav., à Napol.]

$m\,f\,m\,f \mid m^2\;m^2\,f^2\,f^2 \mid m^3\,f^3\,f^3\;m^3$ Rons. (Quich., p. 571.).

b) par une rime féminine:

$f\,m\;m\,f \mid m^2\,f^2\;m^2\,f^2 \mid m^3\,f^3\;m^3\,f^3$ Racan (Ibid., p. 572.).

$f\,m\,f\,m \mid f^2\;m^2\,f^2\;m^2 \mid f^3\;m^3\;m^3\,f^3$ Ronsard, Odes p. 77.

Chap. XXXIV. Du mélange des stances.

§. 302. Suite alternative de deux ou trois stances diverses.

Quelquefois, les poètes lyriques emploient alternativement deux stances diverses. Selon Quicherat, le mélange alternatif des stances est peu heureux: il fatigue l'oreille par un brusque et fréquent changement de rhythme. Toutefois, ce défaut n'existe pas dans l'accouplement de deux stances peu étendues qui ensemble n'excèdent pas la strophe de dix vers.

Ex.:

> J'ai des rêves de guerre en mon âme inquiète;
> J'aurais été soldat, si je n'étais poète.
> Ne vous étonnez point que j'aime les guerriers!
> Souvent, pleurant sur eux, dans ma douleur muette,
> J'ai trouvé leur cyprès plus beau que nos lauriers.

> Enfant sur un tombeau ma crèche fut posée.
> Dans un casque pour moi l'eau sainte fut puisée.
> Un soldat, m'ombrageant d'un belliqueux faisceau,
> De quelque vieux lambeau d'une bannière usée
>   Fit les langes de mon berceau. Hugo, mon Enfance.

Ces deux strophes se suivent alternativement par tout le poème. D'autres exemples: Hugo, pour les Pauvres; la Mêlée; On croyait dans ce temps; Lui; Hymne aux morts de Juillet. De Vigny, Madame de Soubise (Herrig, p. 566.). Bérang., Voyage au pays de cocagne. Lamart., Marseillaise de la paix.

Les chansons à refrain, quand le refrain excède trois vers et qu'il commence la chanson, peuvent être regardées comme exemple du mélange des stances. Telle est une grande partie des chansons de Béranger. Les Adieux de Marie Stuart, p. ex., peuvent être regardés comme la succession alternative d'un quatrain:

> Adieu, charmant pays de France
>   Que je dois tant chérir!
> Berceau de mon heureuse enfance,
> Adieu, te quitter c'est mourir.

et d'un huitain isomètre de vers de huit syllabes. L'Ode de

Ronsard à Michel de l'Hospital (p. 77.) est composée d'une suite de strophes (douzains d'octosyllabes), d'antistrophes (douzains d'octosyllabes) et d'épodes (dizains d'heptasyllabes).

§. 303. Suite de plusieurs stances pareilles auxquelles succèdent des stances d'un autre système.

Quelquefois, les poètes font succéder à une suite de stances pareilles, dans la même pièce, des stances d'un autre système, lorsqu'ils entrent dans un nouvel ordre d'idées, et qu'ils jugent une autre forme plus propre à les exprimer. Rousseau, Lamartine, V. Hugo usent de cet artifice. Ce genre tient le milieu entre les stances régulières et les stances irrégulières. Ainsi Lamartine, dans sa VIIIe méditation (la Providence à l'homme), débute par un quatrain de trois alexandrins et un octosyllabe; après six stances viennent des dizains en vers de huit syllabes, auxquels succèdent des quintils, puis encore la strophe de dix vers.

§. 304. Ballade. Sonnet[1]).

La *Ballade* et le *Sonnet* peuvent être regardés comme exemples du mélange des stances. La Ballade est composée de trois stances régulières avec un envoi, couplet ordinairement plus court que les autres, par lequel on adresse l'ouvrage à celui pour qui il a été fait. Le Sonnet est composé de deux

---

1) Faisons mention, en passant, du mécanisme des rondeaux et des triolets. Le rondeau se compose ordinairement de treize vers sur deux rimes. Le premier vers rime avec le IVe, Ve, VIIe, IXe, XIIe, XIIIe, et le second rime avec le IIIe, VIe, VIIIe, Xe, XIe. Le premier vers se répète deux fois (VIIe, XIIIe), le second une fois (VIIIe). Dans Herrig, p. 70. il y a deux rondeaux de Charles d'Orléans. Dans le premier la répétition du second vers:

De vent, de froidure et de pluye

après le septième a été omise.

Le triolet est une petite pièce de poésie de huit vers, dont le premier se répète après le troisième: le premier et le second se répètent encore après le sixième.

quatrains et de deux tercets. Tel est l'entrelacement de rimes ordinaire:

$f\ m\ m\ f$		$f\ m\ m\ f$		$m\ f\ f\ m$	
$f\ m\ m\ f$	ou	$f\ m\ m\ f$	ou	$m\ f\ f\ m$	
$m^2\ m^2\ f^2$		$m^2\ m^2\ f^2$		$f^2\ f^2\ m^2$	
$m^3\ m^3\ f^2$		$m^3\ f^2\ m^3$		$f^3\ f^3\ m2.$	

Chap. XXXV. De l'emploi des différentes stances.

§. 305.

Le poète peut n'être guidé dans le choix des stances que par le sentiment de l'harmonie. Mais d'autres fois il choisit son rhythme non seulement pour flatter l'oreille, mais d'après le caractère des idées qu'il veut exprimer. En général, les stances dont les vers sont courts et peu nombreux conviennent aux sujets légers, aux peintures riantes; au contraire, les systèmes qui ont beaucoup de vers, ou des vers d'une longue mesure, offrent une gravité plus propre à rendre des pensées élevées, des tableaux magnifiques. Quicherat trouve que le quintil composé de quatre alexandrins à rimes croisées, tombant doucement sur un petit vers de huit syllabes, convient aux sentiments réfléchis (Rousseau, Ode: »Que la simplicité, etc.«); que la strophe formée de quatre alexandrins suivis de deux petits vers de six syllabes, est très-favorable aux peintures fortes, rapides, effrayantes (Rousseau, Vengeance divine); que six alexandrins partagés en deux tercets, si deux rimes féminines sont suivies d'une masculine, ont une sorte de gravité uniforme (Racan, la Retraite). »Dans le genre gracieux et badin«, dit Marmontel, »la stance de neuf vers a quelque chose de plus libre et de plus léger que le dizain.« La Harpe: »Le dizain est propre aux grands effets de la poésie.« — »Le petit vers masculin de trois pieds après trois alexandrins croisés fait tomber la strophe d'une manière très-propre à rendre ou un sentiment triste, ou une morale sévère.«

LIVRE SECOND.

DE L'HARMONIE DES VERS FRANÇAIS.

Chap. XXXVI. A. De l'Hiatus.

§. 306. Définition.

La beauté, loi fondamentale de la poésie, exige que tout ce qui offense l'oreille soit évité. L'oreille des Français est offensée par l'*Hiatus*, c'est-à-dire le bâillement qui est engendré par la rencontre de deux voyelles dont la première termine un mot et la seconde commence le mot suivant. *H* muette n'empêche pas l'hiatus. Pour prévenir l'hiatus, on élide par la prononciation *e* muet suivi d'une voyelle; on élide par la prononciation et par l'orthographe *e* dans l'article, dans plusieurs pronoms et particules, *a* dans *la*, article et pronom[1]), *i* dans *s'il, s'ils* [2]);

---

1) L'article ne s'élide pas devant *oui* et *onzième*.

2) Les anciens auteurs, surtout les poètes, avaient encore d'autres élisions marquées par la suppression de la voyelle et l'apostrophe.

a) Au lieu de changer *ma, ta, sa* en *mon, ton, son* devant une voyelle, ils élidaient ordinairement la voyelle *a*.

Sire, par le péril de *m'*ame. Barbaz., T. III.. p. 21.

Li Rois, qui n'oublia pas *s'*ire. Fabliau (Id., E. II., p. 108.).

*M'*amie = mon amie s'est conservé.

Non, *m'amie*, et ton cœur pour cela m'est trop cher. Mol., l'Éc. d. m., II., 14.

On sépara ensuite *m'amie* en *ma* et *mie*, en donnant à *mie* la signification d'*amie: Sa douce mie. Il appelle sa mie.*

b) Ils élidaient *i* de *qui.*

Et saisist le cheval par le froin *qu'*est dorez. Chans. des Sax., II., 98.

c) Ils élidaient *ni* (*ne*) et *si* (*se*) devant chaque voyelle:

Se tu veus terre *ne* manoir

*N'*autre cose que puisse avoir. Lai de Melion, p. 45.

Cet archaïsme se maintint jusqu'au dix-septième siècle, surtout dans le genre familier:

Il ne saura qui, quoi, *n'*en quelle part,

*N'*en quel logis, ni si dedans Florence. La Font., Cont. III., 2.

*S'*une personne en toy se fie. Chr. de Pisan (Id., E., II., p. 57.).

Bons gens d'armes *si* en veulx louer. Chr. de Pisan (Ibid., p. 55.).

on place une *l* euphonique devant *on*, une *s* euphonique entre l'impératif et *en, y* (*portes - en, vas - y*), un *t* euphonique entre *ce* et le substantif (*cet homme*)[1]), entre le verbe et le pronom (*a - t - il*). Dans tous les autres cas on laisse passer l'hiatus en prose. En poésie ce concours de voyelles dont nous parlons est absolument défendu dans le genre sévère, à moins que la première voyelle ne soit *e* muet qui s'élide par la prononciation devant la voyelle suivante. Nous parlerons de l'Élision Chap. XXXVII. Dans les genres de poésie simples et familiers, les poètes se permettent quelquefois l'hiatus.

§. 307. Hiatus permis avant Malherbe.

L'hiatus n'était nullement défendu dans les premiers siècles de la poésie française. Ex.:

> *Ki a en* soi pitié *et* ramembrance. Thibaut (Herrig, p. 43.).
> Car puis ung peu, i'ay ba*sty a* Clement
> *La ou* i'ay faict ung grand desboursement. —
> *Et à* Marot, *qui est* ung peu loing —
> *Roy en* qui sont leurs sciences infuses. C. Marot (Herrig, p. 138.).
> N'aura veines *n'y artè*res. Rons., Am. de Cass., p. 10.
> Ai*nsi End*ymion soit tousjours ton amy. Id., Am. de Mar., p. 16.

Dans les écoles poétiques de Marot et de Ronsard, on s'aperçoit des efforts que les poètes font pour éviter, non pas le concours, mais le heurtement de voyelles, les rencontres rudes et dures[2]). C'est Malherbe qui a porté les derniers coups à

Il faut écrire *s'en*, pour que le vers n'ait pas une syllabe de trop.
> S'elle veut me baiser ne se fera point mal. Rons., Am. de Mar., p. 24.
> S'on nous laissoit nos jours en paix user. C. Marot, Épigr., p. 406.

d) Ils élidaient *u* de *tu*:
> T'es une voie sans issue. Jubinal.

Au contraire, on lit dans Marie de France:
> Si il ne la puist aporter. (Id., E., II., p. 27.)

1) On dit cependant *ce oui*:
> Oui, ma sœur. — Ah! *ce oui* se peut-il supporter? Mol., les F. sav., I., 1.

2) Ronsard, Art poét.: »Tu éviteras, autant que la contrainte de ton

l'hiatus et qui a établi la règle qu'on a toujours suivie après lui[1]). Mais cette règle ne fut pas admise tout d'abord et sans contestation [2]).

§. 308. Consonnes muettes (*et*). *H* aspirée.

L'hiatus n'existe pas quand la voyelle finale du premier mot est suivie d'une consonne muette. Ces consonnes s'unissent pour la plupart à la voyelle suivante. Quoiqu'on ait aussi permis le concours d'une voyelle suivie d'une consonne qui ne peut pas devenir sonore, avec une autre voyelle, on a défendu que la conjonction *et* se trouve en vers devant un mot qui commence par une voyelle [3]). Les poètes

vers le permettra, les rencontres de voyelles et diphthongues qui ne se mangent point.«

1) Malherbe n'a laissé passer l'hiatus que dans un de ses premiers vers:

> Je demeure en danger que l'ame *qui est* née. Les Larmes St.-
> Pierre.

2) Hardy (mort en 1631), tout en observant scrupuleusement la succession des rimes masculines et féminines, viole sans scrupule la règle de l'élision. — Barbieux (Antibarbarus, Hiatus) prétend que les poètes modernes, même les meilleurs, se permettent si souvent des hiatus et des demi-hiatus qu'on pourrait à peine regarder l'hiatus comme une faute. Nous avouerons franchement que nous n'avons pas fait la même observation.

Voici quelques exemples d'hiatus après Malherbe:

> Le cerf don*né aux* chiens. J'appuie et sonne fort. Mol., les
> Fâch., II., 7.
> Prononcez le mot. — *Oui. Ah!* nature, nature! Id., Mélic., II., 5.
> Tant *y a* qu'il n'est rien que votre chien ne prenne. Rac., les
> Plaid., III., 3.
> Oh *là! oh!* descendez, que l'on ne vous le dise. La Font., Fabl.,
> III., 1.
> Çà *et* là ses regards en liberté couraient. Id., Cont., IV., 5.
> Avec l'aide d'un fer le cail*lou é*tincelle. Regn., Ép., IV.
> Et pata*ti et* patata. Bér., le Juge de Ch.
> La Marseillaise et l'air de Çà *ira* sortez. Lamart., Touss., II., 5.

3) La Fontaine n'observe pas toujours cette règle:

> Or, un jour qu'au haut *et au* loin. Fabl., II., 2.

Racine non plus, dans le genre familier.

> Je suais sang *et eau*, pour voir si du Japon. Les Plaid., III., 3.

évitent la phrase *à tort et à travers* [1]), en y substituant *à tort,
à travers.*

> Et biens et maux, verse *à tort, à travers.* Piron, 1., (II. Id.).
> Frappant des mains, bat *à tort, à travers.* Volt., 4., (II. Id.).

L'hiatus n'existe pas non plus quand le second mot commence
par *h* aspirée. Ex.:

> Peux-tu me demander le désa*veu hon*teux. Rac., Phèdr., I., 1.

§. 309. Hiatus dans les mots composés.

Le mot composé est regardé comme simple. L'hiatus est
donc permis. Ex.:

> Dans tout le P*ré-aux-Clercs* tu verrais mêmes choses. Corn.,
> le Ment., II., 5.

§. 310. *Oui* doublé; interjections: *ah, eh, euh, oh.*

Dans le dialogue on se permet le double *oui* [2]). Ce mot
est regardé comme aspiré.

> *Oui, oui,* vous me suivrez, n'en doutez nullement. Rac., Androm.,
> II., 3 [3]).

Les interjections *ah*, *eh*, *euh*, *oh*, peuvent être suivies d'une
voyelle, *h* finale étant aspirée.

> *Ah! il* faut modérer un peu ses passions. Mol.
> *Ah! ah! ah! ah! ah!* comment faire. Désaug. (IV. Id., p. 360.).
> S'enroue. — Hé! laissez-nous. *Euh! euh!* — Reposez-vous.
> Rac., les Plaid., III., 3.
> *Oh! oh!* quelle caresse! et quelle mélodie. La Font., Fabl.,
> IV., 5.

§. 311. Hiatus entre deux vers.

L'hiatus est permis entre deux vers, même quand le sens
est continu. Ex.:

---

1) La Fontaine n'hésite pas à se servir de cette locution:
  Le juge prétendait qu' *à tort et à travers.* Fabl., II.. 3.
2) Molière et La Fontaine placent le mot *oui* aussi après d'autres
mots terminés par une voyelle:
  Oui, c'est *moi, oui,* c'est moi. Mol., Past. com., I., 3.
  Ni oui ni non sur ce discours. La Font., Cont., IV., 12.
3) Mätzner dit que les mots *uhlan, ouate, ouïr, yacht, yatagan, yole*
sont aussi aspirés.

D'un Romain lâche assez pour servir sous un *roi*,
*A*près avoir servi sous Pompée et sous moi. Corn., la Mort de
Pomp., III., 4.
Ni serment ni devoir ne l'avait eng*agé*
A courir dans l'abîme où Porus s'est plongé. Rac., Alex., IV., 2.

§. 312. Demi-hiatus.

Les bons poètes évitent aussi la rencontre d'une voyelle
nasale avec une autre voyelle.

Sans cesse il me semblait que N*éron en* colère. Rac., Brit., III., 7.
En vain de son *train* ordinaire. La Font., Fabl.. II., 18.

Une consonne muette qui termine le mot n'empêche pas le choc
des deux voyelles:

Dispersa tout son *camp à* l'aspect de Jéhu. Rac., Ath., I., 1.

Cette rencontre est douce: a) quand la prononciation unit les
deux mots. Ex.:

*En un au*tre que toi je l'aurais moins aimée. Rac., Alex., IV., 1

b) s'il y a une pause entre les deux mots. Ex.:

Sauvez-nous de sa *main, et* redoutez les cieux. Corn.

§. 313. Critique du système moderne.

Quelque simple et commode qu'en soit le principe, la règle
de l'hiatus manque son but, qui est d'ôter les cacophonies:
car elle interdit beaucoup de rencontres de voyelles qui sont
assez douces, et elle en permet d'autres qui ne sont rien moins
qu'agréables à l'oreille. Malherbe, comme dans la rime, a con-
sulté l'œil plus que l'oreille. Voltaire, Marmontel, Sainte-
Beuve, Quicherat réclament tous contre la règle trop rigoureuse
de l'hiatus.

1° Il y a des rencontres de voyelles assez douces qui sont
pourtant défendues. Telle est la phrase: *il y a*, remplacée
en vers par *il est*, qui fait sur l'oreille l'impression d'un seul
mot et qui ne paraît pas plus choquante à l'oreille que le
mot *renia*.

2° L'hiatus produit par une voyelle qui précède *e* muet
élidé est permis, quelque dur qu'il soit.

J'ai vu mon père immo*lé à* mes yeux.

forme un hiatus défendu, tandis que

> J'ai vu ma mère immo*lée à* mes yeux.

est licite. Le choc est toujours rude, si les deux voyelles se ressemblent :

> Et dans ce palais même, en *proie à* son courroux. Rac., Esth.,
> III., 4.
>
> Mon amour en fu*mée, et* son bien en procès. Id., les Plaid., I., 5.

Même la rencontre de trois voyelles peut ainsi avoir lieu :

> Que le grand Mérou*ée est* un roi magnanime. Corn.
> Rome entière noy*ée au* sang de ses enfants. Id., Cinn., I., 3.
> Ou s'est éva*nouie ou* s'est bien relâchée. Rac., Phèdr., I., 1.

Ces hiatus déguisés peuvent servir à l'harmonie imitative :

> L'essieu *crie et* se rompt. Rac., Phèdr., V., 6.

3° L'hiatus est permis, quand le second mot commence par une *h* aspirée, bien que les Français soient loin de prononcer *h* à l'instar des Allemands ou des Anglais. Ex.:

> Peux-tu me demander le désa*veu h*onteux? Rac., Phèdr., I., 1.
> Si je *la h*aïssais, je ne la fuirais pas. Ibid.
> Lui dit: ce sont *ici h*iéroglyphes tout purs. La Font., Fabl.,
> VIII., 8. (Selon Quicherat, *h* dans *hiéroglyphe* est aspirée.)

Les poètes peuvent tirer de ces hiatus des effets d'harmonie imitative. Ex.:

> Des coursiers attentifs le crin *s'est h*érissé. Rac., Phèdr., V., 6.
> Après bien du travail, le coche arrive *au haut.* La Font., Fabl.,
> VII., 9.
> Le chardon impor*tun h*érissa nos guérets. Boil., Ép., III.

4° L'hiatus est permis, lorsqu'il y a une consonne muette à la fin du premier mot, laquelle ne peut pas être liée (excepté *t* dans *et.* §. 308.).

> Et qu'il auroit pour vous quelque si*rop a* part. Regn., le Lég.,
> II., 12.
> Et fuit le monde en*tier* écrasé sous sa chute. Corn., la Mort., I., 1.
> Le manteau sur le *nez, ou* la main dans la poche. Rac., les
> Plaid., I., 4.
> Sur votre prison*nier, huissier, ayez* les yeux. Ibid., II., 8

5° Le remède que les poètes ont employé pour éviter l'hiatus est quelquefois pire que le mal. Ex.:

> Une vache était *là: l'on* l'appelle; elle vient. La Font., Fabl.,
> X., 2.
> Quand l'absurde est outré, *l'on lui* fait trop d'honneur. Ibid.,
> IX., 1.

Pour atteindre le but,. les rencontres de voyelles que l'oreille française juge douces devraient donc être permises, mais les rencontres choquantes produites 1° par une vóyelle précédant *e* muet et ayant un son semblable à la voyelle suivante, 2° par deux voyelles séparées par *h* aspirée comme *et hors, être haï, la haïr, roi hors,* 3° par deux voyelles séparées par une consonne absolument muette devraient être défendues, et les bons poètes ont en effet tâché de les éviter.

Chap. XXXVII. B. De l'Élision.

§. 314. *H* muette; *h* aspirée.

E muet final s'élide devant une voyelle, qui peut être précédée d'une *h* muette[1]), et n'est pas compté pour la mesure[2]). L'élision n'a pas lieu devant *h* aspirée[3]). Les deux *h* se trouvent réunies dans ce vers:

> On peut *être, héros,* sans cesser d'*être hu*main.

> Tels étaient *de Henri* les sincères discours. Volt., Henr., III., 373.

---

1) Corn., le Ment., III., 3. a omis l'élision devant *h* muette:
> *Ne hésiter* jamais et rougir encor moins.
H s'aspirait autrefois dans ce mot.

2) Les anciens poètes, qui ne craignaient point l'hiatus, négligeaient souvent l'élision devant la voyelle suivante. Cela se trouve surtout dans *je, ne, que, se.* E dans *je* n'était pas muet au commencement, mais se prononçait comme *eu, o, ou* (ju, jeu, jou, jo, jeo). Les trois derniers mots pouvaient se prononcer comme *né, qué, sé.*
> Por morz tieng-*je* et por periz. Bible Guiot (Id., E., II., p. 37.).
> Jà n'ont *ne* ami, ne parent. Ibid. (p. 40.).
> *Que ils* n'ont sens, hardement, ne pooir. Thibaut (Id., E., II., p. 23.).
D'autres cas d'élision omise sont moins fréquents:
> A la feie *Engleiz* ruserent. Wace (Id., E., II., p. 47.).
> La gent englesche: *Ut* s'ecrie. Ibid.
> Et pour la vendue *attendre.* Rutebeuf (Ibid., p. 87.).
3) Il faut donc nommer incorrectes les élisions suivantes:
> Le feu d'enfer sans notoire *hablerie.* Clot. (Id., E., I., p. 207.).

§. 315. Élision de l'article omise devant *oui, onzième.*

Nous avons déjà dit §. 306. (note) que l'article ne s'élide pas devant *oui*[1]) et *onzième* [2]). Voici des exemples pris dans les poètes:

Le *oui* fut dit à la chandelle. La Font., Cont., III., 7.

Entends-tu? de *la* onzième heure. Bonnet, Léonore (Braunh., p. 766.).

§. 316. Élision d'*e* muet accentué évitée.

E muet à la fin des mots devient quelquefois une syllabe accentuée.

Hé bien votre parente? est-el*le hors* de ces lieux. Corn., Théod., IV., 5. (éd. de Berl. 1793.: Elle est).

Très-mauvais *gîte, hormis* qu'en sa valise. La Font., Cont., II., 5.

Croyant par là *cocuage hors* de gamme. Ibid., II., 10.

Du magnanim*e Henri* qu'il contemple la vie. Id., Pour Mr. Fouquet.

Aurait rendu comme eux leur Dieu mê*me haïssable*. Volt., Alz., I., 2.

Je meurs au moins sans *être haï* de vous. Id., l'Enf. prod., IV., 3.

Armés *d'hoyaux*, de pics, et d'autres instruments. Flor., Fabl., III , 2.

Disant ces mots, il part. Notre lièvre *hors* d'haleine. Ibid., III., 7.

S'ébrou*e, hennit*, et jetant un œil fier. Id., le Chev. d'Esp.

Pour fait d'outrage aux enfants *d'Henri-Quatre*. Bér., Le dix-mille Fr.

Dans les Plaid. de Rac. et dans les comédies de Molière, il se trouve nombre d'élisions devant les interjections commençant par *h* aspirée. Ex.:

Tu fais le gentilhom*me: hé*, Dandin, mon ami. Rac., les Plaid., I., 4.

1) Molière et Voltaire ont quelquefois omis l'élision devant *oui*, quand un autre mot que l'article précède cette particule:

Et pourvu que l'honneur soit ... — Que vois-je! Est-ce...? *Oui*. Mol., Éc. d. f., I., 5.

Qu'à dire *oui*, si la belle eût voulu. Volt., Coris.

L'usage des poètes s'oppose à cette licence; *oui* supporte ordinairement l'élision.

Avez-vous dit, mada*me*. — *Oui*. — J'irais sans façon. Rac., les Plaid., I., 7.

Ce souvenir qui tue; *oui*, cette fièvre lente. Delav., Mar. Fal., I., 2.

2) Corn., Cinn. II., 1. a péché contre la règle:

Peut-être que *l'onzième* est prête d'éclater.

Voltaire aussi, selon Barbieux, Antibarbarus.

Boire ce soir d'autant, et pour *ce,* Corydon. Rons., Am. de M.,
p. 14.

Si tu peux en douter, juge-*le* par la crainte. Corn., Poly., I., 3.

J'en avais bien besoin. Et, de *ce* non content. Rac., les Plaid.,
II., 4.

Cet *e* muet accentué peut se trouver à la césure (V. §. 106.).

S'écrie: Épargne-*le*; nous n'avons plus que lui. Flor., Fabl.,
II., 2.

Non, non. Foudroyez-*le* seulement du regard. Aug., Philib.,
III., 3.

La poésie sévère évite la rencontre de cet *e* avec une voyelle, pour ne pas altérer la prononciation légitime [1]).

---

1) Ordinairement les anciens poètes n'élidaient pas *e* muet accentué.

Crains-*le, et* de servir t'efforces. Christ. de Pis. (Id., E., II.,
p. 54.).

Ont *ce* oï et entendu. Barbaz. [T. III., p. 294.]

Mais quelquefois, ils en ont fait l'élision et l'ont employé pour former
une rime féminine:

Dame, fet-il, lessiez *me en* pais, Barbaz. [T. III., p. 340.]

Mestre, dist-il, por Dieu que *vaut-ce*

Je voi moult bien c'on vous che*vauche* Ibid., p. 111.

Je dis cecy, mes tres chers Freres, *pource*

Que l'amitié, la chere non re*bourse.* C. Marot, l'Enfer.

Oh Roy François, tant qu'il te plaira, *pers le,*

Mais si le pers, tu perdras une *perle.* Id., Ép., p. 167.

Exemples d'élision dans les poètes modernes:

Condamnez-*le* à l'amende, ou s'il le casse, au fouet. Rac., les
Plaid., II., 13.

Voyons-*le* avec Ésope en un sujet semblable. La Font., Fabl.,
VI., 1.

Rendez-*le* à mon amour, à mon vain désespoir. Volt., Mér.,
IV., 2.

Tout souverain qu'il est, instruis-*le* à se connaître. Id., Henr.,
VII., 424.

Laissons-*le* a*l*ler; et tandis qu'il se perche. Id., Puc., I.

Chap. XXXVIII. C. E muet précédé d'une voyelle.

§. 317. E muet précédé d'une voyelle dans le corps des mots.

E muet précédé d'une voyelle est une syllabe trop faible pour être soufferte en vers. Elle rend le vers languissant.

Dans le corps des mots cet *e* se réunit par la synérèse avec la voyelle précédente et ne compte pas dans la mesure. L'orthographe est double: ou *e* reste (*prierai*), ou il est remplacé par l'accent circonflexe (*prirai*) [1]).

> Votre majesté. — Bien. — Il ne le *tuera* pas. Hug., Ruy Blas, II., 5.
>
> Mêlé de l'*aboiement* de trois cents créanciers. Ibid., IV., 2.
>
> Et s'il me reste un peu d'argent, je l'*emploîrai*. Ibid., IV., 3.[2]).

---

1) Du temps de Ronsard, cet *e* était marqué par une apostrophe:
> Jamais mon cœur ne t'*oubli'ra*, Rons., Am. de Mar., p. 51.

2) Les anciens poètes comptaient cet *e* pour une syllabe.

Substantifs:
> Par le *chastiement* mon mestre. Fabliau (Id., E., II., p. 113.).
> Par un jour fu de *Diemenche*. Cortebarbe (Ibid., p. 73.)
> Ainsi jusqu'à la *mienuit*. Ibid. (p. 69.)
> Jà estoit *miedis* passéz. Barbaz. (Tom. III., p. 219.).

Verbes:
> Je *crierai* jà à tel bruit. Ibid. (p. 174.).
> Cist en *tuera* jà tels vingt. Ibid. (p. 264.).

Adverbes:
> Si *coiement* ai ma dolor menée. Chatel. de Coucy (Id., E., II., p. 127.).
> *Privéement* unt cunseillié. Wace. (Ibid., p. 50.).
> Je m'en garderay *vrayement*. Blanche (Ibid., p. 176.).

Dès le milieu du XVe siècle, la diérèse n'est plus en usage. Ex.:
> Ta fortune je te *mueray*. Villon (Ibid., p. 158.).

La synérèse se trouve déjà très-anciennement:
> Nous *prirons* Dieu por tretous vos amis. Garin le Loh. [XIIe siècle] (Ibid., p. 271.).
> Et par france *druerie* l'amast. Marie de Fr. [XIIe siècle] (Ibid., p. 27.).

Dans les mots *gaiement, gaieté, paierai, paiement*, contractés au XVIe siècle comme tous les autres, des poètes du XVIIe, même du XVIIIe siècle ont employé la diérèse. Ils prononçaient donc cet *ai* comme dans *payons*.
> Mais je vous avouerai que cette *gayeté*. Mol., Don Garc., V., 6.

§. 318. E muet précédé d'une voyelle à la fin des mots.

E muet précédé d'une voyelle à la fin des mots peut être ôté par l'élision. La versification exige donc que des mots tels que *aimée, armée, finie, haïe, joie, plaie, rue, vue,* ne se trouvent qu'à la fin où. *e* muet ne compte pas dans la mesure, ou devant une voyelle[1]).   On ne peut donc pas dire:

> N'écoutons que l'amour, la *joie,* les plaisirs.

Il faut:

> N'écoutons que l'amour, la *joie, et* les plaisirs.

Des mots tels que *publique, vague* ne sont pas sujets à cette règle; car *u* n'y est pas voyelle sonore, mais signe orthographique.   Ex.:

> Mais la *longue* fatigue, et le chaud qui m'accable. Regn., Dém., I., 6.

Quand cet *e* muet est suivi d'une ou de deux consonnes muettes, la syllabe n'en est pas moins insupportable. L'élision d'e muet n'étant pas possible, des mots tels que les substantifs *armées, joies, nues, rêveries,* les présents *s'écrient, emploient, essuient, rallient,* ne doivent jamais se trouver dans le corps du vers, comme dans ce vers incorrect:

> Nos *années* s'en vont avec rapidité.

Ils ne peuvent que terminer le vers, comme dans:

> Ses trahisons enfin vous sont-elles *connues?* —
> Je suis tout ébaubie, et je tombe des *nues.* Mol., le Tart., V., 5[2]).

---

1) C'est pourquoi Piron, les deux Tonneaux (II. Id.) parlant de Prométhée, le nomme une fois Prométhéus:

> *Prométhéus,* Dieu nerveux et trapu.

2) Dans les anciens poètes, cet *e,* suivi d'une ou deux consonnes muettes ou non, comptait dans la mesure du vers:

> Ne ne porent lor *joie* remembrer? Thibaut (Id., E. II.. p. 24.).
> Pur la *joie* qu'il od de li. Marie de Fr. (Ibid., p. 30.).

C'est à tort qu' Ideler a écrit *joïe.*

> N'est qu'une *boufée* de vent. Fabliau (Ibid., p. 104.).
> Ont si *espandues* lor guiles. Bible Guiot (Ibid., p, 42.).
> Normanz *escrient:* Dex aïe. Wace (Ibid.. p. 47.).
> Sovent se *voient* et s'assemblent. Bible Guiot (Ibid., p. 42.).
> Tuit en *rient* petit et grant. Barbaz. (Tom. II., p. 135.).
> Ses *braies* oste et sa chemise. Ibid. (T. III., p. 274.).

§. 319. Imparfaits et Conditionnels en *aient*. *Aient*. *Soient*.

E muet à la fin des troisièmes personnes du pluriel des

De tels vers se trouvent encore au XVIe siècle:

Si veins de *pensée* joyeuse. C. Marot, Temple de Cup.

Signifiant que *joyes* nompareilles. Ibid.

Marie, levez-vous, vous estes paresseuse. Rons., Am. de Mar., p. 15.

Sous un scofion peint d'une *soye* diverse. Id., Am. div., p. 70.

C'est le mérite de Malherbe d'avoir établi la règle consignée dans le texte, et elle ne se trouve que rarement violée après lui.

Corneille a corrigé lui-même des vers où il ne l'avait point observée. Il a oublié de refaire le vers de Médée, I., 1.:

Les sœurs *crient* miracle et chacune ravie.

et le vers du Menteur I., 6.:

On leur fait admirer les *baies* qu'on leur donne.

D'autres exemples de cet *e*, compté pour une syllabe, sont:

Mes yeux ne *voyent* point un maudit Bourvalais,

Si tant d'honnêtes gens ne les *payent* jamais. Regn., le Jou., III., 8.

La bourse est criminelle et *paye* son délit Mol., l'Ét., IV., 9.

Jamais des âmes bien saines

Ne se *payent* de rigueur. Id., le Sicil., sc. 4.

La *partie* brutale alors veut prendre empire. Mol., le Dép., IV., 2.

Ils *croyent* que tout cède à leur perruque blonde. Mol., Éc. d. m., III., 9.

L'innocent à ses yeux *paye*-t-il pour l'impie? Lamart., Jocel., p. 207.

En présumant que dans des mots tels que *payent* y se prononce comme dans *payez*, la syllabe en question semble être plus supportable.

Il y a dans les auteurs modernes, plusieurs exemples de ces mots employés au milieu des vers. *E* muet n'est pas compté pour une syllabe. Ces exemples sont également fautifs:

L'en*vie* jamais ne mourra (vers de 7 syll.). Regn., le Voyage de Norm.

A la *queue* de nos chiens, moi seul avec Drécart. Mol., les Fâch., II., 7.

Bon! jurer? ce serment vous *lie*-t-il davantage? La Font., Cont., III., 13.

Et prétextait ses *allées* et venues. Ibid., IV., 7.

Plein de plumes *choisies*, et blanc, et fait pour moi. Desbord., l'Oreill.

imparfaits[1]) et dans *aient* et *soient*[2]) est absolument muet. Ces terminaisons forment des rimes masculines et peuvent se trouver à chaque place du vers. Ex.:

Pour attaquer des rois qui ne l'*offensaient* pas. —
Et vos cœurs *rougiraient* des faiblesses du mien. Rac., Alex., I., 2.
De mes sens éperdus *aient* calmé l'épouvante. Delav., le Par., III., 4.
Soient au rang de ces morts que tu ne connais plus! Rac., Ath., IV., 3.

Et ne *croient* pas me faire une grâce infinie. Delav., l'Éc. des v., II., 7.
De ce bonheur en vain nous *croient* déshérités. Id., le Par., II., 5.
D'enfants qui se *croient* orphelins! Bér., le Prince de N.
Tels sont amis de l'ordre et se *croient* convaincus. Pons., l'Honn., I., 2.
Les cuisiniers savants ne se *voient* pas partout. Ibid., I., 1.
Se *voient* poussés à bout par la guerre aux Rutules. Id., Lucr., II., 2.
Tu seras seule aussi, mes laquais ne *voient* rien. Muss., Louis, I., 2.

1) Cet *e* muet comptait autrefois pour une syllabe.
Molt *devroient* bon fruit porter. Bible Guiot (Id., E., II., p. 38.).
Le *blasmoient* moult si ami. Barbaz. (T. III., p. 1.).
Au XVe siècle, cette terminaison est souvent monosyllabe; dès le XVIe, siècle, elle l'est toujours.
A mes compaings qui *tendoyent* leurs chapeaux. C. Marot Égl. au roi.
Villon, Repues franches, dans Id., E., II., p. 163. offre la double mesure dans deux vers qui se suivent immédiatement:
Qui *aymoyent* bien besoigne faicte,
Et *estoient* franc cueur aussi.

2) *Aient* était dissyllabe encore au XVIIe siècle:
Ayent donné matière à ces nobles concerts. Regn., Ép., III.
Il est monosyllabe dans Sapor, I., 5. du même poète.
Je rougis que mes yeux en ce jour *aient* blessé.
Il l'est déjà dans:
Aient devoyé de leur vrai mouvement. Rabel.
Soient était aussi primitivement dissyllabe.
Li cent déable; *soient* tout. Barbaz. (T. III., p. 156.).
Il devient monosyllabe vers la fin du XVe siècle:
Soyent de regrets tous volumes escrits. C. Marot, Chants div., p. 263.
Le peuple prononce encore *qu'ils ai-ient, qu'ils soi-ient.*

Chap. XXXIX. D. Des autres Cacophonies.

§. 320. 1) Cacophonies résultant de certaines lettres.
a) Succession de plusieurs consonnes rudes.

Il y a encore d'autres cacophonies que la poésie doit éviter.
Telle est la succession de plusieurs consonnes rudes. Ex.:

> J'eus toujours pour *suspects les dons des* ennemis. Corn., Méd.,
> IV., 4.
> *Jusqu'à ce qu'il* le porte, en ignore le poids. Id., Hér., I., 1.
> *Jusqu'à ce qu'à* vous même il ait osé se prendre. Id., la Mort.,
> III., 2.
> Ce fils *donc, qu'a* pressé la soif de sa vengeance. Id., Nic., I., 5.
> Afin *donc qu'à* ce choix j'ose tout accorder. Id., Hér., III., 1.
> Opéra sur roulette, et qu'on porte à *dos d'homme.* Mierre.
> *Arbre à grisâtre écorce. Dulard.*

Boileau, dans qui, comme dans Racine, les cacophonies sont
beaucoup plus rares que dans Corneille et dans Voltaire, recommande dans son Art poét. l'harmonie du vers:

> Il est un heureux choix de mots harmonieux,
> Fuyez de mauvais sons le concours odieux.

Le même critique se moque souvent des vers rocailleux de
Chapelain et en a fait la parodie suivante:

> Maudit soit l'auteur dur, dont l'âpre et rude verve,
> Son cerveau tenaillant, rima malgré Minerve;
> Et de son lourd marteau martelant le bon sens,
> A fait de méchans vers douze fois douze cents. Ép. VIII.

La succession de ces lettres est excusable, quand le poète veut
imiter un bruit qui affecte désagréablement nos sens, ou exprimer l'effort, la difficulté.

> Car a peine les coqs, commençant leur ramage,
> *Auront de cris aigus frappé* le voisinage. Boil., Sat, VI.
> Délivre les vaisseaux, des *Syrtes les arrache.* Id., Art. poét., III.
> Quoi! dit-elle, d'un ton qui fit *trembler les vitres.* Id., le Lutr., I.
> Indomptable taureau, dragon impétueux,
> Sa *croupe se recourbe* en replis tortueux. Rac., Phèdr., V., 6.

Delille imite ainsi le bruit du canon:

> Et le bronze et l'airain tonnant dans les combats,

rend l'impression d'une saveur désagréable:

> D'un acide *piquant aiguise* encor l'aigreur.

§. 321. b) Répétition de la même lettre ou de la même consonnance.

La répétition de la même lettre ou de la même consonnance est contre l'harmonie du style. Ex:

> Et que, de quelque éclat qu'il se soit revêtu. Corn., Héracl., II., 3.
> Que quelque amour qu'elle ait et qu'elle ait pu donner. Id.
> Et n'ai mis en ses mains ce don du diadème. Id., Don Sanch., II., 1.
> De toutes parts pressé par un puissant voisin. Rac., Ath., II., 5.
> Il la ruinera, si l'on le laisse faire. Id., les Plaid., I., 5.
> Y vient vanter en vain ses vœux et ses tourments. Volt., Henr., VII., 92.
> Sans le lui laisser voir, il fallait le guider. Pons., l'Honn., IV., 7.
> Et de ce que je crains et de ce que je pense. Corn., Sert., I., 2.
> Je sais que c'est beaucoup que ce que je demande. Id., Poly., IV., 5.

La répétition consécutive de la même consonnance peut peindre une action réitérée; elle montre un à un tous les détails d'un événement ou d'un portrait:

> Français, Anglais, Lorrains, que la fureur assemble,
> Avançaient, combattaient, frappaient, mouraient ensemble. Volt. Henr., VI., 279.
> Il y lâche sa bête; et le grison se rue
> Au travers de l'herbe menue,
> Se vautrant, grattant et frottant,
> Gambadant, chantant et broutant. La Font., Fabl., VI., 8.

L'emploi de la lettre s convient, quand le poète veut exprimer un sifflement, un bruit aigu:

> Pour qui sont ces serpens qui sifflent sur vos têtes? Rac., Androm., V., 5.
> La Discorde, à l'aspect d'un calme qui l'offense,
> Fait siffler ses serpens, s'excite à la vengeance. Boil., le Lutr., I.
> Fait siffler ses serpens, et lui parle en ces mots, Volt., Henr., IV., 146.

La Font., Fabl., VI., 3. décrit ainsi les efforts de Borée:

> Se gorge de vapeurs, s'enfle comme un ballon,
> Fait un vacarme de démon,
> Siffle, Souffle, tempête.

Le mulet porte l'argent dé la gabelle, Fabl., I., 4.:

> Il marchoit d'un pas relevé
> Et faisoit *sonner sa sonnette.*

Boileau exprime par la même lettre l'importunité d'un pédant:

> C'est un pédant qu'on a *sans cesse* à *ses* oreilles. Sat., IV.

§. 322. 2) Cacophonies résultant de certaines Syllabes: Syllabe finale et syllabe initiale pareilles.

Il faut se garder que la syllabe finale d'un mot et la syllabe initiale du mot suivant ne soient pareilles. Ex.:

> Tranchez donc cette *part par* où l'ignominie. Corn., Théod., II., 3.
> Consultez-*en encore* Achillas et Septime. Id., la Mort, I., 4.
> Le grand Cés*ar arrive*, et vous avez un maître. Ibid., II., 3.
> C'est à dire, du moins depuis un *an entier*. Id., le Ment., I., 3.
> Quelle que soit sa race et de *qui qu'il* soit fils. Id., Don Sanch., I., 3.
> Qu'a son ambit*ion ont* immolés ses crimes. Id., Cinn., I., 2.
> Plaignez-vous *en encor*; mais louez sa rigueur. Id., Poly., II., 2.
> Après un *an entier* de supplice et d'absence! Rac., Théb., II., I.
> Glaç*a sa* faible main. Volt., Sémir., IV., 2.

Le même défaut existe quand deux syllabes pareilles sont très-rapprochées ou qu'il y a entre deux syllabes consécutives une grande analogie de prononciation:

> Elle me dit toujours qu'il m'a fait *trois fois roi*. Corn., Nic., II., 1.
> Et sur ses brodequins ne *put plus* se tenir. Boil., Ép., VII.
> Eh bien, chère Azéma, le ciel *parle par* vous. Volt.

§. 323. 3) Cacophonies résultant de certains mots: a) Vers monosyllabiques.

Les vers monosyllabiques sont en général peu harmonieux:

> Je sais ce que j'ai fait, et ce qu'il vous faut faire. Corn., Cinn., V., I.
> Je sais ce que je suis, et ce que je me doi. Id., Don Sanch., I., 1.
> Non, je n'ai pas bien dit tout ce qu'il lui faut dire. Rac., Androm., II., 5.

§. 324. b) Mots choquants.

Quelquefois un seul mot est réputé choquant à l'oreille:

> Ne *perds-je* pas assez sans doubler l'infortune. Corn.
> De l'amour aisément on ne *vainc* pas les charmes. Thom. Corn.,
> Arian., IV., 4. — P. Corn., la Mort, II., 4.
> Ne *sens-je* plus rien? je finis. La Motte.
> *Qu'où* le travail a moins de part. Id.

La Harpe blâme l'emploi de formes telles que *brisâtes, remplîtes*.

§. 325. c) Mots étrangers en *em*, etc., suivis d'une
consonne.

Les mots tirés de langues étrangères qui ont leurs désinences en *em, am, as, ès, is, os, us*, etc., et qui se prononcent
comme s'ils étaient terminés par *e* muet, tels que *Jérusalem,
Pâris, Minos, Brutus*, ont quelque dureté, lorsqu'ils sont suivis
d'une consonne:

> Tout le peuple en murmure, et *Félix* s'en offense. Corn., Poly.,
> III., 2.
> Jadis Pri*am* soumis fut respecté d'Achille. Rac., Androm., III., 6.
> Mi*nos* juge aux enfers tous les pâles humains. Id., Phèdr., IV., 6.
> Bur*rhus* conduit son cœur, Sénèque son esprit. Id., Brit., IV, 4.
> Et de Jérusa*lem* l'herbe cache les murs! Id., Esth., I. 1.

§. 326. Mauvais arrangement des accents. Rimes
désagréables.

Il y a encore d'autres cacophonies dont il a été question
dans les chapitres précédents. Telles sont:

1° les cacophonies causées par le mauvais arrangement des
accents. L'accumulation de syllabes accentuées a quelque
dureté;[1]) l'accumulation de syllabes faibles rend le vers languissant
et le rapproche de la prose (Chap. V., Chapp. IX. — XXI.).

2° les cacophonies causées par les rimes vicieuses: les
rimes bizarres (Chap. VII., §. 71.); les rimes choquantes (§. 72.);
la rime de la césure avec la fin (§. 73.); la rime dans le corps

---

1) Elle est permise, quand le poète veut produire un effet déterminé. (§. 87).

d'un vers (§. 74.); la rime de la césure avec une rime voisine (§. 75.); la rime des hémistiches (§. 76.); la même consonnance de deux rimes qui se suivent dans les rimes plates ou dans les rimes croisées (§. 77.).

LIVRE TROISIÈME.
DES LICENCES POÉTIQUES.

Chap. XL. Des Licences en général.

§. 327. Définition. Origine. Division.

Les licences du langage poétique ou les anomalies du langage permises au poète en faveur de l'élégance du style et en faveur de la versification (mesure des vers, rime, hiatus) sont peu nombreuses en français. Ces licences ne datent que du XVe ou du XVIe siècle. Primitivement la poésie ne différait pas de la prose: l'une et l'autre écrivaient les mots de la même façon. L'orthographe était incertaine, parce que la langue n'était pas encore fixée. Après la fixation de la langue, les poètes, ayant pour instrument une langue notablement modifiée, et pour objet de constantes études les nombreux ouvrages de leurs devanciers, choisissaient, suivant le besoin présent, les formes modernes ou les formes anciennes. Celles-ci constituaient les licences. Plusieurs de ces licences sont parvenues jusqu'aux temps modernes.

Nous distinguons deux espèces de licences: les licences de vocabulaire et les licences de grammaire. Les licences de vocabulaire sont doubles: les licences d'orthographe et les licences de phraséologie (mots poétiques, mots prosaïques prenant une autre acception en poésie). Les licences de grammaire sont aussi doubles: les licences de formation et les licences

de syntaxe (licences de syntaxe en général, licences de construction en particulier). Nous allons traiter ensemble les licences
de formation et les licences de syntaxe en général sous le nom
de Licences de grammaire.

Chap. XLI. A. Des Licences d'orthographe.

§. 328. Apocope d'e.

Il y a trois mots dans lesquels les poètes peuvent à volonté conserver ou supprimer e muet final.

On dit également bien *encore* et *encor* [1]). Ex.:

> Il se sent faible *encore;* et pour nous retenir. Rac., Alex., I., 2.
> Et vous pouvez *encor* demeurer auprès d'elle. Ibid., I., 3.

L'interjection *aïe* s'écrit devant une consonne *ay* [2]).

> Elle m'étrangle. *Ay! ay!* — Vous m'entraînez, ma foi. Rac.,
> les Plaid., II. 11.[3]).

On dit *zéphyre* et *zéphyr*.

> Toujours un aimable *zéphyre*
> Autour de vous va se jouant. La Font., Am. de Ps. I.
> Revint sans amener les fleurs et les *zéphyrs* (rime: *plaisirs*). Quin.

§. 329. Apocope et paragoge d' s.

Les poètes ont la liberté de supprimer *s* finale dans quelques
mots, et d'en donner une à d'autres.

Substantifs. a) Noms propres de personnes. On dit en
vers *Apelle* et *Apelles*, *Charles* et *Charle*, *Démosthène* et *Dé-
mosthènes*, *Descartes* et *Descarte*, *Georges* et *Georgé*, *Jacques*
et *Jacque*. Ex.:

---

1) Ronsard écrit *encor'*.
2) Dans plusieurs textes on lit toujours *aïe*. Ex.:
> Dans cette joie ... — *Aie, Aie!* doucement, je vous prie. Mol.,
> l'Ét., V., 16.
3) A cause de la rime, Regnard écrit dans une comédie au lieu de
Léonor, nom de femme chez lui, une fois *Léonore*, forme ordinaire.
> Tout est perdu, Merlin; *Léonor* se marie. Le Bal., sc. **4.**
> Qui dans vos noirs détours recelez *Léonore* (rime: *encore*). Ibid.,
> sc. **7.**

Charles en sait jouir; il sauroit dans la guerre. La Font., Fabl., VII., 18.

J'étais là. Je n'ai pas touché votre don, *Charle* (rime: *parle*). Hug., Ruy Blas, I., 2.

Cher *Descartes*, je suis heureux, sur ma parole. Dum., Christ., prol.

Gravez-y seulement son nom: René *Descarte* (rime: *s'écarte*) Ibid. II., 1.

b) Noms propres de villes: *Athènes, Bruxelles, Londres, Mycènes, Naples, Thèbes, Valenciennes,* etc., peuvent omettre leur *s, Marseille* peut en prendre. Ex.:

Athènes en gémit; Trézène en est instruite. Rac., Phèdr., II., 1.

Et sans contraindre *Athène* à payer un succès. Delav., le Vaiss.

N'ose le suivre aux champs de Lille et de *Bruxelle* (rime: *rebelle)* Boil., Ép. I.

Vous régnez, *Londre* est libre, et vos lois florissantes. Volt., Henr., II., 41.

Les paladins, ayant bien vu *Marseilles* (rime: *merveilles).* Volt., Puc., IX.

c) Noms appellatifs: *Remords* et *remord.* Ex.:

Dans ton cœur qui m'aima le poignard du *remord* (rime: *mort).* Volt., Tancr., IV., 7.

Et qui si nous souffrons soudain crie au *remord* (rime: *mort).* Dum., Christ., II., 2.

Son image parfois me vient comme un *remord* (rime: *tort)* Pons., Agn., I. 1.

Particules: *Certe* et *certes; guère* et *guères, jusque* et *jusques; naguère* et *naguères.* Le formes avec *s* finale sont anciennes. Ex.:

Certe, ils étaient bien là, les deux beaux jeunes hommes! Hug., Hern., III., 1.

Alors, *certes* alors je me connois poète. Boil., Sat., VII.

En est-il? dit le loup; pour moi, je n'en vois *guère* (rime: *carnassière).* La Font., Fabl., XII., 1.

Je publierois partout que l'on ne trouve *guères* (rime: *affaires)* Regn., Dém., II., 4.

Vous portâtes la mort *jusque* sur leurs murailles. Rac., Bérén., I., 3.

Et nous, foulant aux pieds *jusques* au fond des eaux. La Font., Fabl., II., 4.

Que d'un roi qui *naguère* avec quelque apparence. Rac., Mithr., III., 1.

Ainsi le vieux rêveur, qui *naguères* à Rome. Régn.

§. 330. Apocope de *d* et d' *f*.

A cause de la rime (§. 67.), quelques poëtes écrivent *pié* au lieu de *pied*, et *clé* au lieu de *clef*. Ex.:

> Gaîment, à coups d'épingle ou bien à coups de *pié* (rime: *pitié*).
> Hug., Ruy Blas, III., 5.

> Par un des grands d'Espagne ayant droit à la *clé* (rime: *réglé*).
> Ibid., II.. 1.

§. 331. Double forme de quelques noms propres traduits du latin.

Pour la désinence des noms propres traduits du latin, les poètes ont quelquefois à leur disposition une double inflexion: *Claudius* et *Claude, Lélius* et *Lélie, Mécénas* et *Mécène, Porsenna* et *Porsenne, Viriathus* et *Viriathe* [1]) [2]).

---

1) Quicherat déclare les formes *Brute* (Corn.), Cassie (Id.), *Crasse* (Id.), *Circe* (Régnier), *Darie* (Desmarets), *Osse* (Régnier), *Phidie* (Ronsard), *Pyrrhe* (Id.), ridicules et inadmissibles aujourd'hui.

2) Nous rencontrons dans les poètes çà et là encore d'autres anomalies d'orthographe. Ce ne sont point des licences autorisées par l'usage mais des archaïsmes ou des incorrections. La Fontaine en est plein. (Syncope) *chartier* = charretier.

> Pour venir au *chartier* embourbé dans ces lieux. La Font., Fabl.,
> VI., 18.

épouster = épousseter.

> Oui-dà, très volontiers; je l'*épousterai* bien. Mol., Ét., IV., 7.

detteur = débiteur.

> Je connois maint *detteur*, qui n'est ni souris-chauve. La Font., Fabl.,
> XII., 7.

carfour = carrefour.

> Comment? — Dans le *carfour* j'ai vu venir Philandre. Corn.

(Épenthèse) *culebutants* = culbutants.

> Voletants, se *culebutants*. La Font., Fabl., IV., 22.

(Apocope) *aragne* = araignée.

> Il n'est rien, dit l'*aragne*, aux cases qui me plaise. La Font.,
> Fabl., III., 8.

infidel = infidèle. Ex.:

> Ailleurs que dans le mien, *infidels*, imparfaits. Regn., Sapor, IV., 2.

pact = pacte.

> Ainsi du reste; où sans *pact*, ni demi. La Font., Cont., II., 5.

tartuf = tartufe.

> C'étaient deux vrais *tartufs*, deux archipatelins. Id., Fabl., IX., 14.

couché = coucher.

Laissa de *Claudius* disputer l'hyménée. —

Mit *Claude* dans mon lit, et Rome à mes genoux. Rac., Brit., IV., 2.

C'est ainsi que Lucile, appuyé de *Lélie*. Boil., Sat., IX.

Quand le ciel me voulut, en rappelant *Mécène* (rime: *haine*) Corn.

Mais, sans un *Mécénas*, à quoi sert un Auguste? Boil., Sat., I.

Moi, pourvu que je puisse être au petit *couché* (rime: *attaché*) Mol., Mis., II., 5.

monsieu = monsieur; *monsieux* = messieurs.

Qui frappe? — Votre maître. — Alain! — Quoi? — C'est *monsieu* (rime: *feu*). Mol., Éc. d. f., I., 2.

Lorsque leurs femmes sont avec les beaux *monsieux*? (rime: *joyeux*). Ibid., II., 3.

anana = ananas.

L'or ambré qui mûrit au cœur de l'*anana* (rime: *abandonna*) Soumet, A la France.

débri = débris, Lamart., Harm. XIIIe, pour faire rimer ce mot avec *cri*.

guet-à-pan = guet-apens.

Quel est son cas, et par quel *guet-à-pan* (rime: *Milan*). Volt., Puc., VI.

pui = puits, Lamart., Chute d'un ange, vis. IVe, pour faire rimer ce mot avec *lui*.

circonspec = circonspect.

Le passereau peu *circonspec* (rime: *bec*). La Font., Fabl., X., 12. (XII., 2.)

respec = respect.

Pour la dame étrangère ayant peu de *respec* (rime: *bec*). Ibid. X., 8.

né = nez.

Une sotte! — Tout juste. — Et pour peu que mon *né* (rime: *ruiné*). Aug., Cig., 1., 3.

(Paragoge) *brute* — brut.

Que lui reviendrait-il de ses *brutes* ouvrages? Volt.

mère = mer.

Pierre, gravelle, toux, vertige, maux de *mère* (rime: *caractère*). Regn., Fol. am., I., 5.

rate = rat.

Quelques *rates*, dit-on, répandirent des larmes. La Font., Fabl., XII., 25.

fourmis = fourmi.

Quand sur l'eau se penchant une *fourmis* y tombe. Ibid., II., 12.

mêmes = même.

Qu'ils ont vomis tous deux contre Jupiter *mêmes*. Corn., Poly., III., 2.

Que si *mêmes* un jour le lecteur gracieux. Boil., Ép., X., v. 75.

Chap. XLII. B. Des Licences de phraséologie.

§. 332. a) Mots poétiques.

La poésie française du XVII⁰ et du XVIII⁰ siècle regarde quelques mots comme bas, disgracieux et prosaïques, et aime à les remplacer par d'autres plus poétiques, plus nobles, plus élégants, plus harmonieux, plus pittoresques. Les poètes romantiques du XIX⁰ siècle en affectant le retour à la nature. ont employé quantité de mots bannis autrefois de la poésie, Toute cette question est plutôt du domaine de la poétique en général que de la versification en particulier. En nous occupant ici des mots poétiques, c.-à-d. employés avec prédilection par les poètes, nous ne les regardons que sous le point de vue de licences poétiques, c.-à-d. d'enrichissements du vocabulaire qui facilitent la versification.

---

plis = pli.

> Bien qu'un gémissement sorte de chaque *plis* (rime: *roulis*). Lamart., Ép. à Dumas.

avecque = avec. Ex.:

> Seigneur, ce bracelet *avecque* ce rubis. Regn., Dém., V., 5.
> M'entretenir moi seule *avecque* mes douleurs? Rac., Alex., IV., 1.
> Vient *avecque* son fils, comme il viendra, dit-elle. La Font. Fabl., IV., 22

doncques = donc. Ex.:

> Et d'où *doncques* viendroit cette prompte sortie? Mol., l'Ét., IV., 8.

ores = or. Ex.;

> *Ores* ce sont suppôts de sainte église. La Font., Cont., V., 1.

(Métaplasme) *réponce* = réponse.

> Chacun d'eux fit même *réponce* (rime: *sémonce*). La Font., Fabl., XII., 1.

col = cou.

> Voilà mon âne à l'eau; jusqu'au *col* il se plonge. La Font., Fabl., II., 10.
> Toi que l'on voit porter à l'entour de ton *col* (rime: *rossignol*). Ibid., II., 17.

fol = fou.

> Un *fol* allait criant par tous les carrefours. La Font., Fabl., IX., 8.

Substantifs: *acier* = arme d'acier; *Achéron* = enfers; *Aquilon, autans, Borée* = vent froid, vent violent; *arène* = sable; *azur* = le bleu; *Ciel, Créateur, Être suprême, le Tout-Puissant, le Très-Haut* = Dieu; *cité* = ville; *Cocyte* = enfers; *colombe* = pigeon; *courroux* = colère; *coursier* = cheval; *espoir* = espérance; *esquif* = bateau; *entrailles* = ventre; *fer* = arme de fer; *flanc* = côté, sein, ventre; *forfait* = crime; *fourbe* = fourberie; *glaive* = épée; *guéret* = terre ensemencée; *haleine* = souffle des vents; *humains, mortels, fils d'Adam, race de Japhet* = hommes; *hymen, hyménée* = mariage; *ire* = colère, courroux; *labeur* = travail; *lustre* = espace de cinq ans; *nautonnier* = celui qui conduit un navire; *nef* = vaisseau; *nocher* = navigateur, marin, batelier; *Olympe, séjour des dieux, voûte azurée, voûte éthérée* = ciel; *onde* = eau, mer; *Orque* = enfers; *palefroi* = cheval; *passereau* = moineau; *penser* = pensée; *pipeau* = flûte champêtre; *ris* = rire; *sein* = ventre; *Styx, Tartare, Ténare, ombres éternelles, sombres bords* = enfers; *trépas* = mort; *Zéphyr* = vent frais, léger.

Adjectfs et Pronoms: *antique* = ancien (§. 12., 2°, note); *bocager* = qui hante les bocages, les bois; *maint* = plusieurs; *prospère* = heureux.

Verbes: *se prendre à* = se mettre à.

Adverbes: *naguère* = récemment, il n'y a pas longtemps; *soudain* = aussitôt [1]).

---

1) Il faut ajouter aux mots poétiques tous les termes tombés en désuétude et abandonnés par la prose. C'est surtout La Fontaine qui recherche l'antiquité. Ex.: *accoutumance* = habitude. La Font., Fabl. IV., 10.; *agace* = pie. Ibid. XII., 11.; *altercas* = altercation. Ibid., XII., 8.; *aréneux* = sablonneux; *charton* = charretier, La Font., Fabl., VIII., 12.; *chevance* = bien. Ibid., IV., 20.; *dam* = perte. Ibid., XII., 23.; *déduit* = divertissement. Ibid., IV., 20.; *le discord* = la discorde. Corn., Hor., III., 2.; *illec* = là. La Font., Cont., I., 5.; *heur* = bonheur. Corn., Cid., III., 4., *jà* = déjà. La Font., Fabl., IX., 10.; *jus* = en bas, à bas. La Font.; *liesse* = joie. La Font., Fabl., VI., 12.; *lôs* = louange. Ibid., XII., 1; *onc* = jamais. Id., Cont., I., 4.; *ost* = armée. Id., Fabl., XI., 3.; *sagette* = flèche. Ibid. VIII., 27.; *semondre* = inviter. Ibid., V., 7. **Pour les pro-**

§. 333. b) Mots qui peuvent prendre en vers une autre acception.

Quelques mots peuvent prendre en vers un sens qu'ils n'ont pas en prose. De tels mots sont, d'après Girault-Duvivier et d'autres:

accuser désignant: gourmander, blâmer. Ex.:

> Où donc est ce grand cœur dont tantôt l'allégresse
> Sembloit du jour trop long *accuser* la paresse? Boil., Lutr., II.

assurer = rassurer. Ex.:

> Un oracle m'*assure,* un songe me travaille. Corn., Hor., IV., 4.
> Princesse, *assurez*-vous, je les prends sous ma garde. Rac., Ath., II., 7.

emplir au sens figuré. Ex.:

> De sa vaste folie *emplir* toute la terre. Boil., Sat., VIII.

enfants signifiant les petits des animaux, tout ce qui est produit par un objet personnifié:

> Une laie aux poils blancs, trente *enfans* blancs comme elle. Delille, Énéid., liv. VIII.
> Les arts sont les *enfants* de la nécessité. La Font., le Quinquina, ch. II.

froidure = hiver.

> Et dès que l'Aquilon, ramenant la *froidure,*
> Vient de ses noirs frimas attrister la nature. Boil., Sat., VIII.

gémir employé de choses inanimées:

> On se menace, on court, l'air *gémit,* le fer brille. Rac., Iphig., V., 5.
> La terre au loin *gémit,* le jour fuit, le ciel gronde. Volt., Henr., VIII., 161.

paresse dit des choses. Ex.:

> Sembloit du jour trop long accuser la *paresse?* Boil., Lutr., II.

savoir au lieu de pouvoir:

> Quand vous verrez Pauline, et que son désespoir
> Par ses pleurs et ses cris *saura* vous émouvoir. Corn., Poly., V., 4.

---

noms, les prépositions et les conjonctions voyez les Licences de grammaire (§. 337. et §. 339.).

Pour les pluriels auxquels les poètes donnent une autre signification, pour le régime des verbes voyez les Licences de grammaire §. 336. et §. 338. [1]).

Chap. XLIII. C. Des Licences de grammaire.

§. 334. Concrétion du sujet et de l'attribut[2]).

Le nombre des licences de grammaire approuvées par l'usage commun n'est pas grand: les licences que tel ou tel poète

---

1) *Chef* signifiant *tête* vieillit:

> Comme le *chef* a soin des membres qui le servent. Corn., Cid., II., 6.

de même *étrange* signifiant *étranger:*

> Et se font écouter des nations *étranges.* La Font., Fabl., XII., 23.

Abord dans le sens d'arrivée n'est point admissible:

> Déjà de leur *abord* la nouvelle est semée. Rac., Iph., I., 4.

Expressément = exprès. Cet emploi est fautif.

> J'ai voulu l'acheter, l'édit, *expressément*
> Afin que d'Isabelle il soit lu hautement. Mol., Éc. d. m., II., 9.

De Castres, Neue Syntax, blâme Lamartine d'avoir dit:

émonder des feuilles (on émonde des arbres.).

> Et jettent devant eux en verdoyants monceaux
> Les feuilles que leurs mains *émondent* des rameaux. Jocel., IXe époque.

Chénier d'avoir employé *enfler de* au figuré:

> Tes prés *enflent de* lait la féconde génisse. Chénier, Hymne à la Fr.

Lamartine d'avoir dit *s'exhaler* de personnes:

> Qu' un autre *s'exhalant* en regrets superflus,
> Redemande au passé ses jours qui ne sont plus. Lam., Prem. Méd., XVIII.

De Castres reproche encore à Lamartine d'avoir souvent copulé des substantifs à des adjectifs impossibles à copuler, comme *audace profonde* Prem. Méd., X.; *main diverse* Harm., XI., 1. 3.; *main frappée* Chant du Sacre; *l'aiguille matinale* A une jeune fille poète.

2) Il y a une faute contre la concrétion de l'attribut dans ces trois vers:

> C'est toi qui me *tue* (rime: *éperdue*). Bernis (II. Id.).
> Terre qui *porte* en toi la fortune du monde! Lamart., Hommage à l'Ac. de Mars.
> Adieu chapelle qui *protége* (rime: *neige*). Delav., Adieu.

Il faudrait: *tues, portes, protéges*. V. De Castres, Neue Syntax, p. 174.

s'est permises une ou quelques fois sont plus nombreuses. Le texte, comme toujours, donnera celles-là, — celles-ci seront reléguées aux notes, de même que les licences qui ont vieilli.

La poésie admet un verbe au singulier avec plusieurs sujets, quand la prose exige ou préfère le pluriel:

> Pour m'arracher le jour l'un et l'autre *conspire!* Corn., Cinn., IV., 1.
>
> Ses menaces sa voix, un ordre *m'a* troublée. Rac., Bajaz., V., 1.
>
> Que ma foi, mon amour, mon honneur y *consente.* Id., Iphig., IV., 6.
>
> D'où te *bannit* ton sexe et ton impiété. Id., Athal., II., 2.
>
> Quelle *était* en secret ma honte et mes chagrins! Id., Esth., I., 1.
>
> Ane, cheval et mule, aux forêts *habitait.* La Font., Fabl., IV., 13.
>
> Ce tronc qui semblait là du ciel précipité,
>
> Sa taille, sa splendeur, son immobilité,
>
> Le *fesait* ressembler à la pâle statue
>
> De quelque dieu de marbre à nos pieds abattue. Lamart., Chute d'un ange, X e vis. [1]).

§. 335. Articles.

La suppression de l'article là où la grammaire moderne en exige l'emploi, était bien ordinaire autrefois. De nos jours il n'y a point de différence à cet égard entre la prose et les vers [2]).

---

1) De Castres, Neue Syntax, condamne trop rigoureusement nombre de vers où Lamartine a mis le pluriel du verbe après *ou* employé dans un sens analogue à celui de la conjonction *et* Le poète, selon mon opinion, n'a péché qu' une seule fois:

> Et je sens que ma vie *ou* ma mort en suspens
>
> *Vont* sortir de ton cœur dans le mot que j'attends! Jocel., IV e ép.

Selon De Castres, l'emploi du pluriel est fautif dans:

> Et son esprit absent, quoique ses yeux ouverts,
>
> *Semblaient* suivre du cœur des songes dans les airs. Lamart., Chute d'un ange, III e vis.
>
> Et cette figure céleste,
>
> Esprit et corps, *n'étaient* qu' un geste. Lamart., Sur la mort de la duch. Ch. B.

2) La suppression de l'article est encore très-fréquente au seizième siècle. Je note quelques exemples trouvés dans les poètes des derniers trois siècles.

Noms de fleuves, de pays, de personnes:

§. 336. Substantifs, Adjectifs.

Quant aux substantifs et aux adjectifs, le langage poétique a très peu de licences consacrées par l'usage des poètes mo-

---

Et dans *Seine et Marne* luira.

Même sablon que dans *Pactole.* Malherbe, p. 178.

Mais ce que n'ont point *France, Italie, Angleterre.* Dum., Christ.. I., 1.

Espagne peint aux plis de drapeaux voltigeant
      Sur ses flottes avares,
Léon aux lions d'or, *Castille* aux tours d'argent,
      Les chaînes des Navarres. Hug., Çanar.

D'où le brun marinier chante *Tasse* à Virgile. Id., Lui.

Noms appellatifs.

Ordre lui vient d'aller au fond de la Norvége. La Font., Fabl., VII., 6.

Il allait par *pays,* accompagné du chien. Ibid., VIII., 17.

Comme *à* de mes amis, il faut que je te chante. Mol., Les Fâch., I., 5.

Désir leur vint d'en voir la vérité. Gress., Ververt., II.

Que parcourir *bords* lointains et barbares. Ibid., I.

Gagner temps. perdre temps (on dit encore *perdre courage,* etc.).

Je voulois *gagner temps* pour ménager ta vie. Corn., Poly., V., 2.

Blanche, j'ai *perdu temps.* — Je l'ai perdu de même. Id., Don Sanch., III., 6.

Monsieur, j'ai *perdu temps,* votre homme se dédit. Mol., l'Ét., III., 2.

Pronoms.

Vis pour ton cher tyran, tandis que je meurs *tienne.* Corn., Cinn., III., 4.

Ainsi ce rang est *sien,* cette faveur est *sienne.* Id., Poly., II., 1.

Et vois que, si nos cœurs avaient *mêmes* désirs. Id., Cinn., III., 4.

Mêmes cris aussitôt de tous côtés s'entendent. Id., Hér., V., 7.

Même précaution nuisit au poète Eschyle. La Font., Fabl., VIII., 16.

De l'abord de Pompée elle espère *autre* issue. Corn., la Mort, I., 2.

Et *tous* maux sont pareils alors qu'ils sont extrêmes. Id., Hor., III., 4.

Et n'a pour *tous* plaisirs, Seigneur, que quelques pleurs. Rac., Brit., II., 3.

Tous plaisirs pour moi sont perdus. La Font., Fabl., IX., I.

Premier.

Maudit soit qui *premier* trouva l'intention
De s'affliger l'esprit de cette vision. Molière.

dernes. Il n'y a aucune licence pour la formation du pluriel[1]),
ni pour la formation des deux genres, excepté le féminin poétique *chasseresse* au lieu de *chasseuse*[2]), ni pour le genre lui-
même[3]), excepté les trois substantifs: *amour, automne, foudre.*

---

1) Chapelle (II. Id.) s'est permis le pluriel *culs-de-jattes* à cause de
la rime: *casemattes*:

Et misérables *culs-de-jattes.*

Malherbe (Herrig, p. 155.) et Chénier (IV. Id., p. 180.) disent *chefs-
d'œuvres* pour éviter l'hiatus.

Tous ces *chefs-d'œuvres* antiques.

Ne plus vous voir, ò *chefs-d'œuvres* antiques!

2) Molière, les Fâch., II., 3., forme un substantif féminin *l'animale.*

Lorsqu 'elle aura quitté quelques provinciales,

Aux personnes de cour fâcheuses *animales.*

Compagnonne au lieu de *compagne*, provincialisme condamnable selon Barbieux (Antibarbarus) se trouve dans:

Que m'envoie une duègne, affreuse *compagnonne.* Hug., Ruy
Blas., IV., 7.

Le féminin *grand*, outre les cas où la prose moderne l'a retenu, se trouve
encore dans La Font. et Mol.

Voire moitié, voire la plus *grand'* part. La Font.

Le bal et la *grand'* bande, à savoir d œ ux musettes. Mol.

3) Les substantifs en *eur* étaient d'abord tous féminins. Nous lisons
en core dans Malherbe:

Va-t-en à *la malheure*, excrément de la terre. Malh. p. 193.

âge était commun. Corneille dit encore:

Outre *l'âge* en tous deux un peu trop *refroidie.* La Galer.
du Pal., V.

amulette est féminin contre la règle dans:

Turpin disait, tenant les *saintes amulettes.* Vigny, le Cor.

ange, plusieurs fois féminin dans Lamartine, Jocelyn.

Si, dérobant *cette ange* à l'air qui *la* corrompt.

argile, masculin dans Voltaire, Agathocle. C'est un solécisme.

chanvre féminin dans La Font., Fabl., I., 8., conformément à l'étymologie:

Il arriva qu' au temps que *la chanvre* se sème.

couple.

Le doux gémissement de leurs *couples* plaintives. Lamartine.

Le poète, dit De Castres, Ch.-d'œuvre p. 136., a eu tort d'écrire *plaintives*:
il fallait le masculin, car les colombes étaient accouplées.

ébène, masculin dans:

Consumer de ces dents *tout l'ébène ébréché.* Voltaire.

épitaphe, commun dans Thom. Corneille, masculin dans la Suite du Menteur de P. Corneille, aujourd'hui féminin.

Amour était d'abord féminin, comme tous les mots dérivés de la terminaison latine *or*.

> Dont puis ne fu *l'Amour reconfortée*.   Thibaut (Id., E. II., p. 24.).

> Je n'ai plus qu' à mourir, mon *épitaphe* est *fait*.   P. Corn.,
> Suite du Ment, I., 6.

équivoque était des deux genres; aujourd'hui féminin.

> Du langage Français bizarre Hermaphrodite,
> De quel genre te faire, *équivoque maudite*,
> Ou *maudit?* Boil., Sat., XII.

évangile, masculin aujourd'hui, était des deux genres du temps de Boileau· Le féminin se trouve dans la VIII e Satyre:

> *L'Évangile* au chrétien ne dit en aucun lieu
> Sois dévot: — *Elle* dit, etc.

évêché féminin dans Régnier, Sat., III.

> Et si le faix léger *d'une* double *Évesché*.

guide, anciennement féminin.

> Il ne le fut pas lors; et *la guide nouvelle*.   La Font., Fabl., VII., 17.

hydre, masculin dans un passage de Voltaire:

> De *l'Hydre affreux* les têtes menaçantes.

hymne. Lamartine fait ce mot masculin pour rappeler une idée religieuse et grave, imposante et sublime.

idole, masculin dans Corn., Othon, III., 1.; La Font., Fabl., IV., 8.

> Jamais *idole*, quel qu'*il* fût.

idylle, féminin de nos jours, était commun du temps de Boileau: les *idylles* les plus *courts*, une *élégante idylle*.

insulte, masculin autrefois:

> Se croyait à couvert de *l'insulte sacré*.   Boil., Lutr., ch. V.
>
> A mes sacrés autels font *un* profane *insulte*.   Ibid., ch. VI.

ivoire, féminin dans Vaugelas et dans Thomas Corneille.

ministre, féminin dans Rac., Théb., II., 3.:

> D'un fier usurpateur *ministre violente* (rime: *insolente*).

navire, autrefois féminin:

> Car aux flots de la peur *sa navire* qui tremble.   Malh., p. 88.

oeuvre, uniquement masculin autrefois:

> Sans cela, toute fable est *un œuvre* imparfait.   La Font., Fabl.
> XII., 2.
>
> Voit *ce saint œuvre*, en rend grâces aux cieux.   Volt., la Puc., III,

Voici un exemple moderne du masculin là où la prose exige le féminin:

> Crois-tu ta mission dignement accomplie,
> Et, comme l'Éternel à la création,
> Trouves-tu que c'est bien, et que *ton œuvre* est *bon?*   Musset,
> Rolla.

Il s'agit de Voltaire.

Le texte d'Ideler offre *reconforté,* mais la rime *hée* exige le féminin. Plus tard ce mot était commun. De nos jours il est masculin au singulier en prose, quelquefois féminin en poésie. Il est presque toujours féminin au pluriel, même en prose.

Exemples du féminin au singulier:

> Et mon *impatiente amour.* Malherbe, p. 149.
> Quand on veut inspirer *une* solide *amour.* Regn., le Jou., II., 2.
> De *l'amour* la plus tendre et *la* plus *malheureuse.* Rac., Bérén., V., 7.
> Tout ce qu' *une amour pure* ou *délirante* invente. Dum., Christ., I., 3.
> C'est dire galamment que *l'amour* est *éteinte* (rime: *plainte*). Pons., l'Honn., V., 2.

Le masculin du pluriel se lit dans Molière:

> Mais ces *amours* pour moi sont trop *subtilisés* (rime: *accusez*) Les Femm. sav., IV., 2.

Automne est des deux genres. Néanmoins le masculin est ordinairement préféré; et ce n'est plus guère qu'en poésie qu'on fait usage du féminin (Borel, Gramm. franç, p. 67.).

> Plus pâle que *la* pâle *automne*
> Tu t'inclines vers le tombeau. Millevoye.

Foudre. Ce mot est des deux genres, mais le féminin s'emploie dans les sens propre et le masculin dans le sens figuré. Dans le style élevé on lui donne aussi assez souvent

---

ongle, féminin dans La Font., Fabl., VI., 15., conformément à l'étymologie:

> Elle sent son *ongle maline.*

Barbieux dit que c'est une faute de La Fontaine, mais qu'on l'entend encore au pays de Vaud.

penser, faussement féminin dans:

> Mes *pensers* dans mon front roulaient comme un torrent,
> Et mon esprit flottant sur *toutes,* sur *aucune,*
> En vain comme un éclair voulait en saisir *une;*
> *Chacune* tour à tour fuyait et m'entraînait. Lam., Jocel., IXe ép., p. 318.

primevère, plante, masculin dans St-Lambert, Printemps:

> *L'odorant primevère* élève sur la plaine.

rencontre, masculin encore dans J. B. Rousseau.

(*affaire,* masculin; *mémoire* = souvenir, masculin; *offre,* masculin; *ordre,* féminin; *poison,* commun, mais avant Malherbe.)

ce genre, quand il est pris dans le sens propre (Borel, p. 68.).

> Les *foudres menaçants* qui grondaient sur la tête. Voltaire.

Il n'y a aucune licence pour la comparaison des adjectifs [1]).

Il y a des substantifs abstraits dont le pluriel n'est permis qu'aux poètes, ou auxquels les poètes donnent une acception particulière dans ce nombre. Mätzner dit que le pluriel semble étendre l'idée, qu'il sert à indiquer des multiplications, et qu'il est employé, quand l'abstrait remplace un concret. Ex.:

> Il n'est plus temps: il sait mes *ardeurs* insensées. Rac., Phèdr., III., 1.
> Étrange aveuglement! — éternelles *clartés*. Corn., Poly., IV., 3.
> Tes *clartés* immortelles. Rac., Ath., II., 9.
> Pressé de toutes parts des *colères* célestes. Corn., la Mort, I., 1.
> Et que tout se dispose à leurs *contentements*. Id., Cid, I., 2.
> Tout ce que pour jouir de leurs *contentements*. Rac., Mithr., II., 6.
> Que vos *félicités*, s'il se peut, soient parfaites! Volt., Zaïre, I., 1.
> Où je me suis sauvé de toutes vos *fiertés*. Mol., l. F. sav., IV., 2.

En prose on dit *grâce à*; en poésie aussi *grâces à*:

> *Grâces* au ciel, mes mains ne sont point criminelles. Rac., Phèdr., I., 3.
> *Grâce* à lui vous vivez, *grâces* à vous je meurs. De Castres, Chefs d'œuvre, p. 28.[2]).

---

1) Encore au XVIIe siècle, on employait quelquefois le comparatif au lieu du superlatif, ou plutôt le comparatif sans article là où l'usage moderne demande le comparatif avec l'article (Archive de Herrig, XXXI., p. 295.).

> Que la beauté *plus grande* est laide auprès de vous. Régn., Sat., XIII.
> J'en garde en mon esprit les forces *plus pressantes*. Corn., Hor., V., 3.
> Chargeant de mon débris les reliques *plus chères*. Rac., Bajaz., III., 2.
> Mais je vais employer mes efforts *plus puissants*. Mol., l'Ét., V., 12.

Corn., Hor., I., 2. forme un superlatif de l'adjectif *unique:*

> Je verrai mon amant, *mon plus unique* bien.

2) Les pluriels: *désespoirs*, *flammes* = passion d'amour, *rages* ne sont plus usités. Ex.:

> Et par les *désespoirs* d'une chaste amitié. Corn., Hor., III., 2.
> Que l'ardeur de Clarice est égale à vos *flammes*. Id. le Ment., III., 2.
> Le sang de Polyeucte a satisfait leurs *rages*. Id., Poly., I., 3.

Quelques adjectifs qui n'ont point de régime en prose, en prennent en poésie:

> Je le vois comme un monstre *effroyable à* mes yeux. Rac., Phèdr.,
> III., 3.
> *Foible d*'avoir déjà combattu l'amitié. Corn., Hor., II., 5.[1]).

Le pluriel *injustices* dans:

> Le peuple, pour les rois toujours plein d'*injustices*
> Hardi dans ses discours, aveugle en ses caprices. Volt., Mar., I., 1.

semble adopté à cause de la rime, car ordinairement il ne se dit pas du sentiment, il ne se dit que des effets.

De Castres blâme les pluriels suivants qui se trouvent dans Lamart.: *les désespoirs* (Harm., I., 7., 2); *les humbles fois* (Jocelyn, VIe ép.); *nos jeunesses* (N. Méd.); *vos orgueils vos colères* (Joc., IXe ép.), *des luxes infâmes* (Chute d'un A., Xe vis.); *leurs surprises en pitiés* (Ibid., IVe vis.); *nos trompeuses sagesses* (Ép. à Delav.).

Nous lisons dans le même poète: *tes robes de lins* (Rec. poét, à Mr. de Genoude); *mer de fanges* (Chute d'un Ange, VIIe vis.).

On trouve aussi des exemples du contraire, le singulier là où le pluriel est d'usage.

> Son orgueil est sans *borne* ainsi que sa richesse. Rac., Esth.,
> II., 9.
> Dans ses prétentions une femme est sans *borne* (rime: *morne*).
> Boil., Sat., X.
> Font voir *un long débris* de bouteilles cassées. Ibid., III.
> *Le ciseau* dépouillant cette tête charmante. Delille.
> Et faisant mainte place nette
> L'ennemi vient sur *l'entrefaite*. La Font., Fabl., VI., 8.
> Ses enfants affamés, et leur mère en *lambeau* (rime: *tombeau*).
> Hug., Pour les Pauvres.
> Il me montre les tas de mousses et de *feuille* (rime: *cueille*).
> Lamart., Jocel., IIIe ép.
> Las de cet assaut de *parole*
> Il guide Alexandre au combat. Id., Harm. XIIIe, liv. 4.
> Je sentais dans mon sein monter comme une mer
> De *sentiment* doux, fort, triste, amoureux, amer. Id., Joc., IVe ép.
> Des leçons au cachet ainsi qu'un *maître d'arme!* (rime: *s'alarme*).
> Pons., l'Honn., IV., 6.

Le singulier *environ* est un archaïsme:

> Il s'en va près d'un autre, et tend *à l'environ*. La Font., Fabl.,
> VI., 1.

[1] La contrainte du vers a fait changer le régime des adjectifs: *inconnu de* au lieu de *inconnu à*:

> L'hymen est inconnu *de* la pudique abeille. Delille, Géorg., IV.

§. 337. Pronoms.

Pronoms personnels. La poésie peut se dispenser de mettre un pronom personnel en tête d'un second membre de phrase, quand bien même le sujet est déjà assez éloigné. Ex.:

> Je condamnai les Dieux, et, sans plus rien ouïr,
> Fis vœu, sur leurs autels, de leur désobéir. Rac., Iphig., I., 1.
> Je frémissais, Doris, et d'un vainqueur sauvage
> Craignais de rencontrer l'effroyable visage. Ibid., II., 1.

Les poètes aiment, à cause de la concision, à employer *y* de personnes :

> Prince, n'y [à Laodice] pensez plus, si vous m'en pouvez croire.
> Corn., Nic., IV., 5.
> N'y [à Bérénice] songeons plus. Allons, cher Paulin : plus j'y
> pense. Rac., Bérén., II., 2.[1]).

---

libre à au lieu de *libre de* :
> Car enfin je suis libre *à* disposer de moi. Corn., Don Sanch., I., 3.

voisin à au lieu de *voisin de* :
> Celui de qui la tête *au* ciel était voisine. La Font., Fabl., I., 22.

1) a) Jusqu'au XVIe siècle, la suppression des pronoms personnels était fréquente :
> Que je puisse avoir bien, ne solas ne joie. Thibaut (Id., E., II.,
> p. 24.).

Il faut ôter *je*, ou le vers a une syllabe de trop.

La Fontaine, dit en imitant les anciens :
> Trouvé ne *l'as* en moi, je t'en assure. —
> Pas n'y *faudrai*, lui repartit la dame. Cont., I., 3.
> Je ne me pendrai pas! Et vraiment si *ferai*. Fabl., IX., 16

Pour les verbes impersonnels, cette ellipse est très-commune dans le fabuliste. On dit encore: *d'ou vient, qu'importe?* Le peuple aime à dire : *faut croire, ne faut pas dire.*
> Vous le verrez, si *lisez* cet ouvrage. —
> Puis il leur dit: Ne *faut* vous effrayer. Volt., Puc., I.
> *Fallut* dîner: car, malgré leurs chagrins. Ibid., X.

b) L'ellipse du datif *nous* est remarquable dans:
> Nous devons l'un à l'autre un mutuel soutien. Volt., Mér., I., 3.

La Harpe excuse cette hardiesse de Voltaire, Laveaux la blâme.

c) Au contraire, le pronom est exprimé à tort dans ces vers de Voltaire:
> Louis, en ce moment, prenant son diadème,
> Sur le front du vainqueur *il* le posa lui-même. Henr, VII., 25.

Ce pléonasme est d'ancienne date:
> Reis Corsalis *il* est de l'altre part. Roland, str. 35.

Il n'y a rien à dire sur les pronoms possessifs [1]), démonstratifs [2]), interrogatifs [3]).

---

d) La particule *en* est fautivement répétée dans:

Mon maître, Dieu me sauve,

Ne fut jamais qu'un traître, il s'en est *en* allé. Scarr., Jodel., V., 4.

se trouve mal-à-propos dans:

Oui, mon cœur s'*en* souvient de cette heure tranquille. Lam., Harm. VI., liv. III.

e) Lamartine dit *multipliant moi* au lieu de: *me multipliant*:

Cette double existence en multipliant *moi*

Me rendrait, ô mon Dieu! comme une ombre de toi. Joc., IIIe ép.

f) Voltaire, Tancrède I., 4., emploie le génitif du pronom de la troisième personne au lieu de la particule *en*, en parlant de choses:

Mais qui peut altérer vos bontés paternelles?

Vous seule, vous, ma fille, en abusant trop d'*elles*.

Selon Girault-Duvivier, c'est une faute que Voltaire a commise. *En en abusant* serait une cacophonie.

g) Ou mon amour me trompe, ou Zaïre aujourd'hui

Pour l'élever à *soi*, descendrait jusqu'à lui. Volt.. Zaïre, I., 1.

C'est la contrainte du vers, non la nécessité de prévenir l'équivoque qui a substitué *soi* à *elle*.

1) a) On trouve *son* employé de choses là où la prose exige l'emploi de la particule *en:* Ex.:

Mais la mollesse est douce et *sa* suite est cruelle. Volt., Zaïre, I., 11.

La suite en serait plus correct, mais aussi plus languissant.

S'ils ont l'éclat du marbre, ils ont *sa* dureté. Thom.

b) Molière, le Dép., am., II., 7.:

Et n'appréhendez plus l'interruption *nôtre*.

L'emploi des disjoints au lieu des conjoints est très-ancien.

c) Pour les disjoints sans article voyez §. 335., note.

2) Les formes anciennes *cettui, icelui* se trouvent encore dans La Fontaine, Racine.

Cettui me semble. à le voir, Papimane. La Font., Cont., IV., 6.

Cettui Richard était juge. Ibid., II., 8.

Témoin trois procureurs, dont *icelui* Citron

A déchiré la robe. Rac., les Plaid., III., 3.

3) Racine, Mithr., I., 1. et Iphig., I., 1. dit *quel* pour *que:*

Quel devins-je au récit du crime de ma mère!

Quelle fut sa réponse! et *quel* devins-je, Arcas!

Cas. Delavigne, Louis XI., I., 4. a employé *qui* au lieu de *qu'est-ce qui.*

Vous l'accusez toujours. — Vous le flattez. — Je l'aime.

Qui vous irrite? — Un crime.

Pronoms relatifs [1]): Les poètes, ceux du XVIIe siècle surtout, aiment à employer de choses *qui*, *quoi*, précédés d'une préposition. Ex.:

> Vos pénibles travaux sans *qui* nos pâturages. Malh., p. 185.
> Nous allons en des lieux sur *qui* vingt ans d'absence. Corn.,
> Don Sanch., I., 1.
> Et de ces blonds cheveux de *qui* la vaste enflure. Mol., Éc. d.
> m., I., 1.
> C'est l'acheter trop cher que l'acheter d'un bien
> Sans *qui* les autres ne sont rien. La Font., Fabl., IV., 13.
> Cette mâchoire avec *quoi* combattit
> Le fier Samson. Volt., Puc., II.

La particule *où*, même s'il n'y a ni localité physique, ni localité morale, s'emploie souvent à *cause* de la concision pour: *à qui*, *auquel*, etc.

> Et l'unique faveur, mon frère, *où* je prétends. Rac., Théb., II., 3.
> Et voilà donc l'hymen *où* j'étais destinée! Id., Iphig., III., 5.
> Il ne reste que moi
> *Où* l'on découvre encor les vestiges d'un roi. Id., Alex., II., 2.

Pronoms indéfinis[2]). Le mot *même*, joint au pluriel, peut

Lamartine dit *quoi* au lieu de *qu'est-ce qui*:

> *Quoi* donc, ô mortels, vous annonce
> L'immuable que vous cherchez?

1) Le pronom relatif mis par attraction au lieu de la conjonction *que* se trouve dans:

> C'est à vous, mon esprit, *à qui* je veux parler. Boil., Sat., IX.
> Et de quelque talent *dont* on soit revêtu. Bours., le Merc. gal.,
> II., 4.

2) a) Les poètes du XVIIe siècle disent p. ex. *la même vertu* au lieu de *la vertu même*.

> Ce que vous m'ordonnez est *la même justice*. Corn., Ment., II., 1.
> Sais-tu que ce vieillard fut *la même vertu*. Id., Cid, II., 2.
> *A la même vertu* vient de faire une offense. Mol., Don Garc.,
> IV., 10.

Voyez sur *mêmes*, adverbe §. 331., note, et sur *même* = *le même* §. 335., note.

b) De Castres blâme *on* régissant le pluriel du participe, quand il ne se rapporte pas évidemment à un pluriel.

> Il est des jours de luxe et de saison choisie —
> Et dont, comme des fleurs, encor tout *enivrés*
> *On* se demande après: Les ai-je respirés? Lam., Joc., IVe ép.

être varié par les poètes, ou regardé comme adverbe et rester
invariable:

---

c) *aucun* au sens affirmatif:
> Il est un singe dans Paris
> A qui l'on avait donné femme:
> Singe en effet *d'aucuns* maris,
> Il la battait. La Font., Fabl., XII., 19,

Prétendant que ce pronom employé au pluriel, ne précède que des noms
qui ont une autre signification au pluriel, De Castres reprend Lamartine
d'avoir dit: *aucunes larmes* (Harm., IX., 1., 1.), *aucuns des échelons* (Ch. d'un
A., Ie vis.), *aucuns plis.*

La Font. emploie *aucun* avec l'article:
> De certains mots, caractères, brevets,
> Dont *les aucuns* ont de très-bons effets.

d) *autre = nul autre* est un archaïsme:
> *Autre* n'a mieux que toi soutenu cette guerre. Corn., Hor., II., 5.
> Madame: *autre* que moi n'a droit de soupirer. Id., Cid, IV., 2.

autre = un autre §. 335., note.

e) *chacun*, adjectif autrefois. Ex.:
> Qu'aussitôt que *chacune* sœur. La Font., Fabl., II., 20.

Un chacun, fréquent au siècle de Louis XIV. Ex.:
> *Un chacun* est chaussé de son opinion! Mol., l'Éc. d. f., I., 1.

f) *chaque.* De Castres cite deux passages où Lamartine a péché contre
la règle de *chaque.*
> En palper chaque artère et *chaques* battements. Utopie.
> Par le frémissement de *chaque* même idée. Jocel., VIIe ép.

g) *tous* sans article §. 335., note.

h) *l'un l'autre* au singulier, lorsqu'il s'agit de plus de deux choses:
> Tous ses projets semblaient *l'un l'autre* se détruire. Rac., Ath.,
> III., 3.
> Mille prospérités *l'une à l'autre* enchaînées! Id., Bérén., V., 7.

Piron, Métromanie II., 8. confond *l'un l'autre* avec l'un et l'autre.
> Et nous nous encensons tous les mois *l'un et l'autre.*

De Castres attaque les vers suivants de Lamartine:
> D'un mouvement moins doux viennent *l'une après l'une.* Médit., 24.

Il faut: *après l'autre.*
> C'est alors qu'*une* image ou *l'autre* m'assaillit. Jocel., VIe ép.

Il faut: *ou une autre.*
> L'heure ainsi s'en allait *l'une à l'autre* semblable. Joc., IIIe ép.

Il faut: Les heures s'en allaient *les unes aux autres* semblables.

i) *maint*, pronom adjectif aujourd'hui, a été substantif encore au XVIIe
siècle,
> *Maints* ont le chef plus rempli que la panse. Deshoul.

Livrant à leurs fureurs ses dieux *mêmes* en proie. La Font.,
Fabl., II., 1.

Jusqu'ici la fortune et la victoire *mêmes*
Cachaient mes cheveux blancs sous trente diadèmes. Rac., Mithr.,
III., 5.

———

Que ces prisonniers *même* avec lui conjurés. Corn., Hér., V., 7.
Un éclat qui le rend respectable aux dieux *même*. Rac., Esth.,
II., 7.
L'ingrate à vos yeux *même* étale sa valeur? Id., Alex., I., 1.
Où du sang des dieux *même* on vit le Xanthe teint! La Font.,
Fabl., VII., 13.
Les fait fendre le vide, et tourner sur eux-*même* (rime: *suprème*).
Lam., Jocel., p. 312.

§. 338. Verbes.

Les poètes peuvent omettre *s* finale de la première personne
du présent au singulier; ce n'est pas une licence de la poésie
moderne, mais un reste de l'ancienne orthographe. *S* est une
lettre euphonique, qui ne paraît qu'au XIIIᵉ siècle. Ex.:

(IIᵉ conjugaison.)

Par l'amour, par le cœur, duc, je vous *appartien* (rime: *mien*).
Hug., Ruy Blas, III., 3.
Et jamais ici bas. — Ah bons dieux! je *frémi* (rime: *endormi*).
Mol., Ét., II., 4.
Je l'aime autant que je vous *hai* (rime: *vrai*). Regn., le Mariage,
sc. 5.

(IIIᵉ conjugaison.)

Je suis heureux ici! quand je vous *aperçoi* (rime: *moi*). Hug.,
Le roi s'am., II., 3.
La mort a respecté ces jours que je te *doi* (rime: *toi*). Volt.
Alz., II., 2.
Et je n'attendais pas l'honneur que je *reçoi* (rime: *emploi*). Regn.,
Dém., III., 5.

———

k) *quel* au lieu de *quelque*, archaïsme.
En *quel* lieu que ce soit, je veux suivre tes pas. Mol., les Fâch.
III., 4.
Ellipse de *quelque*:
Calculateur que fût l'amant,
Brouiller fallait incessamment. La Font., Cont., III, 7.
Quelque au lieu de *quelle que*:
Quelque soit la main qui me serre,
C'est un cœur qui répond au mien. Lam., Rec. poét., Am. d. F.

Trouve-t-elle mes fleurs, ma lettre? je ne *sai* (rime: *insensé*)·
Hug., Ruy Blas, I., 3.

(IVᵉ conjugaison.)

Tantôt cherchant la fin d'un vers que je *construi* (rime: *fui*).
Boil., Ép., VI.

Ah! notre bonne cour! son arrêt, j'en *répond* (rime: *fécond*). Pons.,
Agn., I., 2.

Cette licence n'existe point aujourd'hui pour *fuis, prends, puis,
rends, suis* ¹)²)³)⁴).

----

1) *S* finale manquait anciennement aussi aux premières personnes des
imparfaits et des conditionnels. Encore au XVIe siècle nous lisons *j'avoi,
j'estoi, je vouldroy*. La suppression d' *s* finale dans la première personne
du défini, et dans la seconde personne de l'impératif, qui est encore assez
fréquente dans les poètes du XVIIe siècle, n'est plus légitime aujourd'hui.
Ex.:

Comme il perdit son mal sitôt que je le *vi* (rime: *ravi*). Mol.,
Éc., d. f., II., 6.

Le drôle avec lequel ... — Avec lequel? *Poursui* (rime: *ennui*).
Id. Sganar., sc. 6.

Quoi! vous pourriez ....? — Va-t-en jusqu'à la porte et *voi*
(rime: *moi*). Id., Ét., III., 2.

Quitte ces bois et *redevien* (rime: *bien*). La Font., Fabl., XII., 1.

Elle se trouve pourtant dans ces vers de Voltaire, de Dumas, de Delavigne:

Vis, superbe ennemi, sois libre, et te *souvien* (rime: *chrétien*).
Voltaire.

Par le Styx! cette porte ... — Est refermée ... — Oui ... *voi*
(rime: *moi*). Dum., Calig., IV., 2.

D'autres commandements? — Oui, prends ce verre et *boi* (rime:
moi). Ibid., V., 3.

Tu t'éloignes de lui; c'est un grand tort ... et *tien* (rime: *le tien*).
Delav., Éc. d. v., I., 1.

La suppression d' *s* finale radicale dans la seconde personne est une faute,
à quelque époque qu'elle se trouve. Ex.:

Sans cesse elle soupire. — Eh bien! cousin, tu *voi* (rime: *moi*)
Regn., le Bal., sc. 7.

J'ose t'en conjurer, Spartacus, tu le *doi* (rime: *toi*). Saurin, Spartacus.

Je jure de mourir, moi, si tu *m'abandonne* (rime: *qui l'ordonne*).
Lam., Joc., p. 160.

2) Archaïsmes et incorrections:

(Ie conjugaison) *treuve, gard, doint, envoierai*:

Ne ferme point mes yeux aux défauts qu'on lui *treuve* (rime:
veuve). Mol., Mis., I., 1.

L'emploi des deux prétérits n'est pas aussi rigoureux en poésie qu'en prose. On trouve même le prétérit défini mis pour le plus que parfait.

> L'onde qui les *reçut* s'en irrita pour elles. Rac., Androm., I., 1.
> Le flot qui *l'apporta* recule épouvanté. Rac., Phèdr., V., 6.
> Nous *partîmes* cinq cents; mais par un prompt renfort,
> Nous nous *vîmes* trois mille en arrivant au port. Corn., Cid, IV., 3.
> J'ai passé les déserts, mais nous n'y *bûmes* point. La Font., Fabl., VIII., 9.

> Voici, leur dirent-ils, ce que le conseil *treuve* (rime: *veuve*). La Font., Fabl., II., 20.
> Cuvèrent à loisir. A son réveil il *treuve* (rime: *veuve*). Ibid., III., 7.
> Dieu nous *gard* de plus grand' fortune. La Font., Cont., IV., 11.
> Que Dieu vous *gard* d'un pareil logement. Volt.
> A tous époux Dieu *doint* pareille joie! La Font., Cont., IV., 10.
> *Envoierez*-vous encor, monsieur aux blonds cheveux. Mol., Éc. d. m., II., 9.
> *Renvoirez*-vous de la sorte un pauvre homme? La Font., Cont., IV., 16.

(IIe conjugaison) *orrai, vêtissait.*

> Son sang crîra vengeance, et je ne *l'orrai* pas. Corn., Cid, III., 3.
> Et de la tête aux pieds se *vêtissait* de fleurs. Lam., Joc., p. 364.

(IIIe conjugaison) *veuillez* (subjonctif).

> Non, non, en ce combat, quoi que vous *veuillez* croire. Corn., Cid, V., 1.

(IVe conjugaison) *die, vive.*

> Ma sœur que je vous *die* une bonne nouvelle. Corn., Hor., III., 3.
> Mais quand vous avez fait ce charmant *quoi qu'on die*. Mol., l. F. sav., III., 2.
> D'ouvrir que l'on ne vous *die* (rime: *vie*). La Font., Fabl., IV., 15.

Nous avons trouvé *die* trois fois dans Racine: Bérén., V., 6.; Bajaz., II., 5.; Iphig., III., 6.

> Ton travail en ce monde, et le pain dont tu *vive* (rime: *suive*). Lam., Joc., p. 158.

3) Pour éviter un hiatus, Rac., Bérén., II., 1., dit *être couru* au lieu de: *avoir couru:*

> Il en était sorti, lorsque j'y *suis* couru.

4) Indicatif au lieu du Subjonctif:

> Il ne faut point douter qu'il *fera* ce qu'il peut. Mol., L'Ét., II., 8.
> Me préserve le ciel de soupçonner jamais
> Que d'un prix si cruel vous *payez* mes bienfaits. Rac., Mithr., III., 3.

On trouve quelquefois dans une même phrase deux modes pour exprimer un conditionnel:

> Si par quelque faiblesse ils *l'avaient* mendiée,
> Si leur haute vertu ne *l'eût* répudiée. Corn., Hor., III., 5.

Dans certains cas, le poète est libre de choisir entre l'infinitif et le participe passé[1]).

> Oui, reprit le lion, c'est bravement *crié*. La Font., Fabl., II., 19.

---

[1]) Participe présent. Il y a peu de temps qu'on distingue nettement le participe présent d'avec l'adjectif verbal. Au XVIIe siècle, le participe présent était encore souvent traité comme adjectif:

> Et du nom de mari fièrement se *parans*,
> Leur rompent en visière aux yeux des soupirans. Mol., Éc. d. m.,
> I., 6.
> Plusieurs se sont trouvés qui, d'écharpe *changeants*,
> Aux dangers, ainsi qu'elle, ont souvent fait la figue. La Font.,
> Fabl., II., 5.
> Et les petits, en même temps,
> *Voletans, se culebutans,*
> Délogèrent tous sans trompette, Ibid., IV., 22.
> N'étant pas de ces rats qui, les livres *rongeans,*
> Se font savants jusques aux dents. Ibid., VIII., 9.
> Les deux rivaux un jour ensemble se *jouans,*
> Comme il arrive aux jeunes gens. Ibid., X., 12.
> Et plus loin des laquais l'un l'autre *s'agaçans.* Boil., Sat., VI.
> Cent mille faux zélés, le fer en main *courans.* Ibid., XII.
> Et pour lier des mots si mal *s'entr'accordans.* Id., Ép., XI.
> En leur fureur de nouveau *s'oublians.* Rac., Idylle.

Au XVIIIe siècle nous trouvons:

> De deux alexandrins, côte à côte *marchans.* Voltaire.
> L'un l'autre ils vont se *mesurants.* Flor., Fabl., V., 2.
> Au bruit lointain des flots se *croisans,* se *heurtans.* Roucher.
> Entrent sans être vus, sous le seuil se *glissants.* Andr., les deux
> Rats.

Participe passé. Quelques poètes se sont permis de varier le participe passé non d'après les règles de la grammaire, mais d'après le besoin du vers. Voltaire déclare cette licence indispensable aux poètes. Ex.:

> Là, par un long récit de toutes les misères
> Que durant notre enfance ont *enduré* nos pères (*endurées*). Corn.,
> Cinn., I., 3.
> Où ce peu de beauté que m'ont *donné* les cieux (*donnée*). Id., la
> Mort, I., 3.

Régime des verbes [1])[2])[3]).

Tantôt à son aspect je l'ai *vu* s'émouvoir (*vue*, Athalie). Id.,
Ath., V., 2.

Prions pour eux, nous qu'ils ont tant *aimé* (*aimés*). Lam., Harm.,
IX., liv. 3.

Ah! combien de baisers d'une bouche secrète
Sur la page sacrée a *reçu* le poëte (*reçus*). Id., Rec. poét.

Nous qu'il plaignit et qu'il a *fui* (*fuis*). Ibid.

Dont la révolte enfin s'est *tu* (*tue*). Id., Utopie.

Que de nuits sans sommeil ne m'as-tu pas *coûté* (*coûtés*). Id.,
Harm., XI.

Lamartine accorde faussement le participe avec un régime indirect:

Car Dieu vous a *créés* par couple un sort commun. Chute d'un
Ange.

[Une faute opposée consistait à faire accorder le participe, quand le régime est après. Cette construction *italienne* ne se trouve plus, que je sache, après Malherbe:

S'il n'a en soi *sentis* les maus d'amer. Thibaut (Id., E., II., p. 44.)

Mignonne, allons voir si la rose,
Qui ce matin avait *déclose*
Sa robe de pourpre au soleil. Ronsard (II. Id.)]

1) Nombre de verbes qui se construisent à présent avec la préposition *de*, prenaient autrefois l'infinitif sans préposition. En voici les principaux: *commander, commencer, convenir, craindre, s'efforcer, entreprendre, jurer, obliger, permettre il plaît, prier, supplier.*

Mais que lui sert? il *convient* tout payer. La Font., Cont., I., 10.

2) La contrainte du vers a occasionné beaucoup d'anomalies de construction:

attacher en au lieu de: *attacher à*:

L'hymen qui nous attache *en* une autre famille. Corn., Hor., III. 4.

s'attendre de au lieu de: *s'attendre à*:

Ses transports aujourd'hui s'attendaient *d'*éclater. Rac., Brit., III., 1.

changer à au lieu de: *changer pour, contre*:

Cependant l'humble toit devient temple, et ses murs
Changent leur frêle enduit *aux* marbres les plus durs. La Font.,
Phil. et Bauc.

Je changerais mon sort *au* sort d'un braconnier. Hug., Mar.
Del., IV., 6.

[*changer a* au lieu de: *changer en*, sans nécessité:

Change le nom de reine *au* nom d'impératrice. Rac., Bérén., I., 3.]

17*

croître verbe transitif:

> Que pour *croître* à la fois sa gloire et mon tourment. Rac., Iph.,
> IV., 1.
>
> Que ce nouvel honneur va *croître* son audace. Id., Esth., III., 3.
>
> Je ne prends point plaisir à *croître* ma misère. Id., Bajaz., III., 3.

---

croire à au lieu de: *croire quelque chose*:

> Cet homme, car déjà j'en crois *à* ma fureur.   Bernis, la Relig.
> veng. I., 233.

[*contredire à* au lieu de: *contredire quelqu'un*, Archaïsme:

> Loin de *leur* contredire,
>
> C'est à vous de passer du côté de l'empire. Rac., Brit., II., 3.]

différer à au lieu de: *différer de:*

> Brute tient sa vengeance, et diffère *à* punir. Pons., Lucr., II., 2.

échapper de au lieu de: *échapper à:*

> Vous n'êtes pas encore échappé *de* sa rage. Rac., Ath., IV., 2.

élever en au lieu de: *élever à:*

> Vous élève *en* un rang qui n'était dû qu'à moi. Corn., Cid, I., 7.

être emporté de au lieu de: *être emporté par:*

> La plupart emportés *d'*une fougue insensée. Boil. Art poét., Ch. I.

être étonné à au lieu de: *être étonné de:*

> La nature étonnée *à* ce danger funeste (*étonnée à la vue de*).
> Volt., Sémir., V., I.

être gouverné de au lieu de: *être gouverné par:*

> Et *d'*un sceptre de fer veut être gouverné. Rac., Ath., IV., 3.

s'informer une chose au lieu de: *s'informer d'une chose:*

> Ne vous informez point ce que je deviendrai. Rac., Baj., II., 5.

se plaire de au lieu de: *se plaire à:*

> Du temple où notre Dieu se plaît *d'*être adoré. Rac., Esth., III., 9.
>
> Est un mal que chacun se plaît *d'*entretenir. La Font., Fabl., I., 11.
>
> Ne se plaisent *d'*entendre dire. Ibid., II., 13.
>
> A la fête où ton nom se plaît *d'*être honoré. Delav., le Par., I., 4.

prétendre quelque chose au lieu de: *prétendre à quelque chose:*

> Il crut que, sans prétendre une plus haute gloire. Rac., Mithr., I., 1.
>
> Tout ce qui prétendra l'honneur de se défendre.   Volt., Rom.
> sauv., II., 6.

succomber à au lieu de: *succomber sous:*

> Un vieillard qui succombe *au* poids de ses années.   Volt.,

trembler à au lieu de: *trembler de:*

> Je frémis de la perdre, et tremble *à* m'y résoudre. Th. Corn.,
> Comte d'Ess., III., 2.
>
> Je tremble *à* vous nommer l'ennemi qui m'opprime. Rac., Mithr.,
> I., 2.

lamenter, verbe transitif.

>   *Lamentant* tristement une chanson bachique.   Boil., Sat., III.

soupirer, verbe transitif:

>   La nuit *te soupire.*   Lamart., Hymne de la nuit.

être vaincu de au lieu de: *être vaincu par:*

>   Je suis vaincu *du* temps, je cède à ses outrages.   Malh., Ode au,
>   roi Louis XIII.
>   Non, madame, vaincu *du* pouvoir de vos charmes.   Rac., Alex.,
>   II., 1.

3) De Castres blâme:

éclore, ayant un régime indirect:

>   Ah! réjouissez-vous, les vrais jours vont *m'* éclore.   Lam., Joc.
>   VIIe ép.

germer transitif:

>   Germe *les fruits.*   Ibid., IXe ép.
>   Germe *l'homme.*   Id., Chant du sacre.

jouter transitif:

>   Dans ces terribles luttes *qu'*ils joutaient dans les bois.   Id., Chute
>   d'un Ange.

résonner transitif:

>   Une fibre qui n'ait résonné *sa douleur.*   Id., Harm. VII., liv. II.,

surnager ayant un régime indirect:

>   ...... surnage *à cette épaisse nuit.*   Id., Harm. XII., liv. II.

tâtonner transitif:

>   Tâtonnant *les murs.*   Id., Chute d'un A., Ie vis.

vibrer de:

>   *Du* son qu'il n'entend plus, l'air ému vibre encore.   Id., Harm. VI.,
>   liv. III.

adresser quelque chose, *caresser, darder,* verbes neutres:

>   Les vœux *que* notre bouche adresse.   Id., Harm., VII., liv. I.
>   L'air caresse.   Id., Ép. à Hugo.
>   Le soleil darde à nu.   Id., Joc., IXe ép.

blottir, ébattre, emparer, prosterner.   Ce sont des verbes pronominaux es-
sentiels:

>   *Blottit* son corps en boule ramassé.   Imbert, Le fusil et le lièvre.
>   Nous regardions le gouffre *ébattre* son nuage.   Lam., Chute d'un A.
>   Son génie *emparé* de la nature entière.   Viennet.
>   Ne *prosternez* pas Dieu dans sa royale image.   Delav., Louis XI.,
>   IV., 6.

épancher une chose à quelqu'un:

>   Ses dons qu'il *nous* daigne épancher.   Lamart., Harm. VI., liv. I.

répandre une chose à quelqu'un:

>   Ton regard *lui* répand le jour.   Id., Méd. XVI.

garder = *se garder*, prendre garde:'

> *Gardez*, que ce départ ne leur soit révélé. Rac., Iphig., IV., 10.
> Aux dépens du bon sens *gardez* de plaisanter. Boil., Art poét., III.

aimer = *aimer à*:

> Ma bouche alors *aimait* redire. Se Beuve, Poés. de J. Delorme.

Ellipses de verbes:

> Disant qu'il feroit que sage (*ce* que sage *doit faire*). La Font.,
> Fabl., V., 2.
> Ma cour fut ta prison, mes faveurs tes liens (*furent* tes liens).
> Corn., Cinn., V., 1.
> Je t'aimais inconstant; qu'aurais je fait fidèle? (*si tu avais été*
> fidèle). Rac., Androm., IV., 5.

§. 339. Particules.

Prépositions¹). On peut employer les prépositions *en*, *dans*

---

1) a) Échange de prépositions afin d'épargner ou de gagner une syllabe:
A au lieu de *de:*
> S'il ne m'obéit point, quel comble *à* mon ennui! Corn., Cid, II., 3.
> Veux-tu qu'un médisant, pour comble *à* sa misère. Ibid., III., 1.

A au lieu de *dans:*
> Aussi tout mon espoir
> N'est plus qu'*au* coup mortel que je vais recevoir. Rac., Iph., V., 2.

A au lieu de *devant* ou *auprès de:*
> Un être chaste et doux *à* qui sur les chemins
> Les passants, à genoux, devraient joindre les mains. Hug., Mar.
> Del., I., 3.

A au lieu de *pour:*
> Me donne votre exemple *à* me fortifier. Corn., Poly., II., 6.

A au lieu de *sur* ou *contre:*
> Qui laisse les chevreaux, autour de lui paissant,
> Essayer leur dent folle *à* l'arbuste innocent. Hug., V. int., XIII.

A au lieu de *sur:*
> Quand la neige à minuit, lente, silencieuse,
> Tombe *aux* toits endormis. Se-Beuve, J. Delorme.

A au lieu de *vers:*
> Il tourne ses regards *aux* bords qu'il a quittés. Lamart., N. Méd., XI.

De au lieu de *en:*
> Les tourne *de* tout sens; et, quand il s'aperçoit. La Font., Fabl.,
> IV., 14.

De au lieu de *par:*
> Instruisez-le *d'*exemple, et rendez-le parfait. Corn., Cid, I., 7.

au lieu de *à* devant un nom de ville qui commence par une voyelle afin d'éviter un hiatus. Ex.:

D'ou vient que *d*'un soin si cruel
L'injuste Agamemnon m'écarte de l'autel? Rac., Iphig., III., 2.
Il m'instruisait *d*'exemple au grand art des héros. Volt.,Henr.,II.,115.
Devant au lieu de *avant :*
Trouve tout le chapitre éveillé *devant* lui. Boil., Lutr., IV.
Vers au lieu de *contre :*
C'est un crime *vers* lui si grand, si capital. Corn., Poly., IV., 6.
Vers au lieu de *envers :*
La libéralité *vers* le pays natal. Corn., Cinn., II., 1.

b) Ellipses de prépositions :
(avec)
Je ne suis point d'intelligence
Avecque mes regards peut-être un peu trop prompts,
Ni mon oreille, lente à m'apporter le sens. La Font., Fabl., VII., 18.
(de)
A moins que l'avoir vu, peut-il être croyable? Mol., les Fâch., II.,2.
Rien ne porte malheur comme payer ses dettes. Regn., Jou., III., 8.

c) Adverbes employés comme prépositions. Jusqu'à Boileau et à Racine *dedans, dessous, dessus* sont prépositions très-ordinairement :
Va *dedans* les enfers plaindre le Curiace! Corn., Hor., IV., 5.
Rome est *dessous* vos lois par le droit de la guerre. Id., Cinn., II., 1.
Dessus l'avide espoir de quelque paraguante. Mol., L'Ét., IV., 9.
Racine n'a plus usé de cette licence. Boileau dit une fois :
Et *dessous* la treille
Nous la chérirons.
Nous lisons encore dans Voltaire :
Qu'elle portait *dessous* son court jupon. Puc., II.
Dedans ce bourg nul soldat ne demeure. Ibid., VI.
dans V. Hugo :
Poursuivant un œil noir *dessous* la jalousie.
dans Augier :
Mais de cette fierté qui *dessus* toute chose. Philib., I., 12.
Alentour est encore préposition dans un vers de Soumet :
Faites faire silence *à l'entour* de mes pas.
Auparavant dans Corneille :
Plus que je ne faisais *auparavant* son crime.

d) Prépositions employées comme adverbes :
entre.
De Jean Chandos prend la culotte, et passe
Ses cuisses *entre,* et l'aiguillette lace. Volt., Puc., III.
hors.
Si vous pouvez nous mettre *hors.* La Font., Fabl., II., 7.

Je serai marié, si l'on veut, *en* Alger. Corn., Ment., V., 6.

J'écrivis *en* Argos, pour hâter ce voyage. Rac., Iph., I., 1.

Et qu'auprès de ma fille on garde *dans* Argos. Ibid.

(Quicherat cite à tort: *Allez en Albion.* Volt. — Albion est nom de pays.)

. Les poètes n'ont pas besoin de répéter les prépositions *de, à* devant chaque nom ou verbe, complément de ces prépositions. Ex.:

A fuir ou mourir. Malherbe, Ode au roi Louis XIII.

Tous les raisonnements *d'*aimer ou n'aimer pas. Th. Corn., Arian., I., 3.

Je remets à ton choix *de* parler ou te taire. P. Corn, Ment., I., 6.

Afin *de* la convaincre et détromper le roi. Id., Nic., I., 1.

De les flatter lui-même et nourrir dans son âme. Rac., Brit., III., 3.

Adverbes [1]).

---

parmi.

Milton, au premier rang, s'était placé *parmi.* Chateaubr., Milt. et Dav.

L'amour et l'amitié s'introduisent *parmi.* Nodier, Babouk, v. 124.

e) *De* employé là où la prose n'en veut pas:

Mieux vaut encore

De penser que de lire. Thomas, Ép. à Me de . . .

O mont *de* Sinaï, conserve la mémoire. Rac., Ath., I., 4.

Les monts *de* Vésuve et *d'*Etna. Bernis, II. (II. Id., p. 455.)

f) *Parmi* placé devant un singulier qui n'est pas nom collectif:

Parmi ce grand amour que j'avois pour Sévère. Corn., Poly., I., 3.

Mais *parmi* ce plaisir, quel chagrin me dévore? Rac., Brit., II., 6.

1) a) Corneille et La Fontaine emploient encore *tandis* au lieu de *cependant:*

C'est où le roi le mène; et *tandis* il m'envoie. Corn., Hor., IV., 2.

Tandis la vieille a soin du demeurant. La Font., Cont., III., 5.

b) De Castres blâme *demain* au lieu de *pour demain* dans:

De ces membres promis *demain* aux échafauds. Joc., VIe ép.

c) D'autres ellipses de *ne:*

Et pour l'attribuer qu'aux mouvements secrets. Mol., Mis., III., 5.

Seigneur, je crains pour vous qu'un Romain vous écoute. Corn.

Craignant qu'à chaque instant arraché de sa base

Le Dieu mal affermi ne tombe et nous écrase. Lamart., Ép. à Delav.

Doutez-vous, quels que soient vos services passés,

Qu'un retour criminel les ait tous effacés. Créb., Rhadam., I., 3.

Et tu trembles de peur qu'on t'ôte ton galant. Mol., Sgan., sc. 22.

Les poètes de tous les âges se permettent, surtout au genre
familier, d'omettre *ne* dans les propositions négatives.

> Sais-je pas que Taxile est une âme incertaine? Rac., Alex., I., 3.
> Madame, on n'entre plus. — Hé bien! l'ai-je pas dit? Id., Plaid., I.,7.
> J'y vend. ma chemise: et je veux rien, ou tout. Ibid.
> Et se point soucier, la suprême science. Nodier, Babouk, v. 196.
> A l'empire! A-t-il pas sa France très-chrétienne? Hug., Hern.,
> I., 3.

Conjonctions [1]).

Quand le mot *ni* devrait être répété en prose, les poètes
peuvent l'omettre la première fois. Cette ellipse a un peu
vieilli, et n'est guère admise aujourd'hui que dans le genre
familier. Ex. :

> Qu'il vive! mais de peur que sa main nous opprime,
> Ou qu'il suive nos pas pour mieux les révéler,
> Ou qu'au nôtre son sang ose un jour se mêler. Lam., Chute
> d'un A., IIe vis.
> Gardez qu'en ses chemins le peuple se coudoie. Ibid., VIIIe vis.
> Nous préviendrons ainsi que du rang où nous sommes
> La race des géants tombe au néant des hommes. Ibid., VIe vis.

d) L'ellipse de *pas* n'est pas rare:

> De tout temps les chevaux ne sont nés pour les hommes. La
> Font., Fabl., IV., 13.
> Je ne suis né pour célébrer les saints. Volt., Puc., I.
> Ce n'est le tout d'avoir un grand courage. Ibid., III.

e) Ellipse de *ne-pas:*

> Pour ne pas pleurer seule et mourir sans vengeance. Rac.,
> Iph., II., 8.

f) *Point* est de trop dans:

> Et ne l'auront *point* vue obéir qu'à son prince. Corn., Hor., III., 6.
> Donne un prix que n'ont *point* ni la pourpre ni l'or. Rac.

1) a) *Alorsque cependant que, devant que* commencent à vieillir:

> *Alorsque* le temps presse, on n'a pas à choisir. Corn., le Ment., I., 5.
> *Cependant que* leurs rois, engagés parmi nous. Id., le Cid, IV., 3.
> *Cependant qu'ils* sont en danger. La Font., Fabl., II., 13.
> *Cependant que* Pallas, assise près de vous. Pons., Lucr., IV., 3.
> Et *devant qu'il* soit peu, je veux en profiter. Rac., Les Plaid., III.,1.

b) *avant que* ˌ*devant que*) se construisait autrefois avec l'infinitif:

> *Avant que l'accepter* je voudrais le connoître. Corn., Ment., II., 2.
> Mais, *avant que partir,* je me ferai justice. Rac., Mithr., III., 1.
> Autrement il mourroit *devant qu'être* à la ville. La Font., Fabl.,
> VI., 16.
> Si, *devant que mourir,* la triste Bérénice. Rac., Bérén., IV., 5.

.Tu n'as crédit *ni* rang qu'autant qu'elle t'en donne. Corn.,
Cinn., V., 1.

Et ne me permettant soupirs, sanglots, *ni* pleurs. Ibid., IV, 5.

Il en mourra, seigneur. Ma foi *ni* mon amour
Ne seront point le prix d'un si cruel détour. Rac., Mithr.,
IV., 4.

Tu ne gardes pour moi respect *ni* complaisance. Id., Plaid.,
II., 13.

Mais l'un *ni* l'autre enfin n'était point nécessaire. Id., Bajaz., III., 4.

L'un *ni* l'autre jamais n'osent lever les yeux. Id., Phèdr., III., 3.

Chap. XLIV. Des Licences de construction (Inversion).

§. 340. Définition.

La prose moderne arrange les parties du discours d'une
manière fixe et uniforme, que l'on ne peut guère changer. Une
des facilités de la versification et en même temps un des
charmes de la poésie consiste dans la liberté de modifier cet
ordre, d'employer l'*Inversion*. La prose suivant l'ordre logique
marche droit au but, le vers prend une route opposée, et
éveille plus vivement l'attention par l'incertitude. L'inversion
sert très bien à fixer l'attention sur un mot ou sur une phrase.

---

c) Les grands auteurs du XVIIe siècle ne font pas encore de différence entre *comme* et *comment*. Ex.:

Albin, *comme* est-il mort? Corn., Poly., III., 5.

A peine pouvez-vous dire *comme* il se nomme. Mol., Mis., I., 1.

De vous dire ... Attendez, *comme* est-ce qu'il s'appelle? Ibid.,
IV., 4.

Comme a-t-elle reçu les offres de ma flamme? Corn., la Mort,
III., 3.

d) Autrefois on employait *comme* au lieu de *que* après *aussi*, *autant*.

Qu'il fassé autant pour soi *comme* je fais pour lui. Corn., Poly.,
III., 3.

Aussi bon citoyen *comme* parfait amant. Id., Hor., I., 4.

Ce vers sonne dans une édition moderne: *que véritable amant*.

e) Ellipse de la conjonction *que:*

De quel péril extrême fût la guerre suivie. Malh., Ode au roi
Louis XIII.

La nuit, étant près d'elle: O dieux! qu'est ce cela? La Font.,
Fabl., VIII., 6.

Dans les temps anciens, la construction des mots était plus libre. La poésie et la prose ne différaient nullement. Au XVI° et au XVII° siècle, une différence s'établit peu à peu entre le langage prosaïque et celui de la poésie. Le nombre des inversions légitimes fut rétréci de plus en plus, et Malherbe, le créateur du système suivi encore, en borna le nombre à un minimum.

§. 341. Inversion du sujet[1]) et de l'attribut[2]).

On peut placer l'attribut (adjectif ou participe passé devant le verbe, pourvu que le sujet soit un substantif (en prose on peut dire: »Bien fou sera celui«). Ex.:

> Chaque castor agit: *commune* en est *la tâche*. La Font., Fabl., X., 1.
> Je prends tous les moyens, *inutile* est *ma peine*. Flor., Fabl., I., 3.

---

1) L'inversion du sujet est tombée en désuétude (on dit en prose: *vienne le temps)* a) sujet substantif.
> Où força son courage *un infidèle époux*. Corn., Rodog., I., 7.
> Et de là prend son cours *mon déplaisir secret*. Id., Hér., IV., 4.
> Rome à qui vient *ton bras* d'immoler mon amant! Id., Hor., IV., 5.
> Que nomment *nos guerriers* poudre de sympathie? Id., Ment., IV., 3.
> Que venaient *ses beautés* d'allumer dans mon âme. Ibid., V., 3.

b) sujet pronom.
> On apporte la nappe et *met-on* le couvert. Régn., Sat., X.
> Mais quoi! plus on se haste et moins *avance-t-on*. Ibid., XI.

Le sujet substantif se plaçait entre le verbe auxiliaire et le participe encore dans Racine:
> Quand sera *le voile* arraché. Esth., II., 9.

L'inversion du pronom personnel, telle qu'elle existe encore dans *je soussigné*. etc., était commune avant Malherbe:
> *Je* tout malade, et privé de soulas
> D'un lieu loingtain meine cy mes chevrettes. (Marot, I° égl. de Virg.)

2) L'inversion de l'attribut, pronom possessif, et du sujet, de même que l'inversion de l'attribut, le sujet étant pronom, a vieilli avant Malherbe:
> *Moie* est *la honte*. Gér. de Viane.
> *Pauvre* je suis de ma jeunesse. Villon.

Humble est *le nom* de prêtre! oh! n'en rougissez pas. Lam.,
Joc., p. 42.

Présente est *la menace* et *présent son objet.* Pons., Lucr., IV., 1.

Morte est *l'épouse.* — *Morte* est *l'épouse!* Qu'importe. Ibid.,
V., 3.

Inversion de l'attribut sans l'inversion du sujet:

Un riche abbé
Oppressé fut d'une indigestion. Voltaire.

La transposition de l'attribut (adjectif) telle qu'elle se trouve dans:

Vous m'êtes en dormant *un peu triste* apparu. La Font., Fabl.,
VIII, 11.

Qui du soir au matin sont *pauvres* devenus. Ibid., V., 13.

est rare.

§. 342. Inversion des adjectifs.

Des adjectifs que la prose renverrait après les substantifs
peuvent se placer en poésie devant les substantifs. Ex.:

Et le *seul* consulat est bon pour les Romains. Corn., Cinn., II., 1.
Et désormais, sensible à ma *seule* bonté. Rac., Mithr., IV., 4.
Ainsi l'on voit du Nil les *brûlés* habitants. Regn., Ép., V.
Envoierez-vous encor, monsieur aux *blonds* cheveux. Mol., Éc.
d. m., II., 9.
Or, vous savez, Iris, de *certaine* science. La Font., Fabl., X., 1.
Plus encor qu'il ne fit pour la *grecque* beauté. Ibid., IX., 7.
L'*offensante* lenteur de ces retardemens. Volt., Alz., I., 5.
Ah! quand il serait vrai que l'*absolu* pouvoir. Id., Brut., I., 2.
Des *souterraines* eaux qui s'y font un passage. Flor., Fabl., III., 2.
Une flûte, oubliée en ces *champêtres* lieux. Ibid., V., 5.
L'*héraldique* lion qui fait rugir d'effroi. Hug., Canar.
Et rallumer plus pur sur ton *sacré* rivage. Lam., Homm. de l'Ac.

Il y a aussi des exemples du contraire:

Dignes de récompense, ou d'un supplice *grand?* Régn., Sat., V.
Il veut de sa main *propre* enfler sa renommée,
Voir de ses propres yeux l'éclat de son armée. Corn.
Le déplorable chef du parti *le meilleur.* Id., La Mort., I., 1.
C'est le remède *seul* qui peut guérir nos maux. Id., Poly., II., 2.
Quoi! le roi.... — Le roi touche à son heure *dernière.* Rac.,
Mithr., V., 4.
Mais enfin rappelant son audace *première.* Boil., Lutr., II.
Le cygne voit le ciel à son heure *dernière.* Lam., le Poète mour.

§. 343. Inversion de l'épithète, régie par un verbe.

Une épithète, simple ou complexe, régie par un verbe, peut, en poésie, se placer avant ce verbe, pourvu que cette transposition ne produise aucune ambiguité:

Et, *sortant du baptême,* il m'envoie à la mort. Corn., Poly., IV., 3.
Pleurante après son char, vous voulez qu'on me voie. Rac., Androm., IV., 5.

§. 344. Inversion du régime pronominal [1]).

Lorsqu'un verbe en gouverne un autre à l'infinitif, le pronom qui est régime du second se met élégamment avant les deux verbes, au lieu d'être intercalé au milieu:

Si tu *me* veux aimer, aime-moi sans me craindre. Corn., Cinn., IV., 4.
Tout auprès de son juge il *s'*est venu loger. Rac., Plaid., I., 5.
Il faut que le cruel qui *m'*a pu mépriser. Id., Iph., III., 6.
Hermione, seigneur? il *la* faut oublier. Id., Androm., V., 5.
Quel profane en ce lieu *s'*ose avancer vers nous? Id., Esth., I., 3 [2]) [3]).

---

1) L'inversion du régime direct substantif vieillit (comparez en prose *pour tout dire, sans rien omettre, à pierre fendre, chemin faisant*). Dans les premières pièces de Corneille elle est encore fréquente. Racine s'en est servi une fois:

Et si quelque bonheur *nos armes* accompagne. Théb., I., 3.

La Fontaine, Fables, se la permet souvent:

Aucun nombre, dit-il, *les mondes* ne limite. VIII., 26.
Puisqu'il vouloit *son bonheur* réparer, Ibid.
Panurge alloit *l'oracle* consulter. Ibid.
Un chat-huant s'en vint *votre fils* enlever. IX., 1.
Miennes je puis les dire, et mon réseau. X., 7.

Florian, Fables:

Et, sans le regarder, *son chemin* continue. III., 9.
Le malheureux, dans sa folie,
Ses bonnes pommes ménageait. IV., 10.
Ce que vous en direz *grand'chose* n'y fera. V., 15.

Voyez sur l'inversion du régime direct et du participe passé, §. 346.

2) L'inversion est dure, quand l'infinitif dépend d'une préposition:

Dont votre amour *le* vient d'outrager à mes yeux. Rac., Iph., III., 6.

3) Béranger, (l'Alchymiste) s'est servi d'une transposition de pronoms afin d'éviter un hiatus:

Oui, rends-*moi-les* avec mon indigence.

Cette inversion entraîne quelquefois l'échange des deux auxiliaires :

> Et *s'est* osé promettre un traitement plus doux. Corn., Ment.,
> III., 3.
> Je ne *me suis* voulu jeter dans le hasard. Id., Hér., II., 2.
> Et, lorsque sur le trône il *s'est* voulu placer. Rac., Théb., I., 3.

§. 345. Inversion de la préposition avec son complément.

Il est permis de placer la préposition et son substantif, dans le même tour de phrase, devant le substantif, ou l'adjectif, ou le verbe dont ils dépendent. Ex.:

> Que les temps sont changés. Sitôt que *de ce jour*
> La trompette sacrée annonçait le retour,
> *Du temple,* orné partout de festons magnifiques,
> Le peuple saint en foule inondait les portiques;
> Et tous, *devant l'autel avec ordre* introduits,
> *De leurs champs dans leurs mains* portaient les premiers fruits,
> *Au Dieu de l'univers* consacraient ces prémices. Rac., Ath., I., 1.

La préposition avec son complément peut même, s'il n'en résulte aucune obscurité, précéder dans une phrase subordonnée *que,* ou *si,* le pronom interrogatif, le pronom relatif, *de* suivi d'un infinitif. Ex.:

> Souffrez *avant ma mort* que je vous le résigne. Corn., Poly.,
> IV., 4.
> Et *d'un prince étranger* que je brigue la place? Rac., Théb.,
> IV., 3.
> *Dans un lâche sommeil* crois tu qu'enseveli
> Achille aura pour elle impunément pâli? Id., Iphig., IV., 1.
> Je veux *de point en point* qu'il soit exécuté. Id., Esth., II., 5.
> Madame, *pour un fils* jusqu'où va notre amour. Id., Androm.,
> III., 4.
> Il faut *de nos destins* que Bajazet décide. Id., Baj., I., 3.
> Prince, il faut *avec vous* qu'elle parte demain. Id., Bérén., III., 1,
> Sait-il *en sa faveur* jusqu'où va votre estime? Id., Mithr., II., 1.

> Je meurs *en vos discours* si je puis rien comprendre! Corn.,
> Ment., II., 3.
> Je sais *des gens de cour* quelle est la politique. Id., Poly., V., 1.
> J'ignore *contre Dieu* quel projet on médite. Rac., Ath., IV., 5.
> *Dans ses plaisans accès* qui se croit tout permis. Boil., Sat., VII.
> Il te fâche *en ces lieux* d'abandonner ta proie. Rac., Mithr., III., 1.

Mätzner dit que l'inversion du génitif de qualité, du génitif de matière et du génitif servant d'apposition est rare.

La préposition suivie d'un infinitif est rarement placée devant le mot dont elle dépend:

> *De vous trouver ici* je suis ravi, mon frère. Regnard.
> *A recevoir le monde*, on vous voit toujours prête. Mol., Le Mis., II., 3.

Mais il faut que la préposition et le complément déplacés ne se trouvent pas dans le même hémistiche avec le régime, comme dans:

> C'est mon oncle, en voyant *de votre amour* ce gage. Regn., Jou., V., 7.
> Ceux qui lou*a*ient le plus *de son chant* l'harmonie. Flor., Fabl., II., 6.

Il faut encore que le régime ne soit pas le complément d'une préposition comme dans:

> Daigne *d'un Vinnius* se réduire *à la fille*. Corn.
> Je n'ai pu *de mon fils* consentir *à la mort*. Volt., l'Orphel. de la Chine [1]).

§. 346. Inversion de l'adverbe [2]).

Comme la préposition avec son complément, l'adverbe peut se placer devant la conjonction dans une phrase subordonnée. Ex.:

---

1) Ces inversions défendues ne l'étaient pas avant Malherbe:
> Que sans garder *d'aultres dames* l'usage. Coquill. (Id., E., II., p. 166.)
> La Francine dansoit, *de Thoinet* le souci. Rons., Am. de Mar., p. 21.
> Et *d'Ixion* me fait égal *au sort*. Ronsard.

2) Inversion de l'adverbe *assez:*
> D'un Romain lâche *assez* pour servir sous un roi. Corn., la Mort, III., 4.

Inversion de *pas, plus, point:*
> *Pas* n'est besoin, je pense, de décrire. Gress., Ververt., I.
> Que les vautours *plus* ne se chamaillèrent. La Font., Fabl., VII., 8.
>> Les dimanches, *point* ne défends
>> La joie à ces pauvres enfants. Bérang., Mon curé.
>> Cela *point* ne vous regarde.
> *Point* n'est besoin de la garde. Id., le bon Ménage.

Ciel, à qui voulez-vous *désormais* que je fie
Les secrets de mon âme et le soin de ma vie? Corn., Cinn., IV., 2.
Ne craignez pas *jamais* que dans la profondeur
Des êtres, dont la foule obscurcit sa paupière,
L'ombre de ces grands corps vous cache sa lumière. Lam.,
Joc., p. 314.

L'adverbe se place quelquefois entre le sujet et le verbe:
La valeur *quelquefois* existe sans lumière. Delille 1).

§. 347. Emploi de l'inversion.

L'inversion n'est pas exigée. Il faudra s'abstenir de l'inversion:

1° quand elle détruirait ou affaiblirait l'effet de la phrase.
Ex.:
Ils mettront ma vengeance au rang des parricides. Rac., Brit.,
IV., 4.

La pensée est énervée, dit Quicherat, si l'on met:
Au rang des parricides ils mettront ma vengeance.

2° quand elle produit une amphibologie. Ex.:
Je jure *à mon retour* qu'ils périront tous deux. Corn., Hér.,
V., 5.
La vertu *d'un cœur noble* est la marque certaine. Boil.

---

1) D'autres inversions qui ont vieilli:
Inversion du participe passé. a) Le participe passé fut souvent
mis derrière le régime direct (substantif) et varié alors.
Corneille use encore de cette licence:
Chaque goutte épargnée a sa gloire *flétrie*. Hor., III., 6.
Le seul amour de Rome a sa main *animée*. Ibid., V., 3.
Molière et Racine ne se la sont permise que dans leurs premiers
ouvrages:
Et m'a droit dans ma chambre, une boîte *jetée*. Éc. d. m., II., 5.
La valeur d'Alexandre a la terre *conquise*. Alex.
La Fontaine, ici comme ailleurs, conserve l'archaïsme:
Il avoit dans la terre une somme *enfouïe*. Fabl., IV., 20.
Qu'il avoit à grand tort son village *quitté*. Ibid., VII., 12.
Mais vous avez cent fois notre encens *refusé*. Ibid., X., 1.
Il veut parler, l'écorce a sa langue *pressée*. Id., Philém. et Bauc.

A cause du vers les poètes peuvent aussi s'abstenir d'une inversion que la prose aime:

> Peut-être *il vaudroit* mieux en tête d'une armée. Corn., Hér., II., 7.
> A peine *nous sortions* des portes de Trézène. Rac., Phèdr., V., 6.
> Car c'est *ne régner pas* qu'être deux à régner. Corn., la Mort., I., 2.
> De *n'examiner rien* quand un roi l'a voulu. Id., Cid., I., 7.

Il faudra éviter les inversions forcées dans le genre de celle-ci:

> Tu n'as fait le devoir *que* d'un homme de bien. Corn.

Appendice. Chap. XLV.   Des Licences du style marotique et du style poissard.

§. 348. Marotisme.

Marot réunit non seulement toutes les licences dont il a eté question dans le texte, mais encore beaucoup de celles que

---

Boileau, en s'en abstenant, a décidé la réforme. Voltaire *regrette* que cette licence soit tombée en désuétude. Nous lisons dans cet auteur:
> La noble épée
> Qui d'Holopherne a la tête *coupée*.

C'est une faute grossière que de laisser le participe invariable dans ce cas:
> Que nous avons mouche *appelé*. La Font., Fabl., XII., 13.

b) Anciennement, le participe passé pouvait se mettre avant l'auxiliaire *avoir* dans les temps composés.
> Del servise que *fet* vos ai. Fabliau. (Id., E., II., p. 105.)
> Filz et filles *perduz* avez. Wace. (Ibid., p. 51.)

La Fontaine, Contes, I., 3 dit encore:
> *Trouvé* ne l'as en moi, je t'en assure.

c) Le participe passé du verbe pronominal se mettait avant le sujet, mais avant Malherbe:
> Bien que pour ton amour *oublié* je me suis. Rons., p. 21.

Inversion de l'infinitif; elle est ancienne; La Fontaine l'a ressuscitée:
> Si bon Seignor *avoir* je ne porroie. Thibaut, (Id., E., II., p. 25.)
> Avant qu'estre amoureux, *louer* je ne pouvois. Rons., p. 200.
> *Douter* ne faut qu'il ne s'en entremette. La Font., Cont., IV., 7.

Inversion de la préposition qu'on séparait de son complément (infinitif ou substantif).
> *Pour* de ce grand dessein *assurer* le succès. Corn., la Mort, IV., 1.
> Mais, *pour* en quelque sorte *obéir* à vos lois. Id., Don Sanch., I., 3.
> Tout le soir *sans* d'un mot *accuser* sa rigueur. Dum., Christ., I., 3.
> *Malgré* de nos destins *la rigueur* importune. Corn.

les notes contiennent, comme le retranchement de l'article, la transposition du sujet, de l'attribut, du régime direct, la suppression des pronoms personnels. La tournure naïve de Marot a paru assez séduisante pour qu'on empruntât son langage, depuis longtemps vieilli. La Fontaine en a fait usage dans ses Contes. Rousseau et Voltaire ont suivi ses traces. La Harpe dit que le marotisme peut être employé avec choix et sobriété dans les genres qui le comportent. Tels sont le conte, l'épigramme, l'épître badine, et tout ce qui tient au genre familier.

§. 349. Genre poissard.

Dans un genre de poésie qui imite le langage populaire et les solécismes du peuple parisien, nommé le genre *poissard* (Vaudevilles, quelques chansons de Béranger) chaque *e* muet dans le corps et à la fin des mots peut être supprimé. Ex.:

> Nous qui n' somm's pas d' l'Académie,
> Souhaitons-lui d' ces p'tits plaisirs-là.
> J'sais mêm' qu'il fait des tragédies. Bér., A Antoine Arnault.
> Pour leur entré' louons un' f'nêtre. Id., L'Opinion de ces demoiselles.

La syncope s'étend aussi sur *oi* dans *vuilà*, *on* dans *Monsieur*, *eu* dans *peut-être*:

> Reste à c'te gross' maman que v' là. Bér., A Ant. Arn.
> M'sieur lit les journaux qu'il a r'çus. Scribe, Après, sc. 2.
> Les juges p't-êtr' f'raient not' affaire. Bér., Complainte.

L'apocope s'étend aussi à *r* dans *notre*, *ordre*, *autres* et aux consonnes muettes qui suivent *e* muet. Ex.:

> Not' mouchoir. Bér., L'opinion de ces d.
> Brav' soldats, v'là l'ord' du jour. Id., Nouvel ordre du jour.
> Viv' nos amis. Id., L'opinion des ces d.
> D'aut' pensées en son cœur s'élèvent. Scribe, Une chaumière, II., 3., 2.

Dans le vers suivant *y a* est monosyllabe:

> Gn'a plus d'argent dans c'gueux d' Paris. Bér., Complainte.

www.ingramcontent.com/pod-product-compliance
Lightning Source LLC
Chambersburg PA
CBHW051240050726
47594CB00001B/245